RIDDLES ABOUT
HISTORICAL JESUS :
RICHNESS IN CHAOS

史的イエスをめぐる謎

豊かなる混沌

波多野直人（武蔵大学特任教授）著

本書を謹んで木曽信重氏の霊前に捧げる

目次

第一章　鼎談　イエス研究の視座――ユダヤ・キリスト教と異教世界

第一章　鼎談　イエス研究の視座――ユダヤ・キリスト教と異教世界

波多野直人《はたのなおと》
下草《しもくさ》　悠《ゆう》
乙衣《おとい》ダナハ
司会　吾子田《あこた》　明《あきら》

司会：本日、司会をおおせつかりました吾子田です。今日ここにイエス伝研究会旧幹事（波多野、下草、吾子田）が久しぶりに集いましたのは、旧交をあたためながら、波多野直人氏の著書『異教の完成者　史的イエスをめぐる謎』（春風社、二〇一三）について語り、この難解な書について我々がかかえる疑問に対し著者に直接答えていただくためであります。本書はキリスト者の間に賛否の激しい嵐をまきおこす、英語書籍の惹句で俗にいう「ダイナマイト」ですが、氏をよく知る人々の間での衝撃はそれ以上で、あの波多野さんが何を一体血迷ったのだろうかと皆、呆気にとられている次第です。氏の信仰は過激ではあったが、純粋で、内村鑑三への傾倒、「解放の神学」への過熱、隠れキリシタン殉教への感情移入等々と常に我々に問題を提起してきました。そのような氏の信仰とこの書とはどのように関わっているのだろうか、私には不思議でなりません。したがって、「鼎談」と銘うってはいますが、氏の真意をあきらかにする質疑応答が主になろうかと思われます。なお、この座談は氏の著書や論文をお読みになっていない方々にも問題点が理解できるように後日編集を加え出版されることになっております。

本日傍聴の会員の方々には不要なことですが、座談に先立ち、下草、乙衣両氏を簡単にご紹介申し上げます。下草悠氏は比較文学者、歴史家として優れた学者であるのみならず、神話、思想・宗教に深い造詣をそなえた人文学者の鑑のようなお方です。停年を迎えた現在は研究職を退き、ご自身が主宰する聖書研究会に主力を注いでおられます。また、氏は波多野氏の信仰の先輩でもあられます。

乙衣女史はアメリカの大学で日本映画を専攻し、現在は主として第三世界の映画を専門とする新進映画評論家として注目されていますが、同時に、語学の天才で、バイリンガル、トゥライリンガルどころか、ポリグロット(polyglot)の名にふさわしい国際人です。女史は自由思想家を自称するものの、キリスト教神秘思想に強い関心をもたれています。このなかでは私が一番年輩ですが、本日の発言者の鋭い知性と多才にはいつもただただ感服するばかりです。

お二方が規範的知性の典型とすれば、波多野氏は異能としか言いようがなく――これは褒め言葉ですが――どこからこんな発想が生まれるのだろうかと、この人にはいつも驚きの連続です。氏の最近の論文は神懸かりの状態で書かれていると噂されています。この御三方の組み合わせの妙が近年この研究会に活気と刺激を与えてきたことは間違いありません。

なお、本会会員はおもての顔では語ることのない本音を研究会席上で表明する義務を負わされているので、とりわけ会報誌上においてペンネームを名のるのが通例となっておりますが、著書をとりあげる関係上、本日に限り、波多野氏のみ実名で記載されることになります。ペンネーム条令は、自分を守るためではなく、経験上、自分の発言のために所属教会及び集会の方々に迷惑が及ぶことを慮った結果です。

さて、気心の知れた同士で、いつものようにざっくばらんに話をしたいと思いますが、初めは、お一人ずつご意見を伺い、また最も気になっている疑問について波多野氏と質疑応答を重ね、さらに二巡目で論点を発展させ、主たる問題がほぼ出そろったところで、氏がよく言われるバトル・ロイヤル風に入り乱れて議論に入りたいと思います。では、まずは下草氏からお願いします。

下草：光栄にも過分な紹介をいただきました下草です。乙衣嬢とは違い、私などは一介の凡才に過ぎません。ところが、波多野さんの本は凡才の知力を消耗せしめる極めて厄介なしろものです。何とか読みおおせたものの、今も頭の中で整理に苦労しておりまして、勿論、教えられるところは多々あるのですが、正直、苦言を呈したい点もいくつかございます。

本書を章題に従ってなぞりますと、第一章、十字架とイエスをめぐる謎。第二章、イエスと異教。第三章、ユダヤ人と異邦。第四章、イエス伝研究となっています。第一章はイエスの十字架を旧約聖書「創世記」にあるエデンの園の「命の樹」に、また東西神話に遍くみられる「世界樹」やアポロ神殿の「世界の臍(オムパロス、omphalos)」に、比較神話学的シンボリズムを以て繋ぎ、それにより十字架を刑具として歴史的に限定してとらえるのではなく、十字(架)そのものがシンボルとして内包する、時空を超えた宗教的思惟の普遍性に目を向けさせようとする試みであろうと理解しました。逆に言えば、だからこそイエスの十字架がたんなる受難の象徴を超えて普遍的な意味をもちうるということでしょうか。

しかしながら、その過程として、同章第一節の「十字架にみる結合と死生(性)のシンボリズム」がいかにも際物《きわもの》的で、これはほとんどセクソロジーではないか、比較文学をやっている私などは、ある程度寛容に受けとめられても、大半のクリスチャン読者はこのような内容をイエス研究にもちこむことを不謹慎とみなすのではなかろうか、とりわけ波多野さんを知る人たちはこれを彼らしからぬ瑕《きず》として惜しむのではなかろうかと案ずるのです。あなたは文藝批評においても、「セクシャル・メタファー」に飛びつくような批評家を、むしろ警戒するほうだったから、なおさら不思議なのです。よけいなお世話かもしれませんが、その点の真意をお聞かせください。

第二章、「イエスと異教」は「フェニキアを中心に」と銘うっておられるように、イエスが接した異教徒をフェニキア人、即ち、カナン人に代表させて、彼らがキリスト教の誕生と発展に果たした大きな役割に目を向けさせようという意図で書かれています。この章の大半はファニキア入門としても興味深く読めるのですが、時々どきっとするような奇説が出てきます。

「創世記」四十七章でヨセフを通じてヤコブ一族とその郎党、つまりイスラエルの民をエジプトに迎え入れたパロ(ファラオ)は、彼らとセム系同族のヒクソスだというところまでは、初耳ではないのですが、紀元前十八世紀頃にエジプトに侵入して、古代エジプト第十五、十六王朝を建て、約二百年間ナイル川東北部から中部を支配したヒクソス最後の王は、フェニキアのカドモス(Cadmus)の父、アゲノール(Agenor)だという説は存じませんでした。ヒクソス王朝が倒され、エジプト人ファラオの下でセム系諸族のほとんどが奴隷状態で苦しみ、モーセに導かれる出エジプトとなるわけですが、出エジプトは一回ではなく、二百六十年間くらいにわたって何度もなされ、単一ルートでもない、脱出先も方々であったから、長い時代にわたってエジプトで混交して出来上がった物語群が拡散した結果、ギリシア神話、フェニキア神話、その他の神話に聖書と類似の話がみられるのだということですね。これは刺激的な仮説です。波多野さんがあげる神話間の類似点の実例は、こういう仮説でも立てないとうまく説明できないことは否定できない。

この章では、第六節の「イエスの風貌」で、仮説としてですが、波多野さんは様々な方面から、解釈あるいは証言を通して、我々には衝撃的なイエスの容貌を提示されています。外典や教父文書等に書かれているとしても、クリスチャンはたいてい見過ごすか、まともにとりあげない証言です。波多野さんは、ユスティヌスの『トリュフォンとの対話』[1]を随分と信用されているようです。

同章最終第七節「イエスとベス」に至って、前節のイエスの風貌のお膳立ての意味がはっきりしてきます。波多野さんは大胆にも、エジプト起源で、フェニキアで絶大なる人気を誇っていた小人神ベス(Bes)の風貌と権能とをイエスのそれに重ねたわけです。ガリラヤ周辺では、イエスは「生きたベス」であったというわけですね。

第三章「ユダヤ人と異邦」は短い章ながら、本書の基調をなしています。異邦人、異教を抜きにしてキリスト教は成立しないというテーゼです。一方、ユダヤ人の異邦、異教との濃密な接触度、ユダヤ人の国際性もこのことに深く関わっていると思います。

第一節、「ディアスポラとユダヤ人の起源」はシュロモ・サンド『ユダヤ人はいつ、どうやって発明されたのか』(2)を通じてユダヤ民族の起源、とりわけ現在イスラエルに住む民族の曖昧さを指摘しています。ユダヤとイスラエルとは元々、別の民族であり、加えて、その他様々なセム系民族の混交でユダヤ・イスラエル民族ができあがっているので、一神教はこの多を一にする必要不可欠な接着剤であったと波多野さんは書かれていますが、民族のディアスポラにしたがって、一神教は内部の接着剤のみならず、外部をとりこんでゆく吸着力になり、ユダヤ・イスラエル民族はますます多様化していったのだと思います。民族の概念も流動的なので、当時も現在も部族をどうとらえるかという問題がありますね。(一神教の発生については、かつては波多野さんも、ユダヤ・イスラエル民族を元来は砂漠の民ととらえ、風土論的に論じていましたが)。

民族的ルーツの点で波多野さんがサンドの主張に賛成するとなると、必然的に政治性を帯びてくる。現在イスラエル人とされている人々は、実は黒海とカスピ海との間、シルクロードのサマルカンドの北にいたトルコ系民族ハザール族をルーツとする民族が主で、彼らは血縁的にはイスラエルとは無縁であり、かつてキリスト教圏とイスラム教圏との狭間にあって両者と等距離をとるために、政治的思惑からユダヤ教に改宗したということです。それに対し、真正の古代ユダヤ・イスラエル人は七十年のローマ帝国によるエルサレム陥落後、追放され離散したことになっているが、そのことを記録した公式文書はないので、大部分はそのまま農民として残ったのではないかという推測がなされ、その結果、現在のパレスチナ人こそ真のユダヤ・イスラエル人ではないかということになって、そもそものシオニズムを疑問視することになります。

第二節、「ガリラヤの異教都市ベテ・シャン(スキソポリス)」では、デイヴィド・フルッサー「パレスチナにおける異教」[3]をとりあげ、この論文がガリラヤの中の豊かな異教文化の証拠をあげながらも、紀元一、二世紀における異教のユダヤ・キリスト教への影響力、あるいは両者の相互関係をほとんど無視している点を波多野さんは批判しています。

第四章「イエス伝研究」は波多野さんの出発点になる興味が主に書かれていて、前章とは独立しているのですが、「その2」の第二節「学際的研究と国際人イエス」は刺激的な箇所で、全体と調和しています。

「あとがき」は私的な独白のようで、少々奇妙な感じもしますが、私には波多野さんの肉声が聞こえてきて、ひょっとしてこの本の目玉かもしれません。

一、宗教と性

先ずは、とても心配している冒頭の性のシンボリズムについての疑念を晴らして下さい。

波多野：ご心配に感謝いたします。お叱りはごもっともです。性的な発言は文脈上不謹慎であるという指摘は他からも受けました。しかし学問としてのセクソロジーについて申し上げれば、私はそこにみる民俗学的学識には常に感服しておりまして、イーヴァン・ブロッホ[4]やライプブラント夫妻[5]の教養などは手本にしたいと思っているくらいです。セクソロジストの教養は性に関する学識は、そのほんの一部にすぎないのではないかと思うくらい実に幅広いのです。そこには宗教、神話、哲学、歴史、文学、民俗学、文化人類学、語学、社会学、等々の人文学的教養のみならず、考古学、天文学、心理学、医学、博物学、経済学、等々の学問という学問を総動員した人間研究がみられます。イエス伝研究者の多くは何故この教養に伍することができないのか、苛立たしい気持ちでいます。聖は性に負けているじゃないかと言いたい。EKK聖書注解(6)が出たとき、ことにマタイ伝のイエス誕生にかかわる比較神話学を含む学際的アプローチに私の期待は膨らみました。ようやく聖書学もこのレベルまできたと。しかし、それに次ぐ巻はまたもや無味乾燥な本文研究、神学議論に逆戻りです。これでは「学際的」という呼びかけも空念仏になります。

ご指摘の十字架と性のシンボリズムについては、キリスト教と異教(即ち、イエス時代のユダヤ教にとっての異教)とを対立的にとらえるのではなく連続したものとみなし、かつキリスト教を普遍的な宗教として、それに先行する宗教・信仰の完成形とみるのが本書第一章から三章までの主旨であり、それは当然、キリスト教の原点たるナザレのイエスを(比較神人論的に)異教の完成者とみなすところから始まるわけです。キリスト教の立場からすれば、時間的にキリスト教に先行する異教の神人たちは、予型論(typology)的思考を拡大して言えば、イエス・キリストという原型(archetype)に対して予型(types)として、主役登場の前の露払いの役目を果たすわけです。同時に、古代の宗教を語る上で性信仰は避けて通れないことは事実です。但し、私が扱ったのは飽くまで十字(架)のシンボリズムであって、その一部が性信仰にかかわっているということで、キリスト教が性信仰だと言っているのではないのです。しかし、少なくとも、古代人の宗教的意識あるいは無意識に性、あるいは性そのものというよりも性があらわす命や多産豊穣が重要な意味をもち、古代人が十字(架)の形にその意味を重ねた可能性はおおいにあるというところまでは言ってもさしつかえないと思います。

昔の人は性器を恥ずかしいものとは思っていなかったことは言い添えておかねばなりません。世界各地で発見される太古のヴィーナス像は簡略化されてはいますが、いずれも女性の出産機能を強調した性的な像です。日本でもいわゆる金精神信仰《こんせいしん》は盛んでした。男根、女陰の両方を祀って有名な神社に山梨県北巨摩《こま》郡の金山神社、岩手県岩手郡の巻堀神社があります。今でも、子授けの霊験のみならず、婦人病平癒等々の願掛けとして崇拝されていると聞きます。このような神社は他にも各地にけっこう見られます。東洋の場合、元になる陰陽道が性を通じて宇宙の生成発展の原理を説いたのです。性そのものの現実には対応に困るような生々しさがつきまといますが、性への信仰にはどこかすがすがしいところがあります。性と産を讃える心情は健全で、かつ崇高ですらある場合もある。そのような信仰が欠如して行為のみを重視することが性をあさましいものにしてしまったのではないでしょうか。

旧約聖書では異教の神はおしなべて否定的に扱われているので、詳しい実態はわからないのですが、「列王記」下十七章三十節に名前だけ記されている「スコテ・ベノテ」(Succoth Benoth)はバビロニアからの移民がサマリアにもたらした性神であったと考えられています。ヘブル語の「スコテ・ベノテ」(娘たちの小屋)に由来する説と、マルドゥクの妻、ザルパニト(Sarpanit)(「種子を生じる者」)の音訳説とがあります。

また、この問題にこだわったもうひとつの理由は、執筆時の数年前から、キリスト教が性道徳において歴史的に果たした負の役割、即ち性に対する厳しい罪悪視の助長、について書かれた本が何冊か翻訳され話題になっていたので、そのような見方に対するアンティテーゼを提示したいという気持ちがありました。つまり、元来は、キリスト教も異教からは特に性に対立するものとみなされていたわけではなかろうということです。聖書にみる、神の人間祝福としての、「産めよ、増えよ、地に満ちよ」(「創世記」1：28)は言うまでもないのですが、その実感は、私が知るカトリックの神父たちから得たものです。性からもっとも遠い位置にいると思われる彼らが決して性を穢らわしいものとはみなしていなかった。人間の欲望に対して、その陥穽を警告しつつも、おおらかでユーモラスでした。(それだけに、少し前にアメリカの神父が起こした児童への性的逸脱行為は残念でなりません)。

また、歴史的視点からみれば、紀元前からローマには様々な異教が流入し、神々のラッシュアワーともいうべき状態にあったのですが、すでに大きくなった帝国では、その安定のために主従関係における忠誠の基盤として生活面の規律が強化されるようになった。キリスト教徒がコンスタンチヌス一世に兵力として利用されたのみならず、ローマ世界の中で比較的しっかりした倫理性を備えていたキリスト教が国策に合致したがゆえに伸張したわけで、キリスト教がエロスを変化させたのではなく、エロスの変化がキリスト教を勢いづかせたと申し上げた次第です。勿論、歴史家たちが、キリスト教の側でもその国策に迎合していったではないか、と批判することは可能でしょうが。

第一章の直接の出発点となるエピソードがあります。民俗学者の故宮本袈裟男先生が講義でフランスの大学に行かれまして、帰国後、不思議そうな、また興味深そうな、含み笑いを押さえたような顔で私に質問されたことがあるのです。ヨーロッパの田舎に行ったら、お墓でもなさそうな場所の、村の入り口のような辻に、十字架が立っていたのだが、あれは何なのでしょうか、キリスト教って一体どういう宗教なのでしょうかね？　というわけです。日本であれば、あれは「境の神」の位置するところだと仰りたいようでした。しかし、そのことで氏にとって必ずしもキリスト教がうさん臭く思えたというのではなく、むしろ親しみが増したという様子でした。

氏の中ではすでに答えが出ているのだろうなと、そのとき私は感じたのです。要するに、峠や辻や村境は日本でいえば境の神（道祖神）が立つ場所で、境の神といえばその場所を結界として悪霊や疫病を防ぐ神で性神でもあるのだがキリスト教でも十字架はそのような意味合いがあるのかというわけです。後から、氏は（性神ではない）「庚申塚」や、据える場所は少し違うが、「石敢当《せきかんとう》」や、都の四隅であれば「道饗祭《みちあえのまつり》」の三神のことも考えておられたのかなとも思いましたが、そのときは、私は道祖神とヘルメス、ヘカテとを断片的に思い出し、それについてはそのうち紀要に書く旨を氏に伝えました。私はD・H・ロレンスの『イタリアの薄明』にある「山越えの十字架」(7)もアルプスの山村にみられる古い異教的意識の残像を扱っていたことを思い出しました。宮本氏から指摘されたことは、実は偶然、私も頭の中でぼんやりと考えていたのですが、氏はそれを民俗学者らしく体験で直観したわけです。その後、ポルトガルの田舎に行った際、私自身も、それまで見過ごしていた十字架を再認識した次第です。

古代の一般民衆の信仰は、それ以後も含めてですが、神学概念の総体に集約されるような思想ではなく、概ね「おかげ」と「たたり」に基づく信仰ですよね。キリスト教の信仰はそれとは異なり、もっと自覚的なものだと私も思いたいのですが、南米、中南米のカトリック信者がたとえば教えに反することをした際に「マリアの祈り」を唱える、百回唱えて安心したりするのは異教の信仰とそんなに変わらないだろうなと思うのです。私自身それを必ずしも否定的にとらえてはいません。それを否定すれば、キリスト教の祈りのみならず、仏教における法然らの称名念仏を否定せざるをえないことになります(私は法然、親鸞、一遍が好きなのです)。

繰り返しになりますが、ヨーロッパの田舎や南米・中南米でのキリスト教はそれ以前の異教的要素が混在している。カーニバルなどそのいい例ですよね。でもそれを以てその信仰が間違っているとは思えない。上等な趣味とばかりは言えないものというと語弊があるが、祭りの高揚感のようなもの、そこにむしろ信仰というものの本質に結びつく何かがあるのではないでしょうか。

古代、またキリスト教成立後も、キリスト教がヨーロッパで地位を固め、日常的に十字架が一般的に用いられるまでは、ヨーロッパの町村の辻などにはヘルメスやヘカテの像が置かれていました。特に前者は男根を強調した石像で知られる性神です。またヘカテは性神ではありませんが、阿修羅を思わせる三面像で三方向に睨みをきかせる、悪者には恐ろしい女神です。彼らの像が辻にあるのは、悪霊は神あるいは神人に見つかったときにすぐあちこちに逃げられるように辻を集散場所としているので、護る側にとってはそこが結界になるわけです。

そういえば阿修羅もかつては凄まじい戦人で恐ろしい存在でしたが、仏教に取り入れられてからは鬼神とはいえ仏教の守護神、八部衆のひとつで、興福寺の阿修羅像は恐ろしげというよりも哀しげな表情にも見えますが、あれはバラモンが叩く金鼓《こんく》の音を聞いて、懺悔の念をもよおしていると言われていますね。それを見る者たちもまた懺悔したい気持ちになる。阿修羅は起源となるバラモン教では悪魔のイメージのほうが強いのですが、ゾロアスター教では最高神アフラ・マズダに重なるらしいのです。ヘカテのほうはもっぱら冥界や悪霊に結びつけられる、掛け値なしに恐ろしい女神で、三面は陸海空の支配権を表し、同時にそれぞれの顔はセレネ、ペルセフォネ、アルテミスに相当するとも言われています。一般的な三面神については、それらが向く方向は現在、過去、未来だという説もよく聞きますが。

閑話休題、古代ローマ世界でキリスト教が国教となり、正統神学なるものが形成されるにしたがって、十字架の優位性が一般的になると、異教の神々の立像を駆逐し、十字架がそれにとって代るわけですが、同時に異神が果たしていた結界という護符的な役割を受け継ぐことにもなるのです。日本では道祖神が仏教的なお地蔵さんに隅に押しやられたようなものですね。あれも吸収合併としてうまくいったのかどうか疑問ですが。

魔女や呪術などの異教的な要素を抑圧して教会が決定的支配権をえる十六世紀前半までは、ヨーロッパの特に農村は「呪術的世界」であったとフランスのアナール派歴史学者ロベール・ミュシャンブレ(8)は言っています。とにかく、キリスト教の場合のように、ひとつの民族宗教が世界宗教になるということは、自らと異教とに通底する概念を共通語として、ある段階までは、その力に乗っかりながら伸張し、時が満ちれば異教的要素を吸収合併してしまう。見方によれば、恩知らずにも、異教を駆逐してしまうのです。

二、キリスト教と異教　序

下草：興味深い話を有り難うございました。最後の「恩知らず」という発言には私を含め、反論したい方もいらっしゃると思いますが、それはともかくとして、波多野さんの涙ぐましいほどのキリスト教と異教との和解調停努力は理解できます。それはあなたの直観が捉えた真理からくるものでしょうか、それともあなたの民俗学的興味に元があるのでしょうか、あるいはそこには宗教平和というような現代的考慮が働いているのでしょうか。

波多野：それら総てであり、またそれ以上に、キリスト教が世界宗教になりえた歴史的事実として、私はお話ししているのです。皆様がお読みになっているはずのエドワード・ギボン『ローマ帝国衰亡史』第十六章に次のような一節があります。この引用部の後に続く結論は、キリスト教の本質は異教徒たちに通じなかったというもので、そこには反論したいのですが、さきほどの「恩知らず」という異教徒側の感想にも多少関係するので紹介します。

多神教徒たちは、いかに縁遠く不完全なものであろうと、民衆神話といささかでも似通った（キリスト教の）信仰信条ならば、すすんで採り入れようとしていた。また、バッカス、ヘラクレス、アスクレピオスについての伝承は、やがて人間の姿をとってあらわれる「神の子」に向けて、ある程度、それがどのような者かを思い描く心の準備となった。しかし、彼らはキリスト教徒がそれら古代英雄神の神殿までも捨て去ったことに驚いたのである。つい先頃、野蛮な民族のなかにあって、同胞たちの悪意かローマ帝国の猜疑かの生贄となった、どこの馬の骨ともわからぬ一教師（訳者註：イエス・キリスト）を唯一の信仰対象にするために、世界の揺籃期に様々な技芸を創出し、法を制定し、また地上を悩ませていた暴君や怪物を退治した古代英雄神の神殿を捨て去ったことに。(9)

蛇足ですが、その後、ローマ教会は、布教にあたって土地々々の異教との宥和政策を採っていたと思われます。「マリヤ観音」は隠れキリシタンにとり隠れ蓑であったのみならず、そもそもマリヤを観音として日本人に教えたのはバテレンたちであったといいます。

下草：おっしゃりたいことはよくわかります。ただ、その引用箇所でのギボンの真意は、ほとんどあらゆる神々を認めていたローマ帝国の宗教寛容策にもかかわらず、キリスト教の唯一神信仰の非妥協性が周囲との摩擦を生み、キリスト教迫害の種にもなったという点にあると思います。

波多野：そのとおりです。ただ、それを解った上で、私はここに言及される異教徒側にそもそもあったキリスト教への親近感を強調したいのです。キリスト教と異教とがなにからなにまで対立関係にあったわけではないのです。イエスの神性（この神性の意味については両者で定義は異なるでしょうが）はローマでもかなり注目されていたわけですし、ティベリウス帝も後にイエスのことをよく知り、イエスをローマの万神殿に加えたいと思い、その願いは叶えられなかったものの、元老院に諮ったほどです。晩年、重病にかかったティベリウスはイエスに癒してもらうことを望んで、ピラトに手紙を出したらしいのですが、それはイエス処刑後のことでした。

ティベリウスは大酒飲みだったことばかり知られていますが、人間性を熟知したなかなかの人物で哲学者でもありました。彼がポンテオ・ピラトの任期を長くしたのも、総督などという者は悪いことをするにきまっているのだから、長くやらせて、ちびりちびり悪をやらせるに限る、短くすると、早く元をとろうと、短期間で大悪をしでかすので困る、などと考えたからです。彼は一時、政治を嫌い、数人の哲学者を側近として引き連れナポリの島に引き籠り思索に耽ったこともありました。（庭には二日酔いに効くというのでキュウリを植えていたそうです)。ティベリウスはイエスが処刑されたときのローマ皇帝という悪印象が強いのですが、彼はみずからの神格化を拒否し、倹約の善政をしいた粋人のローマ皇帝で、イエスが彼の治世に生きたことに、なにか当時の時代思潮のようなものを感じてならないのです。

福音書のイエスも、そのやりとりを読んでいると、言葉そのものはストア派とかキュニコス派(キニク派)とか、ときとしてソフィストのような、まるで屁理屈の丁々発止を感じます。それだけだと、イエスは当代の哲学者ですが、霊の人である点が他の哲学者とおおいに異なります。イエスはときどき一人で山に入って祈りますね。そういうところが私がイエスの好きなところです。

司会:有り難うございます。話は尽きないのですが、ここらで乙衣女史にバトンタッチをしたいと思います。

三、宗教における霊　シャーマニズムを中心に

乙衣:質問の前に、皆さんはご存知でしょうが、波多野先生のこれまでのペンネームに触れておきます。最初が宮尾勝人という、いかにもありそうな名前でしたが、これは「ミャーオ、キャット」のもじりでしたね。実名として存在する名前だったので、ご本人に迷惑をかけた反省から、次に大犬犬太《おおいぬけんた》という絶対あり得ない名前になさったのですが、その間にも、犬養毅の逆で猫飼懦《ねこかいよわし》や、犬持九生《けんもちひさお》を名のっていました。最後のはちょっと凝りすぎで、「犬も畜生」のごろあわせと、"A cat has nine lives."とを合体させたものです。でも私が一番好きなのは有悟崇《あるごすう》で、オデュッセウスがトロ

イ戦争後二十年の放浪を経て故郷イサカに帰ってくるのですが、敵から身を護るためわざと乞食に身を窶していたのを、一目で自分の主人だと見破って嬉しさのあまり死んだ忠犬アルゴスから来ているのです。「うれションン」は聞いたことがあるのですが、「うれ死に」は初めてで新鮮でした。最高の死に方ですね。

先生は自著の著者紹介で、趣味として「国内外の古書店巡り」に続けて「犬と猫」と書かれており、本人は後で私に、この趣味が「三味線」に続いていたらホラーだよね、といつもの笑えないギャグを飛ばしていました。先生ご贔屓の三味線の雀葉師匠にしかうけなかった楽屋落ちです。（三味線の革は昔は猫だったが、最近のものは犬を使っている）。

波多野先生のペット自慢は有名で、お宅の三匹の猫が毎週テレビのペット番組のタイトル・バックに使われていることや、死なせてしまった柴犬ポチとの涙の別れ、当時存命のミニチュア・ピンシャー、ベルのグルメ食、忠猫タバサの奇跡の癒しは耳にたこができるほど聞かされました。その度に、ご家族のことはめったに話題にしないのに、この人はペットとなるとどうしてこんなに夢中になるのかしらと不思議に思いました。

このことと私の質問は関連するのですが、『異教の完成者』にみられる「憑依」の頻出からして、先生の宗教体験に動物シャーマニズム的要素があるのではないでしょうか。ご自分でも批判を覚悟のうえでそういう用語を選んでいるようですが、その固執の真意をうかがいたいのです。

更にこれに関連して、二十年ほど前にカナダのトレント大学（トロント大学ではない）の文化人類学の某教授が波多野先生を訪ねて来て、先生の教室で自分の研究について話をしたことがあるそうですね。かつてはネイティヴ・カナディアンがスウェット・ロッジ(sweat lodge)という小屋の中で薬草を燻してトランス状態になり様々な霊を招魂した儀式があったのだが、この伝統が忘れられつつあるので、これを再現することにより大学院でネイティヴの子孫に先祖の伝統を教えて博士論文を書かせているということでした。

私の勘ぐりかもしれませんが、この教授は元ヒッピーで、いわゆるニューエイジ系の学者のようです。それはそれでいいのですが、人間嫌いなくせに人付き合いのよい波多野先生がそういう人につけ込まれると言ってはなんですが、そういう人から影響を受けているのではとちょっと心配なのです。先生は本質的にはもっと正統な学者のはずです。

それから、これは第二ラウンドで問題にすべきかもしれませんが、そのことに関連して、先生が依拠する文献や事例にばらつきがあるような気がします。極めて正統な教典・古典、研究書とグノーシス的、神秘学・錬金術的、ニューエイジ的な資料・史料との混交がみられるので、先生はそれらを同等に扱っておられるのか、たとえば、イエスが二匹の魚と五つのパンで五千人の腹を満たした「五千人給食」(「マタイによる福音書」14:13–21)の解釈に、二匹の魚は太陽と月で、五つのパンは木、火、土、金、水の五行であるというように黄道十二宮図か占星術かを持ちこむような、ある種の奇説について先生は自著の「あとがき」で述べておられますが、そういった解釈をどのように位置づけているのかを確認したいのです。私個人は一応のあたりをつけて質問しているのですが、先生をよく知らない読者はそこらにどの程度の真剣味というか、濃淡をつけて読んだらいいのか全く途方にくれると思います。つまり宗教関係の本を読むような人たちは、学問的な内容もさることながら、著者の信仰・

思想的立場にも興味があり、その点と研究評価は不可分なので、同時にその点についても知りたいと思っているはずです。

波多野：なかなか面白いご指摘と質問に感謝します。皆様、私ごときに色々心配して下さっているようで、素直に喜んでおります。まず、私の犬猫の話でダナハさんを煩わせてしまったことをお詫びします。女史の様子からして、喜んで聞いてくださっているものと勘違いしていました。人の気持ちはわからないものですね。よい勉強になりました。犬や猫の気持ちを読み違えることはまずないのですが。

下草先生からは度々お叱りを受けていますが、私はお地蔵さんに手を合わせるし、神社にもお参りするクリスチャンなので、アニミズムやシャーマニズムと言われても、何ら引目を感じておりません。内村鑑三が入信前に札幌農学校で先輩からのキリスト教入信の連日の勧誘にあい、神社で八百万の神に祈り問いかける、あの凄まじい煩悶は私には無縁です。

私は問われれば、自分がキリスト者であることを表明しますし、八百万の神も仏もイエスもごっちゃにしているわけではありません。では私の中でそれらがピラミッド的なハイアラキーをなして整理されているかと聞かれれば、そういう図式でもないので困ってしまうのです。あえて言えば、いくつかの円の重なりの中心にイエスがいる、イエス・キリストというよりもナザレのイエスがいるという感じです。しかし大事なのは、それらの円は霊を以て総て繋がっていることです。私はどこかの神社でお祈りしても、最後は「イエス様の御名によりアーメン」と心の中で唱えてしまうのです。ネオ・プラトニズムだとか、甚だしいシンクレティズム（宗教混淆）だとか言われますが、これが自分にとって自然な礼拝になってしまったのです。でも、勿論、圧倒的に最も頻繁な形としては、イエス様に対してイエス様の名でお祈りする場合です。あえてシンクレティズムを目指しているのではありません。ただ、いわゆる異教の神々を下級霊などと格づけする必要があるのかなと思うのです。私も、誰それは「霊格」(「人格」ではない)が高いなどと言うことはありますが、それはまた別問題です。

イエスの名を口にし、その名を以て祈る行為は自分にとって特別であることは間違いない、仏や地蔵さんや神社の神に手を合わせるのとは違うことは確かですが、特にイエスを他の霊と対立的に捉えなくてはならないという義務感は自分にはないのです。

聖書は異教崇拝を厳しく禁じていますし、とりわけシャーマニズム的行為がやりだまにあげられています。「占いをする者、卜者、易者、魔法使い、呪文を唱える者、口寄せ、かんなぎ、死人に問うことをする者があってはならない」(「申命記」18:10―11)。中世の魔女狩りの元になった思想ですね。でもサウロ王はペリシテ人との戦に悩み、(かつて追放したので、なかなか見つからなかった)口寄せ女を捜し出して、死んだサムエルの霊を呼び出すよう頼みます(「サムエル記」上28:3―19)。ヨセフもダニエルも夢占い(夢解き)はやりました(「創世記」41:38/「ダニエル書」27:26―47)。ユダヤ教の司祭は「ウリムとトンミム」という神意をうかがうための占いの道具のような物を用いました(「出エジプト記」28:30)。イエスの誕生を祝いに来た東方の博士たちも星によってその場所を知った占星術師でした。イエスだって古代の人には魔術師にみえたのです。霊や神秘にたずさわる人々には偽者も沢山います。だからといって、神秘的なものがすべからく偽物ということにはなりません。神の霊は混沌の水の上に神の息として浮かんでいたのです(「創世記」1:2)。イエスは人の子(自分)に言い逆らうことはゆるされるであろうが、聖霊をけがす者はゆるされることはない(ルカ12:10)と言っています。どれが聖霊で、どれがそうでないかを見分けるのは難しいと思いますが。

繰り返しになりますが、古代人、とりわけ古代の日本人の信心にとって神とは難解な神学の総体ではなく、自然のなかに充満する恵みあるいは霊なのです。そのことは外国人にも通じます。特別な外国人の例かもしれませんが、私の本にも引用したラフカディオ・ハーンの言葉があります。その時点では、すでに日本人小泉八雲としてですが、水を飲んでは上を向く鶏についての迷信に触れ、「あれは神様に水をくださったお礼を申し上げているという。科学的にはナンセンスだ。しかし、ああ鶏が水を飲んでいる、と思うだけの人間と、ああ神様に感謝していると思う人間と、どちらの心が豊かだろう……」(10)

昔の日本人はお天道様に手をあわせたり、人の好意に手をあわせたりして、自分が様々な恵みにより生かされているのだ、「おかげさまで」という気持ちを強く持っていました。やはり、西行が伊勢神宮参拝のときに詠んだという「何ごとの在しますかは知らねどもかたじけなさに涙こぼるる」(『山家集』)が日本人の信仰心を代表していると思います。そのような気持ちが希薄であるとすれば、たとえクリスチャンでも異教徒の信仰に及ばないのではないでしょうか。

答えが前後してしまいましたが、トレント大学の某教授についても、彼がニューエイジ系であろうとなかろうと、私は何の偏見も持っていません。彼とはボストンでの古本仲間でして、彼の学問と実人生が合致したとりくみには好意をもっています。自然への敬意等、学ぶべきことのみを彼から吸収した積りです。彼はヘンリー・デイヴィッド・ソロー(Henry David Thoreau)のように、ネイティブ・アメリカン、ネイティブ・カナディアンの世界観、自然観に心から傾倒していましたね。それはネイティブ自身にとっても今は昔かもしれませんが、彼らの自然と一体になった生き方の理想には私も憧れます。(私は特にアウトドア派ではありませんが)。

ついでながら、誤解の無いように言っておきますが、スウェット・ロッジでは薬草は燻しますが、大麻は用いません。ネイティヴの間では鳥シャーマンが有名ですが、その儀式では、かの教授には狼かコヨーテの霊が降りたそうで、ボストンで最初に会ったときから、彼のなんとなく鼻をくんくんする犬のような仕草に気づいていましたが、その話で謎が解けました。しかし、彼は日本でいう犬神憑き、狐憑きの病的な感じは一切ない、極めて理知的な学者でした。スエット・ロッジの機能は肉体的のみならず、霊的な浄化です。あえて言えば、霊的サウナです。とても健全です。加えて、自然の霊との交流を可能にしてくれます。私は受け売りばかりで実体験がないのが残念ですが。

それから、「五千人給食」についての天文学的あるいは占星術的解釈にみられるような、資料のばらつきを言われましたが、ある事象が様々な方面から解釈が可能だということは、それだけそのことが普遍性をもっているということです。錬金術にせよ、ニューエイジ的アプローチにせよ、私が積極的にその方向を目指しているわけではないことはご承知でしょう。先のシンボリズムの件にしても、真理は多重的、普遍的であるということです。トートロジー(同語反復)的な表現になりますが、普遍的なものほど多義性に富むというのが私の持論です。

「五千人給食」についての先の解釈も、補足的にその象徴性が興味深いだけで、この奇跡の主たる意味は、勿論、霊に満たされて会衆が満腹感を味わった、あるいは、合理的な解釈でありながら、同時に、霊的意味合いを持つ考えとして、彼らのうち食料を持っていたものが持たざる者のためにそれを供出したところにあると思います。

ついでに言えば、ディオニュソスの秘儀等、古代宗教には共通して共食(会食)儀礼がみられます。その場合も、たとえば、羊の肉や血はやがてパンやワイン、魚、蜂蜜に代えられました。キリスト教の聖餐式も初期にはパンとワイン以外に魚も食べられたようです。聖餐式に発展する共食は単なる仲間意識のみならず、それを通じて神と信者が霊的一体感を得る重要な行為なのです。言うまでもないことですが、companion(「仲間」)の語源は「共にパンを食べる」ですね。あれは「同じ釜の飯を食う」程度で、宗教的な意味はないかもしれませんが、その基礎にはなっています。

以上は占星術的解釈とは異なり、常識的な見解ですが、「五千人給食」の様々な解釈の中には象徴性、霊性のみならず、当時の習俗を知るのに興味深い奇説もあります。

乙衣：わかるのですが、人間は嫌いなものには拒否反応を示すはずですから、結局、多少とも自分が引かれるものを援用することになるのですね。先生は反体制的な方なので、学問も反体制的なジャンルに寛大なのではないかしら。ご自分でそのことに気づいていらっしゃらないような気がしたのです。先生が古代人のアニミズムや、イエスやパウロをシャーマンとみなす最近の見方に興味を示しておられることは、それがご自身の汎神論的好みに重なるからだと思います。犬猫に色々意味づけするのも、学問と関係なく、先生が犬猫を好きだからで、あとづけしてでもその方面は弁護しようという先生の意欲が私には興味深いのです。でも行き過ぎにもご注意ください。

かつてピーター・ゲイがフィロゾーフ(十八世紀的啓蒙主義者)の思想史的影響について述べるなかでソローらを指して言った「近代的異教徒」[11]の話を、先生が紹介されたとき、私は先生がまるでご自分のことを話されているように聞きました。それであるとき先生がクリスチャンだと知ってとても意外でした。近代的異教徒と呼ばれる人たちは当然クリスチャンではないのに、先生はどうしてクリスチャンなのだろうって。それまでは、キリスト教は先生にとって学問的研究対象としてのみ興味深いのだと思っていました。もし先生がクリスチャンでなければ、話されることも書かれることもすべて合点がいくのだけれどと、そのときは思いました。

でもその問題の前に、先生はシャーマニズムや憑依について、どのように定義なさっているのか詳しくお聞かせください。

波多野：先に一言、自分の信仰について言わせて下さい。私はクリスチャンといっても洗礼を受けてはいませんし、いろいろな意味で普通のクリスチャンとは異なります。キリスト教の儀礼的、制度的なものとも一切無縁です。ナザレのイエスという存在に帰依している状況を言い表す適切な語があれば、それを使いたいのですが、思い当たらないのでクリスチャンと称する、自称クリスチャンです。

聖書を読むようになったきっかけは内村鑑三の無教会(主義キリスト教)からの影響で、それを可能にしてくださった高校の先生方には大恩を覚えますが、それすらも私には窮屈になりました。自分が納得するところにたどり着くのに、それからも解放されることを願いました。また同時に、私の信仰を以て内村鑑三、無教会の名を汚してはならないという気持ちもあります。

私の思い描くイエスや私の信仰が間違っているのならば、自分だけの責任にしたかったのです。無教会の方でも私などと無関係であることにほっとしているはずです。また、私はその後カトリックの教えを受け、尊敬する神父もいますし、かつては、ニカラグアの革命運動を支えた中南米・南米の修道士の「解放の神学」(12)にも傾倒しましたが、私は勿論カトリックでもありません。あちらの方でもほっとしているでしょう。体制としてのキリスト教批判という点では、私は非キリスト教徒的です。しかし、宗教体制批判が中心となり、イエス解釈がそこから抜けきれない田川建三らとも無関係です。こちらの方はほっとするもなにも、あちらは私のことなどご存知ないでしょうから心配無用です。

以前、下草先生から、神社にも参拝する、その霊に対する畏敬の念はわかるとしても、たとえば靖国神社参拝となると、とりわけクリスチャンは、その姿勢について旗色を鮮明にすることを迫られるよと言われました。これについては、言い逃れかもしれませんが、自分がこれから長く住むことになりそうな土地の産土神への参拝とは区別しております。靖国神社には、それ自体が目的ではなく、仕事でその近辺に行った際にといえば不謹慎ですが、これまで二度参拝しました。そのとき、当然A級戦犯の合祀の問題が頭をよぎりました。しかし、誰それを区別するということなしに、そこに祀られている戦死者のご冥福(すでに仏教的)を祈り、永遠の平和を祈念しました(誰かの口癖みたいで気がひけますが)。私は先の戦争で日本がアジアの人々にかけた悲惨、苦しみについて反省しないわけではありません。心が痛みます。侵略戦争か否かの問題を別にしても、特に戦争で非戦闘員に危害を加えることは、戦時規約に照らすまでもなく人倫に悖ります。戦争にも仁義があるのです(その意味で最も仁義なき戦いをしてきたのはアメリカですが)。しかしA級戦犯として身罷る霊も冥福を祈られれば、あの世で、非あらば自ずと己の非を詫びていることでしょう。冥界の懺悔も現世の平和に役立たないはずはありません。

私はあの世とこの世は繋がって互いに影響を与えあっていると思えてならないのです。ラフカディオ・ハーンも「蓬萊」(13)のなかで、人々は先祖の霊が混じった大気を吸って暮らしているので、考え方も先祖の影響を受けているのだという神秘的ではあるけれど、ハーンの日本人論の本音のような印象を口にしています。こんなことをいうと、比較文学の仲間からは「能」にかぶれすぎだとか、泉鏡花の読みすぎとかいわれますが、それをいうなら古い日本文学は全体的にその傾向があります。それは古代人の思惟というべきでしょう。

その古代人の思惟についていえば、私が史的イエス研究に手を染めて、名著といわれるいくつかの研究書を読み始めてしばらくした頃、何かどうもしっくりしない印象を拭えず、袋小路に入りこんでしまいました。イエスの時代の人たちは本当にここに書かれているような考え方、感じ方をしたのだろうかという疑問です。どの本にも多かれ少なかれ思考的アナクロニズムがみられる。私は史的イエスを考えるには、先ず古代人の考え方、感じ方を身につけねばと思いました。その点に関する限り、国の違いは不思議なほどほとんど無いのです。国を越えて「古代人」とひとくくりにしてよい事象が山ほどあります。したがって、史的イエスについての考察ではキリスト教神学よりも比較神話学や民俗学のほうからヒントを得ることが結構あります。現在は、時代の変化は加速度的に急激で、私など若者と言葉が違い、話が通じにくくて難儀しています。なんだか、声のトーンまで違和感があって、耳が彼らの話をうけつけないのですね。今も、怖いのは国の違いよりもジェネレーション・ギャップですね。

司会：私は交通整理をしなくてはならない立場ですが、どうも先ほどから下草さんが何か言いたそうなので、順番を無視して、下草さんどうぞ。

下草：お話の途中で申し訳ないが、矢張り、その靖国神社参拝というのはクリスチャンとしてはよろしくない。直接参拝に行くか、通りすがりに参拝するか、などというのは問題じゃなくて、靖国という、伊勢神宮とは別の意味で国家神道の象徴ともなっている場に頭を下げることになるのだから、もっと慎重に考えなければならないと思います。あなたも内村鑑三の反戦思想を受け継いでいるのなら、それをもっと深化させるべきです。内村さえ時代の制約を受けてその点が不徹底だとすれば、あなたの世代がしっかりしなくてはならないでしょう。

先の戦争では一般の兵士も犠牲者で、その霊を慰めたいというお気持ちはわかりますが、それは靖国でなくてもできるのではないでしょうか。月並みな意見でしょうが、とりわけA級戦犯合祀の現状、またそれが先の戦争の被害者であるアジア諸国の人々に与える印象を考えた場合、靖国という祀り方の意味に問題があるのです。それは先の戦争を美化することになりませんか。だんだんまた危ない方向に傾いて行く今の日本で、とりわけこの点に過敏になってもらいたいのです。本当は、波多野さんあたりが先頭にたって示威行動をしてもらわなくては。

波多野：結局、話はそちらに行かざるをえないのですね。私は国家神道であるにせよ、また右翼であるにせよ、何であるにせよ、死者の霊を慰める心までは対立したくないのです。日本人的な考え方かもしれませんが、霊を慰める気持ちに、その人の生前の思想やおこないがどうであったかは私は殆ど気になりません。歴史的評価として、過去の誰それのどこが間違っていたという批判は私もします。それはそれで当然ですが、批判する義務としては同時代に生きた人がもっともなすべきことであったし、おおかたの人々は後になってあれはおかしかったとか、しようがなかったと言うものの、当時は黙認していたわけですよね。おかしいと思っていた人たちも黙認せざるをえない状況にあったのでしょうが。勿論、それだけに、批判の故に収監された鑑三門下の数人やその他の宗教者、社会主義者等々の幾人かはそれだけ立派だったということですね。また、東條が間違っていたという前提に立って考えるなら、右翼とされる人たちのなかにも東條を批判した中野正剛のような立派な人物もいました。とにかく、批判するなら、死者にではなく生者にしなさいと言いたいのです。下草先生の言われる現況に対する批判は、示威行動の意味によりけりですが、私もしなくてはと思っております。ただ靖国神社には若者もずいぶん参拝していますが、彼らのほとんどは先生が心配なさるような気持ちで手を合わせているのではないでしょう。彼らの日章旗に対する意識も戦前・戦中派のそれとは異なると思います。しかし、若者が日本の過去の歴史についてあまりよく知らないことを逆に危惧することは私もあります。

　同時に、国を守るということをクリスチャンはどう考えたらよいか議論しなくてはなりません。平和憲法だ永久の戦争放棄だと言いながら、アメリカの後ろ盾に隠れているのは卑怯です。そんな国の平和の主張が他国に信じてもらえるでしょうか。アメリカという虎の威が最近翳りをみせてきたので、真剣に考えようかというのなら、それも嘆かわしい。またそれで即、日本も米軍に実質的協力をしたり、自前の軍隊を目指すべきなのか、それも慎重に考えなくてはならない。

　平和へのとりくみは、軍備強化の場合よりもよっぽど金と手間がかかるので、平和推進こそ真剣に、クリスチャンのみならず国民一丸となって努力しなくてはならないのです。平和とは国際的に皆が仲良くするだけではない。国家を越えて市民レベルで、齟齬があると思われることを率直に議論し、誤りを批判できるようにしなくてはならない。戦争についても、国を越えて人間共通の問題として語り合いたい。我々の日常がまさにグローバルに結びついている現実、また情報網の力からして軍備なき平和も不可能ではなくなりつつあります。人間同士だから、とくに若者同士なら、わかりあえないことはない。ただ時間がかかるということです。

映画『戦場のアリア』（二〇〇五）に描かれていることは事実です。第一次世界大戦の一九一四年に英独の間でクリスマス休戦があり両軍が交流した後、しばらく厭戦気分が広がった。またこれとは別に一九一七年にヴェルダンの戦いでフランス軍第二師団の一部が戦闘放棄をした。こういうことはあり得るのです。ウィリアム・フォークナーの『寓話』（*A Fable*, 1954）も、（私はこれをイエス小説として読みますが、）そういう実話が元になっていると思います。ただ今は時代が違う。兵器の力が比べものにならないので、始まったら短期間で甚大な被害がでる。だからそうなる前に、若者たちは国を越えて普段から話し合う機会をもうけなくてはならないと思います。

えらそうなことを言っておりますが、私は別の件でここで懺悔したいことがあります。かつて上智大学理工学部教授だった鈴木皇《ただす》先生は無教会クリスチャンとして聖書研究会を主宰し、私も暫くご指導を仰ぎました。矢内原忠雄の薫陶でしょうか、社会正義にとても敏感な先生で、今から四十数年前に、原発問題が盛んだった頃、原発反対の座り込みに参加するように私にとても長い手紙をくださったのですが、私は無礼にもその手紙にも答えず、誘いにも応じなかったのです。学生運動の余韻がまだあって、そのような行動にアレルギーができてしまったのです。従ってあの3・11の大災害で私はおおいに恥じ入りました。先生は信仰の故に、また物理学者としての見識からも原発には敢然と異を唱えていらした。私にその目がなかったことを悔やみ、恥じるのです。自分ひとりの参加不参加で何ら影響を及ぼすまいという考え方こそ逃げの姿勢です。自分がそういう自分を許せるか、後になって悔やむのは本人です。

下草：今の発言には戦中派である私たちの世代への批判もあったかと受けとります。私も反省しましょう。当時小学生だった私には何も解らず、何もできなかった。これも言い逃れになるでしょうが。だからこそ手遅れになる前にこの問題には神経を尖らせておかねばならない。これこそ私の反省です。

それから、霊をわけへだてなく敬う気持ちが、クリスチャンとしての自覚を希薄にしてしまう方向に向かうとすれば残念です。あなた自身旧約聖書の白眉だと認めている「第二イザヤ」(「イザヤ書」40～55章)には異教に対する厳しい対決が満ち満ちていますよ。

波多野さんは偏屈なところがあるのだが、根は善意の人です。その善意故か甘いところがある。あなたほどの人を私は惜しむ気持ちから申し上げているのです。

司会：私も戦中派で、下草さんともまた違う意見を述べたい誘惑を今、一生懸命押さえています。司会ですから。ただ、波多野さんの感覚は実はすごく自由で新しい。神道的キリスト教というと、昔の人は海老名弾正のような少々国家主義的傾向のクリスチャンを考えるかもしれないが、波多野さんはそういうキリスト教ではない。むしろ正反対ですね。でも、だんだん座談の主旨から離れつつあるので、乙衣女史のシャーマニズムについての質問に戻りませんか。波多野さん、お願いします。

波多野：ちょっと興奮してきたので、急にスイッチを切り替えるのが大変ですね。シャーマニズムどころの話じゃないという雰囲気になりましたから。

第二イザヤの異教拒否についてだけは一言言わせてください。あの書ではイスラエルの民がバビロン捕囚の憂き目に会い、その捕囚末期に、敵地で異教に囲まれたヤハウエー信仰の危機的状況の中でイスラエル解放に向けて神の慰めと叱咤激励をこめた預言がなされるのですから、対決姿勢は無理からぬところです。異教の許しがたい宗教儀礼は槍玉にあげられてしかるべきでしょうが、その点を考慮して下さい。たとえば、こんな私でも仏教か神道から弾圧され、キリスト教棄教を迫られるという状況にあるならば、悠長なことは言ってられないです。それから、旧約聖書の白眉は「第二イザヤ」としても、「第二イザヤ」の白眉は「イザヤ書」五十三章の「苦難の僕」だと思います。特にここにメシヤ預言を読むとするなら。いや、こんな方向に話が進むとは思いませんでしたね。

乙衣：多分に先生自身が招いた議論ですよ。私も仁義なきアメリカ側の人間としては耳が痛い。反論すると話はますます逸れていくので、私も吾子田先生同様我慢します。

気を取り直して本題にもどりましょう。その前に、先ほど「五千人給食」の解釈のなかには習俗的な奇説もあるようなお話でしたが、あれはどういう意味だったのでしょうか。

波多野：奇説ついでに思い出したまでですが、それは古代メソポタミアのシュメールに起源があるといわれるビールに関する説です。古代は乾燥させた大麦麦芽を砕いて麦もやし、小麦などと混ぜてパンにし、それを湯に浸し醗酵させビールにしたらしいのです。言い換えると、古代、ビールはどろっとしたパンであり、食べるビールという感じだったのです。それで味付けは蜂蜜やハーブの他に、「魚」のだし汁が用いられたといいます。そのようにするとわずかのパンもふくらんで五千人は無理にしても、かなりの人にいきわたるわけですね。その場ですぐパンがビールになるわけではないので、あらかじめビールになるべく仕込んでおいたパンでなくてはならないのですが。また出エジプトの折、荒野で飢えたイスラエル人を救った超自然的食物マナ(「出エジプト記」16：31－35)についても、「ぎょりゅう」つまりタマリスクという植物から分泌される樹液とかその木につく虫の分泌物とか言われていますが、一説として同様のビール説があります。

またマナと酒との関係では、ビールではなくワインですが、日本の「マンズ・ワイン」のマンズもマナから来たということです。(14)

そのような解釈でゆくと、あの「パンと魚」には「神の国」の比喩として用いられる、小さな種が大きな木になる「からし種」や、ふくらませ発展させる「パン種」(「マタイによる福音書」13：31－33)と同様の意味が加わります。ビールパンもわずかのパンが醗酵して増えたものですからね。

乙衣：さすが、お酒に蘊蓄が深い先生ですね。御本では水をワインに変えるイエスの最初の奇跡、カナの婚礼の奇跡(「ヨハネによる福音書」2：1－11)についても、合理的解釈という面から、胴がふくらみ先細りの容れ物アンフォーラか混酒器のクラテルの底についた澱が、その壷に水を入れたときに溶けてワインになったという説を唱えられてますね。昔のワインは無濾過でどろどろしていたので水で割って飲んだけれども、容れ物には澱がつきやすかったことと、当時の人たちはワインの容れ物と水容れとを区別しなかったことを根拠になさっているのも面白いと思いました。ビールパンのほうは他の人の説でしょうが、あちらは先生独自の説ですね。

波多野：ええ、そうです。でも、あれは飽くまで、奇跡の合理的な解釈を意図的に試みただけで、当然、あの奇跡のメッセージにはなりえません。矢張り、水による洗礼がワインに象徴されるイエスの犠牲の血による浄めに格上げされる意味、即ち、最後の晩餐と、その後の聖餐式でのワインの象徴的な意味に決定的重要性があります。私が言うと何でも際物的興味で聞かれて、本質的な意味を無視しているようにとられて怖いですね。

乙衣：だって先生の話は他所では聞けない珍しい話ばかりだから、そこだけ記憶に残るのはしかたないですよ。象徴解釈も癖がうつります。たとえば、「五千人給食」の場合、皆が食べた後のパン屑が十二籠も残ったのは、イエス死後の十二弟子を連想します。またこれはユダヤ・イスラエル十二支族に相当するというような。

波多野：それは全く普通の解釈ですよ。どこも変じゃない。いい癖です。

乙衣：そうですか。でも迷ったのは「マタイによる福音書」十五章二十一～二十八節で、イエスに悪霊憑きの娘の治癒を求めるカナン（フェニキア）の女が、イエスから「子供たちからパンをとりあげて小犬にやってはいけない」と断られるのですが、「小犬も主人の食卓から落ちるパン屑はいただきます」と答え、イエスからそのへりくだった信仰を讃えられ、娘を治してもらいますね。「子供たち」はイスラエル人のことだと解りますが、先生の註に、犬は異教徒への蔑称で、パン屑には悪霊が宿ると普通考えられていたと書かれていましたが、するとパン屑には否定的な意味があるのかなとも思ったのです。

波多野：悪魔が宿るという俗信は、「（床に）こぼれおちたパン屑」についてでパン屑全般ではありません。犬も「小犬」に限定しているところは意味深い。当時のユダヤ人は犬は可愛がらなかったのですが、子犬には時々何かあげたらしいのです。あの喩えでも、女は（子犬に相当する）「娘」の病を治してもらいたかったわけです。ついでに、「犬」が「異教徒」を指す一番わかりやすい例は「詩編」二十二篇十六節の「犬はわたしをめぐり、悪を行う者の群れがわたしを囲んで、わたしの手と足を指し貫いた」で、この箇所はイエス受難預言とされています。

「五千人給食」の場合のパン屑は、食べられるパン即ち「イエスに象徴される供犠」から逃れた者たちを指すのではないでしょうか。イエスは「活けるパン」(「ヨハネによる福音書」6:35)ですから残ったパン屑も大切にされるのです(同、6:12)。この場合のパン屑は、イエスが「詩編」百十八編二十二節を引用して、自身について言った「家造りらの捨てた石が隅のかしら石になった」の「隅のかしら石」に通じる意味合いがあるような気がします。つまり重要でなさそうに思われたものが後に重要な働きをするという。聖書には「後のものが先になる」というような価値逆転の言説が満ちていますね。

乙衣:では「パン屑」を肯定的に考えてよいのですね。安心しました。実は、ノディエの『パン屑の妖精』(15)のことも考えていたのです。

波多野:なるほど。色々あるものですね。あれも「大工」と「パン屑の妖精」との恋物語ですね。文学作品に何でもイエス・モチーフを読み込むのは警戒しなくてはならないけれど、敏感ではありたいし、難しいところですね。

ジオルコウスキーが言うprefigurationかpostfiguration(16)かの違いを意識し、後者に拘泥してしまうと、そこには、聖書、とりわけ新約聖書のイエス伝的指標を文学作品のなかに発見し、それだけで満足する危険性が潜むことになる。

先ほどのパンに仮託したイエスの死のなかには人類の原罪にかかわる「赦し」や「浄め」の意味もあるでしょうが、初期クリスチャンにとっては「勝利者イエス」の意味が重要だったはずです。私もイエスの死をよく「供犠」という言葉であらわしますが、この言葉はイエスの受苦にみられる神への従順や先の罪の赦し、浄めの印象が強く、古代異教信仰に結びつけられる「神の怒りの鎮撫」という消極的な意味に限定されるおそれがある。イエスは「活きたパン」なのですから、イエスの死が他を活かす点が最もキリスト教的なのだと思います。即ち、イエスは死ぬのだが、肉体あるいは霊体として復活し、その霊が「聖霊」として他の人々のなかに充満し、その人々を霊的に活かすところにイエスの勝利がある。「死」という負の意味に思われることが正の意味に転化し、人を活かす活力となるダイナミズムこそ、私流に言えば、イエスが「異教の完成者」たる所以です。これとは少し違う宗教史的意味合いですが、宗教以前の最古の信仰形態を西アフリカにみられる護符としてのフェティシズム(呪物崇拝)及び星辰崇拝と考えた十八世紀フランス啓蒙主義者のド・ブロス[17]もキリスト教は宗教進化の最終段階とみなしています。

乙衣：私にとって元々先生は日本映画の先生なので、その人からこういう宗教的な話を熱く語られると戸惑います。ちょっと怖いですよ。なにかすでにシャーマンになっていないですか。

波多野：怖いってのはひどいな。せっかくわかりやすく話してるのに。

乙衣：失礼しました。珍しくキリスト教の独自性に踏みこんで話されたので圧倒されちゃったのです。これまでは先生が「異教の完成者イエス」を言われるとき、異教性のほうに比重を感じたのですが、今の話は普通のクリスチャンの信仰表明ですね。罪と死に対する勝利者イエスですか。これまで先生は、イエスの犠牲の死から復活そして命へという変化を、オリエントのみならず世界に満ちあふれている異教の「穀物神」からの類推で説明されてきたのですが、そこにイエスは「聖霊」なりという中心的テーゼが入ると、とたんに普通のキリスト教になる。穀物は食べられたり、枯れたりして一度は死ぬのだけれど、その種が地に落ちて再び実をつけて命を与える。このサイクルは普遍的で、べつに信仰が無くてもすんなり呑みこめますよね。

波多野：私は最初から異教とキリスト教とを構造的には別個のものとして扱ってはいないので、くっついたり離れたりしているわけではないのです。「穀物神」も比較神話学者が言っていることの尻馬に乗って言っているのではなく、自分でそう考えて言っています。「穀物神」と聞いただけで異教アレルギーの反応をするクリスチャンが多いのですが、ユダヤ・キリスト教自体にそのような農耕祭儀の意識があるのです。

ごく普通の簡便な聖書辞典(18)をみても同じことが書かれています。たとえば、ギリシア語でペンテコステといわれる「五旬節」の項目を引いてください。「過越の祭」の時期にイエスが死に、三日後に甦るのですが、その五十日後がユダヤ教の五旬節にあたり、イエスを信じるガリラヤ人に聖霊が降り、皆が自分が知るはずもない他の国々の言葉で話し出す、即ち「異言」を語るという神秘的なできごとが「使徒行伝」二章に記されています。これがキリスト教の「聖霊降臨祭」になるわけです。五旬節は過越の祭、仮庵の祭りとならんでユダヤ教の三大祭のひとつで、「刈入れの祭」とも呼ばれているのです。言い換えれば、キリスト教ではこのとき「霊」という実りを刈り入れたことになります。仮庵の祭もユダヤ教の年末収穫感謝祭が元になっているので。ユダヤ教にとってもキリスト教にとっても穀物は命の糧で大切なのです。

乙衣：穀物神の概念が世界規模で重要であることはよくわかりました。私はどうも五千人給食のほうが気になって、そこへ戻っていってしまうのですが、以前そこに仏教からの影響がある可能性についてうかがった覚えがあるのですが。

波多野：ええ、過去七仏というように仏陀にも前世があって、それを語った『本生経』(『ジャータカ』)[19]という物語集は『イソップ物語』や『千一夜物語』や『グリム童話』、また日本の仏教説話などに影響を与えたのですが、その中に新約聖書の物語にも共通する話がいくつかあるのです。

今ダナハさんがおっしゃったのはジャータカ七十八の一部に、たいそうけちな大蔵大臣が釈尊が送った長老からしっつこくされ、まんじゅうをひとつやって追い払おうとするのですが、まんじゅうをつくろうとしたところ、小麦粉の練り生地がどんどん増えていって釈尊と「五百人」の弟子とその他のものたちの腹を満たしてなお減らず、残りを洞窟のなかに捨てる話がありますが、そのことでしょう。これにはけちんぼが喜捨の心を教わるというメッセージがこめられており、五千人給食のそれとは異なるのですが、五百人と五千人やほどこした後の大量の残りなどは注目すべき共通点です。また、このけちんぼ長者が今生でも前世でも「眇《すがめ》」であったことが少々気になります。

イエスの奇跡はたいてい旧約聖書の預言者の奇跡の再現になっていますね。五千人給食も、エリシャが「初穂のパンと、大麦のパン二十個と、新穀一袋」で百人を食べさせて、なお余る奇跡(「列王記」下4:42–44)の再現ですね。イエスの奇跡には魚が入りますが、ジャータカやエリシャのパンや穀類だけの型が古型でしょう。

ジャータカには他にも「水上歩行」等、新約聖書と比較してみたくなる記事がいくつかあります。これを直ちに仏教からキリスト教への影響と言いきれるかどうかは慎重にならなければなりません。たとえば、両者に共通するもっと大きな物語文化が西南アジアに広くまたがって存在していた。そういう物語は当時の文化を形成していた一種の言語であったというとらえ方も視野に入れなくてはと思うんです。私たちが自分の経験を中国の故事成語を用いて語るのと本質的には変わらないと思います。つまり、体験は自身の体験だけれど、それを語る容れ物は借り物というか、共通であるという。

司会：この問題もきりがないのですが、乙衣女史が波多野さんをシャーマンと言われたので、シャーマニズムの話題に切り換えていいでしょうか。

波多野：はいわかりました。やっとそこに行く気になりました。イエスをシャーマンとしてとらえる見方は珍しくなく、比較的最近でもピーター・クラッファート[20]の文化人類学・史的視点からの研究がありますが、シャーマニズムというテーマ自体はエリアーデ[21]から始まらざるをえないでしょう。エリアーデがモデルにするシベリア・シャーマニズムへの信頼が強固なせいか、そこにみられる「脱魂」現象にお墨付きが与えられる一方、東北の「イタコ」や奄美の「ユタ」など死者の霊が下る霊媒は「ネクロマンサー」であることからポリネシア型とされ、そのような「憑依」が下位に置かれる傾向がある(同じ奄美でも「ノロ」は個人的な「ユタ」と違って正式な職業的シャーマンとしてまた別の扱いをすべきでしょうが)。「イエスの憑依」というように「憑依」という用語にかなり重要な意味合いをもたせようとする私からすると、これは甚だ面白くないので、果たしてシャーマニズムに真性と派生というような区別、格付けが可能なのか、また必要なのかを問いたいのです。

つまりエリアーデが信じる、シャーマンがエクスタシー技術を駆使し、それに必然的に伴うトランス状態で彼の魂が身体を離れ、天上界に上昇し地下界に下降するなかで超自然的存在と交渉する次第は理解できるのですが、脱魂なくして憑依なしというこだわりにどれほどの意味があるのだろうかと疑問に思うのです。脱魂と憑依とをシャーマンの神秘体験の二形態として併存的に考えるファース[22]のような学者もいれば、また両者が同時に起きる可能性を示唆する学者もいる。ただ通常のそのような用語の区別で重要なのは、パウルゾン[23]が言う、脱魂のシャーマンはトランス解除後に自らトランス解除後もそれについて語ることができるのに対して、憑依のシャーマンはトランス解除後に自ら起こったことについて語れない（夢見る預言者エドガー・ケイシーのようなケースか）という点です。

私が「ステファノ殉教」（「使徒行伝」7：51–60）や「エマオの旅人」（「ルカによる福音書」24：13–31）などにみられるイエス復活後の信者のイエス体験を指して言う「イエスの憑依」は、ステファノのように本人がイエスと一体化する場合と、旅人らのあるいはその相手の中にイエスの霊が入り込んで、彼らがイエスと接する場合とがあり、いずれの場合も本人らの主体的意志によってそうなるのではなく、何かしら外からの神秘的な働きかけによってそうなるので、矢張り「憑依」という意味合いのほうに近いのです。但し、これらの人々が後でそのことを忘れてしまうことはないのです。この差異は「異言」の問題について考える際により重要になってくるでしょう。

乙衣：問題点がなんとなく解ったような気がします。このことは復活後のイエスの顕現のみならず、生前のイエスとその弟子たちとを病気治癒の漂泊霊能集団としてとらえる見方にも繋がってきますか。ずいぶん前に雑誌でシャーマニズムの特集が組まれたときに、この研究会でアスクレピオス的集団の評価をめぐって議論されたらしいですね。よかったらそのときの話をお聞かせください。

波多野：ご指摘ありがとうございます。全くそのとおりです。あれは一九八四年の『現代思想』の特集ですから、随分前ですね。ダナハさんがまだ生まれてないころでしょう。あの号では特に久米博「ことばの霊能者イエス」(24)が議題の中心になりました。

久米の手際よいまとめを順序どおりになぞっていきましょうか。久米は第一節で型通り、エリアーデのシャーマニズム観を背景に、それとは対比的に日本のシャーマニズムの主流をヤン・スィンゲドー(25)を引いて憑霊型にあるという見方を示し、その呪術的治療を霊と霊とのたたかいと捉える。ここらへんは先の私の考えと併せても常識的な見解ですね。次に、久米は堀一郎(26)を引いてシャーマンを「呪術的カリスマ」と定義したうえで、高等宗教でも、その発生時にはカリスマ的指導者が必ず存在した事実をあげます。当時、キリスト教学会で原始キリスト教の発生をイエスとその弟子たちの巡回カリスマ運動として捉える観点が注目をあびてましたが、久米はその主眼点を、イエスを治療神とする集団があったという見方と、もうひとつ、ユダヤ教内部の革新運動として「イエス運動」があったという二つの見方を軸に検討するわけです。

第二節と第三節で、久米はこの検討にあたって、山形孝夫『治癒神イエスの誕生』(小学館、一九八一年)とG・タイセン著、荒井献・渡辺康麿訳『イエス運動の社会学』(ヨルダン社、一九八一)(27)とを比較します。

「マタイによる福音書」、「マルコによる福音書」、「ルカによる福音書」、即ち共観福音書には病気治癒の事例は延べ百十五話にのぼりますが、イエスが治した主たる病人は悪霊憑き、盲人、癩病人で、その病は当時のユダヤ社会で罪と穢れの結果としての「神の呪い」とみなされていた。要するに、そうした病は病そのものとしてよりも罪の烙印としてのメタファーとして機能した病で、スーザン・ソンタグ(28)のいう「隠喩としての病」であったわけです。イエスの治癒活動はユダヤ社会が強制的に病に課した「意味との戦い」であったということです。しかも医療行為の権限は祭司にゆだねられていたので、彼らにとってイエスは病人に勝手に病気平癒を宣言する反権力の呪術師だったのです。

山形はこれを地中海地域で多数流布していた治癒神像をもとに理解しようとし、イエスはパレスチナの辺境ガリラヤで、そのような治癒神の衣を着せられ崇拝されたと考え、アスクレピオス神をそのモデルと推定するのです。

イエスとアスクレピオスとの類推は誰しもが考えるところで、何も山形が初めて言ったわけではありません。本論でも述べられているように、十九世紀末のドイツの神学者ハルナック(29)は原始キリスト教会が救いと癒しとを同じものと考えイエスを医師とし、キリスト教を癒しの宗教として歴史的に跡づけようとしました。

山形はそうした治癒神の標徴として次の四点を挙げます。①処女降誕により生まれた男神であること。②母神と一体になった子神であること。③死と再生の神であること。④さまよう神であること。

古代ヘレニズム世界ではアスクレピオス神殿には医療専業の祭司集団が巡回して病気治しをしていた。但し、イエスの場合と異なるのは、その治療は殆どがメスを用いた外科治療であった点です。

これに対応して、ボン大学新約学教授ゲルト・タイセンは「巡回霊能者集団」を想定します。彼は原始キリスト教をイエスによってひき起こされたパレスチナのユダヤ教の体制内革新運動だったとみなし、これを「イエス運動」と呼ぶ。彼によれば、この運動は紀元三〇年から七〇年にかけてシリア・パレスチナに存在したが、それ以後パリサイ派が体制内革新運動の中心になると、キリスト者は異端として追放され、イエス運動は体制外運動になったということです。

タイセンはそのイエス運動の内部構造を「巡回霊能集団」、「地域集団」、そしてその両者の信仰の対象である「啓示者」という三者の役割の相互作用としてとらえます。

イエスが初めに起こしたのは巡回霊能者の運動で、地域教団ではないということです。このカリスマ集団をタイセンはラディカルな倫理的実践集団として性格づけます。彼らが共観福音書の最古の伝承の社会的背景をなしており、福音書のラディカルな語録の元になっているということらしい。

この巡回霊能者のエートスの特徴として次の四点があげられています(以下、「ルカによる福音書」も含め、引用する福音書は名称のみ記す)。第一に、故郷・定住地の放棄(マタイ8:20)。第二に、家族の放棄(ルカ14:26)。第三に、財産の放棄(マルコ10:25)。第四に、防御の放棄(マタイ5:41)。タイセンはこの巡回霊能者を、同様の放棄をした古代ギリシアの犬儒派哲学者になぞらえて理解します。

巡回霊能者たちは地域教団に霊的権威の支えを与え、後者は前者に社会的・物質的支えを与えるというように、両者は持ちつ、持たれつの関係にあった。そしてこの両者の関係を規定するのが超越的啓示者であるイエスであったということです。イエス運動の担い手たちは、当時競合していたいくつもの救世主待望運動のなかで、イエスの独自性をうちだすのに、メシアでも神の子でもない、「人の子」という称号を好んで用いたというのです。「人の子」の名において彼らは病を癒し、奇跡もおこなった。

山形は自身とタイセンとの考えについて主な相違点を二点あげます。第一に、タイセンにおいては巡回霊能者は「イエスの言葉」伝承の担い手として、その言葉を地域教団に伝達する、あるいは、その伝達により地域教団を形成することをその機能とする。そのようなカリスマ集団はその結果、論争的な倫理的性格をもつラディカリストの群れとなったということです。これに対し山形は「言葉」の伝達より先に「癒し」のわざがあったと言います。このような遊行者集団は病気治しの奇跡をとおして、何よりもイエスの「驚異(サウマ)」の伝達者であり、イエスの言葉伝達はそのサウマの後にくるものであったと氏は強調します。福音書にみられるイエスの使徒派遣伝承に際しての、イエスの「名」による治癒権の委任を重視するわけです。

第二に、このことと関連して、タイセンにおける巡回霊能者の役割は人々への遊行活動への呼びかけ、決断の促しにあったとする点であり、ここでも山形は病人の病からの解放、神の呪いからの解放がまず目的であり、タイセンの言うところは、むしろその結果であると考えます。

久米は、タイセンと山形とのこのような違いを、前者がその遊行者集団のモデルを古代ギリシアの犬儒派に求めたのに対し、後者がヘレニズム末期のアスクレピオス医師団に求めた点にみとめます。

第四節で、久米はタイセンと山形との違いを示す具体例として、「マルコによる福音書」五章一～二十節の「ゲラサの悪霊憑き」を引用します。皆さんよくご存知の話です。けがれた霊にとりつかれ、墓場をすみかにする凶暴な男が遠くからイエスを見つけ、走り寄って拝し、「いと高き神の子イエスよ、あなたは私となんの係わりがあるのです。神に誓ってお願いします。どうぞ、私を苦しめないでください」と叫び、イエスから除霊されるのですが、イエスから霊の名を尋ねられると、「レギオン

（軍団）と言います。大勢なのですから」と答えます。そこの山腹に豚の大群が飼われていたので、霊は豚に入らせてくれと頼み、イエスはその願いを聞き入れると、二千匹ほどの豚の群れが走って行って崖から海（ガリラヤ湖）になだれを打って駆け下り溺れ死ぬという話ですね。正気になった男はイエスに付き従おうとしますが、イエスはそれを許さず、家族のもとに帰って主の大いなる御業を知らせよと告げ、男はデカポリス一帯にこのことを言い広めるという結末になります。

タイセンはこの記事を当時の政治状況と宗教状況とを代替的に表象したものであるという面白い読み方をします。すなわち当時のユダヤ人にとっては占領軍であるローマ人は悪霊であり、ローマ人と彼らが持ちこんだ異教の神々を海に追いやりたいというユダヤ人の願望がここにこめられているというわけです。ユダヤ人にとってタブーであり、異教的である豚がからんでくれば、このような解釈も不思議ではないでしょうね。

しかし、久米はこのような解釈を部分的に認めつつも、これを中心に据えることを拒否し、イエスの癒しのわざを考慮しなければ正しく読むことにはならないと言います。しかし、久米はイエスとその弟子たちをアスクレピオス的医療集団としてとらえる山形の見解にも全面的には賛成しません。

久米はイエスの病気治療をカリスマのわざと認めながらも、医療集団と重ねるには、医療行為の具体的記述がほとんどなく、その治療法は加持祈祷でもなく、外科的技術でもなく、呪術でもなく、また「呪術的カリスマ」という堀一郎のシャーマン定義に照らして、シャーマンでもないと断定します。

久米はイエスの治療法が「ことば」によるものであることを何よりも重視します。久米は「ゲラサの悪霊憑き」においても、そこにみられるのは「悪霊」または「けがれた霊」と「神の霊」との対決であり、イエスの治療法は「けがれた霊よ、この人から出て行け」という命令で、徹頭徹尾「ことば」によるものであると指摘します。また、この命令はイエスが荒れ野で四十日間悪魔の試みにあい、その誘惑をはねかえして悪霊に勝ったからこそ可能な命令で、この経験はイエスの伝道者としてのイニシエーションにあたると、久米はこれまたまことにまっとうな指摘をします。

久米は、悪霊に憑かれているというのは、その人が本来的な自己を失っていることであり、悪霊を追い出すことは、その失われた自己を回復することであるとして、イエスの治療を精神療法の一種としてとらえます。この精神療法説の援護として、久米はジャン・スタロバンスキー(30)のいう命令的な「語りかけ」という概念を引用します。久米の論文は最後の五節で加藤敏の「狼↓狐↓犬と変遷した動物憑きの一例―憑依状態の精神病理的および精神分析的考察―」(31)という研究報告を引いて、実際の憑依事例と「ゲラサの悪霊憑き」とを比較し、①福音書が記述する後者が現実の憑依現象を正確に伝えている点、②けがれた霊という表象も、狼・狐・犬といった表象も、文化的概念の表象化であり、イエスがたたかったのは社会や時代の病理のメタファー、(タイセンのように政治的メタファーを読むことも可能であるが)とりわけユダヤ教社会の病理のメタファーであるという点、③加藤が報告する患者は過去を想起し、それを言語化することにより自己を回復し、ゲラサの悪霊憑きはイエスの語りかけに応答し、宗教的にいえば悔い改めによる霊的再生へと導かれた点を示唆します。

最後に久米は、山形のいう、まず癒しの「驚異《サウマ》」があり、次にイエスの「言葉」の伝達があるという順序づけには賛成しがたいと述べ、イエスはことばによって癒すのだから、「癒し」と「言葉」とますが、その「ことば」は語のすぐれた意味で「脱呪術化した」ことばなのである、と論文を結んでいます。

乙衣：よくわかりました。私もあの特集号はいちおう読んできたのですが、先生のまとめでよりはっきりとわかったような気がします。簡単に言えば、山形の治癒者イエス、タイセンの革新者イエス、久米の精神療法師イエスということになりますか。

巡回集団という点では、山形とタイセンとは共通していますが、タイセンのほうは荒井献の「放浪のラディカリスト、イエス」[32]を思い出させますね。それからタイセンのいうイエスは(巡回)霊能者とか地域教団との結びつきとかいう点には宗教的な傾向を感じるのですが、思想内容からすると哲学的・倫理的及び政治的な傾向のほうを強く感じてしまうのですが。先生は三者のうちどなたに一番共感されますか。

波多野：山形、タイセン、久米の三者の違いはイエスの救済行為をそれぞれが関心をもつ角度から照射している当然の結果で、さほど本質的な違いではないともいえます。私は彼らとはもっと異なる視点からイエスの活動を考察しているので、最初の質問には答えにくいのですが、あえて言えば、山形が当時の庶民の感覚をもっともよくとらえているという意味で彼に共感します。しかしながら、この時代のパレスチナで、とりわけ賢人、神人のひとつの行為や言葉は思想的、宗教的、政治的意味合いを同時に含んで解釈されるので、それらを分割できない場合がほとんどであろうと思われます。

病気治癒行為についていえば、私も山形同様これを重視しますが、彼とは少し異なるベクトルを考えています。山形が主張する集団をなす能動的な活動がイエスの生前になかったとは言いませんが、それは主としてイエス死後の弟子の活動に帰すべきだと考えています。福音書から感じられるイエスの医療行為は病人から執拗に求められて行う、どちらかといえば受動的な行為ではなかったでしょうか。長血（慢性子宮出血）を患う女もイエスの衣のふさを触って癒される（マタイ9：20−22）ように。

勿論、イエスは生前、弟子を派遣して神の国を宣教させており、そこに医療行為は含まれていましたので、イエスを放浪のラディカリストとしてとらえれば能動的な感じもするでしょうが、私はイエス自身について、受身の姿勢がより印象的なのです。

ちょっと話が脱線しますが、治療神は牛馬と関係することがあると思うのです。アスクレピオスはケイロンという半人半馬の怪物から医術を習うし、エジプトの医神ではオシリスと牛神アピス（Apis）が合体してできたセラピス（Serapis）がいます。セラピスはイシスの男性版みたいな冥界神の印象が強いけれども、医神にかぞえられます。セラピス像は人間の姿をしていますが、本来的には牛神です。牛や馬は、気の荒いのもいますが、だいたいおとなしくて受身ですよね。イエスもときとして厳しいけれど、小羊のようにおとなしい感じです。パレスチナではイスラエルの牛（「民数記」19：2／「列王記」上7：25）、フェニキアの馬と言ってよいくらい、それぞれ宗教的に牛馬に親近感があります。

日本の民俗学でいえば、イエスは人々からその霊験を求められ、ときに「撫でもの」のように扱われていますね。そして、この点は久米の見方と幾分重なりますが、イエスは多くの場合、病気の根本的原因を本人の信仰不足によるものとして叱咤しています。病気が癒されるときも、病人の信仰が本人を救っています。

私は自著で、そのような扱われ方をされたイエスはそれによって自らの容姿を損なっていったという仮説を「イザヤ書」五十三章二〜四節の預言から導いたのです。二節前半を省略しての引用ですが、「彼にはわれわれの見るべき姿がなく、威厳もなく、われわれの慕うべき美しさもない。彼は侮られて人に捨てられ、悲しみの人で、病を知っていた。また顔をおおって忌みきらわれる者のように、彼は侮られた。われわれも彼を尊ばなかった。まことに彼はわれわれの病を負い、われわれの悲しみをになった。しかるに、われわれは思った、彼は打たれ、神にたたかれ、苦しめられたのだと」。

私はこの「彼はわれわれの病を負い」がどういうことだろうかと特に気になりました。イエスの容貌については正典、外典、偽典、伝説をつなぎあわせていろいろ想像しましたが、同時に、フェニキアを中心に当時のパレスチナで人気の神ベス(Bes)の霊験と容貌がイエスのそれと重なってきたのです。当時の人々にとってイエスは「生きたベス」だったのではないかと。

乙衣：それは相当大胆な仮説ですね。イエスの容貌が何故先生にとって重要なのか、それから山形説への共感について、アスクレピオス医療団とイエスの医療行為とのかかわりについてご意見をうかがいたいと思います。

四、宗教と民俗学　神人と畸形

波多野：イエスの容貌がどうあれ、それがイエスの教えやキリスト教に影響を及ぼすことはなかろうとは思うのですが、他方、聖画に描かれているような金髪碧眼長身のイエスしか受け入れられないような感覚から生まれる信仰が少々心配なのです。イエスを神として神聖視する気持ちはわかるのですが、歴史のイエス、生身のイエスは当時の人々に決してそのようには映らなかったし、そのような接しかたもしなかった。ならば、やはりその姿も含めてイエスという存在を等身大で受けとめなくてはなるまいと思うのです。神の放下というと適切な表現ではないかもしれませんが、つまりイエスは民衆の中で一人超然とそびえ立っていたのではなく、己をむなしくして民衆の底辺まで降下したのだと思います。畏れられてはいても親しまれていたというイエスが思い浮かべられるのです。

それからアスクレピオス医療団の医療法から、イエスの治療を類推するよりも、両者をつなぐのは当時環地中海のみならず、オリエントでも古くから根強かった蛇信仰を考慮すべきだと思います（蛇信仰は世界規模で存在し、主として水神で龍にも重なり、地下の神でもあるので、鍛冶集団や地下の火マグマや温泉ともつながります。水も火も治める万能神といえます）。

「創世記」三章の蛇の誘惑が先ずイヴからはじまるのも、キネレト湖（ガリラヤ湖）南、ヨルダン川西岸のベテシャン（Beth Shan）の地層（紀元前十三世紀）から出土した祭壇でわかるように女神像と蛇が彫られており、太母神信仰と蛇信仰とが結びついていた、あるいは蛇神とその巫女とが結びついていたことが推測されます。ヤハウェ（YHWH）ですら蛇神であったという説すらあります。

ヘルメス等にも共通するカドゥケウス（caduceus）と呼ばれる一匹あるいは雌雄二匹の蛇が巻きついた杖はアスクレピオスの杖として今では医術の象徴ですが、聖書でも出エジプトにおいて民が蛇の害に苦しむのを助けるよう、神がモーセに命じて青銅の蛇を造り旗竿の先に掲げさせています（「民数記」21：6―9）。後にイエスがこの蛇になぞらえられています（ヨハネ3：14）。ここにはイエスの磔刑とその救いの効験が示されており、古代教父もイエスを「青銅の蛇」と呼んでいます。

乙衣：先生は蛇にこだわられていますね。御著書によれば、蛇信仰は世界的な普遍性をもち、日本の神社の注連縄《しめなわ》や鏡餅も蛇の姿態を模したものだそうですが。先生がイエスの容貌と霊験とに重ねているエジプトあるいはフェニキアの神ベスの図像を私も見たことがあるのですが、寸詰まりで親父顔のグロテスクだけれどもユーモラスな風貌をしていますね。また先生はベスの語源は大元のヌビア語で「保護者」(「守り神」)で「猫」を指すと書かれていますが、特に「蛇」の害から人々を守ってくれる守護神だという点が印象的で、今のお話を聞いてそれを思い出しました。そうすると神と蛇との関係は複雑ですね。神は邪蛇を制する聖蛇ととらえればよいのですか。

イエスとベスとの共通点を縷々述べておられますが、この比較・類推、それからフェニキアとの濃密な絡みは、これまで指摘した人はいないんじゃないでしょうか。そのうちこのことが見直されるときがきたら、先生が先駆者だったことになりますね。先生は常々、人に認められる偉い学者になるよりも、認められずとも自分だけは真実を知る人間になりたいと言われてましたね。「本を書くひまがあったら勉強しろ」とか、「学者」よりも「覚者」になりたいとか、自分は男カッサンドラになりたいという発言も覚えています。ギリシア神話のカッサンドラは幼いときに「蛇」に耳をなめられるか、噛まれるかして予言の力が備わったけれども、確実に的中するその予言は誰にも信じられないという呪いを、彼女が退けたアポロンからかけられたのですが、そういうところまでも憧れるのが先生の面白い異端癖だと思います。

それから聖書の正典・外典・偽典や、伝説、更にオリゲネスの『ケルソス反駁』[33]、ユスチノスの『トリュフォンとの対話』、ロバート・アイスラーによるヨセフスのキリスト証言の復元によるイエス像(34)のみならず、タルムードにおいてイエスを指すのではないかといわれてきた記事等々を総合して、先生は醜男あるいは不具のイエスを想定しています。

先生によれば、ゲッセマネの園で大祭司やパリサイ派が送り出した捕り手やローマ軍の兵士たちがイエスを見て「後ずさりして、地に倒れた」(ヨハネ伝18：6)のも彼らがイエスが異形であることに驚いた可能性があるのですね。また、ローマ総督ポンテオ・ピラトがイエスを指して言った言葉として有名な「この人を見よ！」(Ecce homo)(ヨハネ伝19：5)も、その正しいニュアンスは「見よ、人間ではないか！」で、イエスの異形にとまどいつつも、(イエス自身が名のったことにされている)神ではなく人間であることを冷静に受け入れるよう、イエスの死を求める群衆をなだめているということですね。

パウロが言った「かつてはキリストを肉によって知っていたとしても、今はもうそのような知り方をすまい」(「コリント人への第二の手紙」5：16)は、通常、イエス・キリストがわれわれのために死に、甦ったのだから、われわれはそのおかげで一度死んで、新しくされた、これを知り、これからは彼のために生き、(彼が死をもってわれわれ罪人を神にとりなしてくれた)神の和解を受け入れて、その福音を伝える使者となろう、と解釈され、古い肉の衣を捨て新たな霊の衣に着替えるような、キリストについての一段高い霊的認識にわれわれを向かわしめる言葉になるのですが、先生はこの文脈にそった解釈を否定するわけではないのでしょうが、ここにも、その裏にはパウロがイエスの肉体的負のイメージを自らに対しても払拭しようとする気持ちが暗に働いていると読むのですね。

先生は、飽くまでもいくつかの考えうるイエスの容貌のなかのひとつの可能性としてですが、大胆にも、短躯で(片目で)跛のイエスを示されている。これは純粋にこのような聖書関連資料の検討から帰着されたところですか、それとも何か他の学問分野からの影響からでしょうか。

波多野：聖書及びその関連資料から類推し、さらに他の学問分野からの関連証言により裏付けを得たといえます。哲学者のルネ・ジラール[35]も初期には文化人類学的立場から聖書を読み、聖書から古代の犠牲祭儀の生贄としてのイエス像を強く感じていました。そこには自身の意志よりも共同体の力が強く働いて押し上げられ犠牲になってゆくイエスの姿が浮びます。

私のなかでそれと結びついたのは、柳田國男が「一目小僧」[36]のなかで鍛冶師に関係する妖怪として熊野の山中に住んでいた「ひとつたたら」という一目一本脚の山鬼の話を紹介し、土佐の山鬼、山爺等の類例から山神が降臨されるとき一方の目を傷めたことを指摘している点です。その延長として、そのような神の祭礼の度ごとに一人ずつ神主を殺す風習があり、前年度の祭りで籤か神託かで選んでおいた「かたしろ」(尸／形代)としての童男あるいは童女を常人と区別するためにその片目を傷つけておいたのではないかという説が唱えられています。そのような殺伐たる祭式が廃れた後も、片目の人にしか霊力が宿らぬかのごとく信じられたということです。医学的な見地から、実際にビタミンA不足で生まれてきた単眼症の子供の存在も伝承に影響を与えているという説もあります。

足の不具については柳田は比較神話学の領域であることを察知してか後輩にその研究をゆだねている。ギリシアのヘーパイストス、ドイツのフォルンド、フィンランドのワイナモイネン等、鍛冶の神、神人には跛者が多い。柳田は秋田県北部では「カジ」とは跛者のことで、たぶん足の不自由な者が鍛冶職に従事していたのだろうということと、片目をあらわす「眇《びょう》」は「メカンチ」といわれるが、これは「鍛冶」の転訛であり、片目の者だけが鍛冶であったろうと、山の神の起源を鍛冶職にむすびつけています。

跛についても私も自著で受難のイエスにひそむトリックスター的な影としてギリシア神話の跛で侏儒で醜男のヘーパイストスからの類推を示唆しました。鍛冶屋で工人のヘーパイストスが自分を捨てた母ヘラに対するうらみから、注文を受けた玉座にからくりを仕込んでヘラの体を誰にも解けぬ細い鎖で縛りつけてしまうのですが、使者をおおせつかったディオニュソスがヘーパイストスを葡萄酒で酔わせて驢馬に乗せ、オリュンポスに凱旋行進よろしく護送して来て、神々の洪笑を呼ぶ話です。

種村季弘『畸形の神　あるいは魔術的跛者』（青土社、二〇〇四）でもヘーパイストスは文学的モチーフとして扱われ、鍛冶屋と魔術と医術とのつながりにも触れられているのですが、種村はこれをイエスの容貌や驢馬に乗ったエルサレム入城と歓呼とに結びつけなかった、そもそもイエスの名が全くでてこなかったので、私が類推の可能性を示唆したということです。私は、昔の人たちは異形・畸形に畏敬の念を抱いていたと思うので、「畸形は畏敬を生む」というテーゼを提唱したいくらいですね。シェイクスピアの『リチャード三世』も、あの畸形は見る者に何かしら心穏やかならざる感情を喚起したはずです。彼を演じたローレンス・オリヴィエにも、その妖気がのりうつっているようです。美男子のオリヴィエはあの存在感が欲しくてしようがなかったはずで、これでやっと自分もジョン・ギールグッドに少しは近づいたと思ったかもしれません。

イエスが大工だったというときの「大工」はギリシア語原語ではテクトンで、技術屋の意味合いがあり、何でも知っておかねばなりませんから「博識家」の意味もあります。大工も家や家具を造るばかりでなく舟も造ったでしょうから船大工にもなったでしょう。弟子が漁師であったこともその関係での知己であったと思います。材料だって木だけを扱うわけではなかったでしょう。場合によって石工にも鍛冶師にもなったでしょう。従ってイエスを「鍛冶師」の伝承と結びつけられないわけではありません。鍛冶師なら火を吹くときに目を傷める可能性は高いし、たたらを踏みすぎて脚を傷める可能性は高い。

私がこの関係で連想したのはドイツのツヴェルク(Zwerg)で、彼らも「こびと」で鵞鳥のような脚をした鍛冶師で、人間にいたずらをすることもあるが、多くの場合、人助けをします。子供の病気を治したりしますが、これも山野に住んでいるので薬草の知識があるからでしょう。ツヴェルクは人間のような姿をしていますが、山や地下の聖霊としてその富を人間に授けます[37]。私はイエス鍛冶屋説にさほど肩入れしませんが、民俗学者たちが、鍛冶師にそこまでこだわるのであれば、なぜイエスの名がそこにないのか、一方にイエス不具説が古代キリスト教時代にささやかれていたのだから、その可能性だけは示すべきだと思います。柳田は鍛冶師のみに集中していますが、ギリシア悲劇のオイディプスやケルト神話のガルガメル(Gargamelle)、プエブロ・インディアン神話のシュマイコリ(Shumaikoli)等々、鍛冶と関係ない英雄や神にも跛者は多いのです。

私は古代に普遍的な異形・不具と異能との関係に目をとめています。不具者とみなされる人々の異能に興味があるのですが、不具者が自ら異能を主張するというのではなく、まわりがそのつながりを重視したという点が興味深い。元来は、柳田が指摘するような残忍な形で供犠と不具が関連し、それが徐々に形式化していったことは、フレイザーの『金枝篇』[38]などから容易に類推できますが、重要なのは、まわりがそのような類推から異能者の一面として不具を期待したことです。生贄としてのイエスを考える人たちのなかにも、ユダヤ教での生贄は無傷でなくてはならなかったという基準からイエスの不具を認めない人もいますが、第二イザヤの「苦難の僕」にみられる高度の神意からすれば、外形的な無垢・無傷にこだわることもないと思います。

貝塚茂樹は『神々の誕生』[39]で、古代バビロンや古代中国では、天神の重要な属性として風を支配する力が考えられていたという。この力を神から与えられた魔術師であったろう黄帝や蚩尤《しゅう》は兵器や祭器を鋳造する鍛冶師であった点を指摘します。貝塚はこの伝説を古代中国の「夔《き》」あるいは「夒《とう》」という山神につなげ、「中国の山神も日本の山の神と同じく一つ目一本脚と信じられ、巫が一つ目の面をかぶって山の神に扮して、この世に降臨し神の舞を踊ったのであろう」[40]と推測しています。

貝塚はスサノオノミコトが風神にして鍛冶の守護神であり、その伝説は中国の黄帝、蚩尤と同一のテーマを扱ったものとみなしています。貝塚はスサノオノミコトが八岐大蛇を退治して、その尾を裂いて草薙剣を手にいれたことについて、八岐大蛇は鍛冶職を世襲する部族の守護神で、スサノオノミコトは「八個の鍛冶部落を征服して、製鉄技術を占有し、自己の出雲族の繁栄を確保した」[41]と解釈します。

貝塚はさらに風の重要性を説き、息吹を吹くことは呼吸することで、生命の根源であると言い、「気は生命の本質、霊魂を意味し、人間の根源であるから、これを支配できる神は、神々のなかで、至上の神とあがめられるのは自然である」[42]と考えます。日本にはシナトベノミコトという風神がいますが、貝塚は、イザナギノミコトが「鼻」を洗ってスサノオノミコトを生んだ後に、国土の朝霧を吹き払わせる風神シナトベノミコトを造った神話は、スサノオノミコトが荒神として成長したため、専門の風神を分化させる必要が生じたという説に与しています。

私はこういう考察は聖書解釈のうえでも非常に重要なヒントになると思います。「創世記」でも水面を覆っている「霊」は「風」と表現されていますね。

乙衣：先生の本でも、イエスの水上歩行の奇跡(マルコ6：47−51)を扱ってますが、弟子たちが「逆風」で舟を漕ぎなやんでいるときに、イエスが湖上を歩いて近づき舟に乗りこむと風がやみますね。あれもイエスのもつ風の支配力ですか。

波多野：ええ、そうです。でも、状況はちょっと違いますが、風の支配なら、もっとはっきりしているのは、「マルコによる福音書」四章三十五〜四十一節で、イエスと弟子たちが舟に乗っていて突風が起こり、イエスが風を叱りつけ静める話ですね。弟子たちは非常に恐れて、「いったい、この方はどなたなのだろう。風や湖さえも従うではないか」と互いに言っています。

それから、水上歩行の奇跡をおっしゃって下さって、ちょうどよかったのですが、この奇跡が起こる直前の「マルコによる福音書」六章四十六節あるいは「マタイによる福音書」十四章二十三節でも、イエスは祈るためにひとり「山」に登っていますね。こういう記述が福音書のだいじなところでちょくちょく出てくるのですが、先ほどの山神との関連でいつも気になってしかたがないのです。ナザレの西で、フェニキアにあるカルメル山がイエスが霊感を受けた場所だと思うのです。パレスチナ北部のヘルモン山やガリラヤ湖西南のタボル山は名高く、ともにイエス変貌の山(マタイ17：2)の候補地にもなっていますが、カルメル山も高山ではないけれど、エリヤが祭壇を築いてバール(Baal)の預言者と対決した（「列王記」上18：19―40）場所です。一説によれば、ここにはエッセネ派の本部があって、神学的にはクムラン教団のエッセネ派より格が上だったそうです。私はイエスとエッセネ派との直接的関係はさほど重視しないのですが、イエスを押し上げた組織については、フェニキア商工人ギルドとともにカルメル山の宗教者たち（エッセネ派であろうが、ナジル人集団であろうが、それ以外であろうが）を考えています。私が考えるフェニキア人集団とこの山の人々は地理的にも密接なつながりがあったろうと思います。霊的な意味でも実質的な意味でもカルメル山はきっと重要です。

山中を仏の胎内にみたてて、登頂を経て再生をめざす信仰者の思想はよく聞きますが、日野西眞定の『高野山』(43)で山中他界思想にみられる「擬死再生」がわかりやすく説かれています。山は神聖な場という考えには色々な側面がある。水源信仰の一面もあるし、山頂に近くなるほど浄化された魂が寄り集まるという考えもある。しかし基本的に山は死の世界で、ここに詣って再び生の世界に帰ることで生まれ変わりを意味する。羽黒山の山伏は出峯のときは道を産道にみたてて「オギャー、オギャー」と産声をあげて出る。四国のお遍路さんも死に装束で詣でるので、同じ意味です。

山中他界の信仰、それを転じての浄土信仰、結界、女人禁制というタブー、地主神、とりわけ僧侶の先祖格である狩場明神の発生と祭祀、納骨信仰等々というふうに、民俗信仰が基層をなして、その上に仏教・密教が導入されたいきさつが山岳信仰をつうじてよく理解できるのです。ユダヤ・キリスト教の発生以前の民俗、あるいはその基底に潜む民俗を考えるうえで、このような日本の民俗信仰がヒントになりそうです。

もちろん、これらすべてがイエス研究に応用できるわけではありません。むしろ関係ないこと、偶然似ているだけのことのほうが多いでしょうが、古代人の感覚への共感を養ううえでの助けにはなります。イエスの変貌も山上で起こっていますし、イエスが磔刑死後三日目によみがえり、四十日間地上にとどまった後、昇天したのも「使徒行伝」一章九～十二節から、オリブ山上がその場と考えられます。でもちょっと貝塚の山神論から離れすぎましたね。

乙衣：面白いけれど、頭がこんがらがって、くらくらします。私も貝塚茂樹『神々の誕生』は読んだのですが、貝塚が山神や風神の問題に入っていくそもそものきっかけは、古代中国の黒陶俑舞人像やエーゲ文明のキクラデス人像の顔面が鼻梁を除いて、目も口も無いのは何故かという疑問でしたね。貝塚は、それから「異」の字の語源に迫り、下の「共」は人間が両手を掲げて頭上に何かを載せているのですが、その載せている「田」は従来言われていた水瓶ではなく、ざんばら髪の鬼の面で、日本の神舞で用いられる鬼の仮面には眉目も口歯もない、ただ平たいのっぺらぼうのものですが、これをヒントに中国の鬼面も想像できるということです(44)。

折口信夫の沖縄諸島の民俗研究でも、毎年正月や季節のわかれめに祖霊の常住する常世から祖霊が常世神として、つまり男女二体の祖霊が蒲葵《くば》の蓑笠などをかぶった異形神として来訪するのです。貝塚はこのように日本の民俗学の成果を借りて、古代中国の歴史や祭儀を解こうとしているで、こういう取り組みが先生の「異形のイエス」を考えるときのヒントにもなっているのかなと思いました。もっとも、先生はこういういきさつなら自分のほうがもっとうまく説明できると思われているのではないですか。

波多野：そんなことはないですが、強調点等に多少自分なりの工夫はあります。古代中国には実に様々に不思議な事象があり、私が言う普遍性の実例に事欠かないのです。イエスの行為として先の山形説等でとりあげられた医療活動と、それに併行してみられる罪の赦しは、道教の源流ともいわれる五斗米道にもみられます。五斗米道は二世紀後半に起こった宗教活動なので、キリスト教からの影響を指摘する人もいますが、癒しと罪の赦しとの結びつき、あるいは合一は私は宗教の普遍性と考えたい。

孔子以来、中国では「怪・力・乱・神」を語らずの傾向が強いといわれますが、とにかくシャーマニズム的事象はあちこちに見られます。たとえば貝塚は、殷王朝のトいの言葉、卜辞にある「雨が降らない。帝がこの邑《まち》つまり殷の都に禍いを異降《くだ》したもうのだろうか。」では「異」と「降」とを一字にして漢字語源をさぐり、鬼の面をかぶり、両手両足を広げて「梯子」をつたって地上に降りてくるさまを目に見えるように描いていると言うのですが(45)、私なら、天との交霊という意味では、これを「創世記」二十八章十～二十二節のヤコブが「神の家」という名の村「ベテル」で野宿したとき、天に通じる「梯子」を天使が昇り降りする夢をみたことに比較したい。

また、これは頻出する目と幻視とのかかわりに関する脳内生理学の見解なのですが、視覚障害者、全盲者から片方の目だけについての軽度障害（弱視）者まで含めて、そのなかには幻視を経験する者がいるということです。

十八世紀のスイスの博物学・哲学者がこの現象の発見者なので、その名から「シャルル・ボネ（Charles Bonnet）症候群」というのですが、そのいくつかの典型的幻視のひとつとして、階段を昇り降りする（時に、異形の）人たちの姿が見えるらしい。先の柳田がいう、次の年に犠牲に捧げる神主の片目をあらかじめ傷つける行為は、私は、古代人が経験から視覚障害者の特殊能力を認識していたが故の補助行為の意味もあっただろうと思うのです。古代人は供犠たる者の幻視を霊力と信じ、彼にシャーマンに期待するような神との交信を期待していたのでしょうが。

貝塚ののっぺらぼう面にもどって、氏は第一章「異形の神像」では天山の神の「渾沌」のように面目のないものもあると書くに止めています（第五章では踏み込んで語っている）が、渾沌こそ黒陶俑舞人像ののっぺら顔のルーツである可能性を、この文脈で言ってもよかったのではないかと思います。

有名な『荘子』にある寓話で「渾沌、七竅《しちきょう》に死す」ですね。南海の帝、儵《しゅく》と北海の帝、忽《こつ》が中央の地の帝、渾沌のところで会い、いつも渾沌（混沌）にごちそうになっていたので、二人はお礼に渾沌の顔に目、耳、鼻、口の七つの穴をあけてやることにするのだが、七日目に最後の穴があいたときに渾沌は死んでしまうという話です（七日というのは聖書では天地創造にかかった日数だが、ここでは破滅に至る日数になっているのが面白い）。

渾沌は自然を表し、その自然の恵みを他の二帝に施す。この二帝の名はともに「はやい」を意味し、変化ということにもなるのではないでしょうか。自然は周りの変化のなかで泰然自若としている。その混沌は老子のいう「道」として内に総てを未分化の状態で内包しているが故の豊かさを誇っている。「道」は名づけえぬが故に融通無碍で自由な力を持っている。あるいは自然は人に「自他不二」の理を教えるような豊かな混沌をかかえています。この自然に無理に目鼻をつけて理解しようとしたり、分析という知識と人為とを加えれば、それが自然を殺すことになる。まさに、われわれに「無為自然」の理を教えてくれる話ですね。「無為自然」を何もしないことのように、誤って解釈する人がいますが、自然のままで何もするな、つまり「自然に逆らう」ようなことは何もするなという意味です。

私はこの話はわれわれの文明世界の行く末を物語っているような気がします。聖書の歴史観も円環でもなければ、キルケゴールのいう上昇螺旋でもなく、破滅へと向かう直線ですね。エントロピーの法則からしても、説得力がある。ただし、そこには救いの望みが残されている。自分がそのなかに加えられる保証はないので、あえかな救いの希望なのですが、人類的には希望といえます。

漢字語源でシャーマニズム的状況を補強説明するなら、私は「狂」の字と「民」の字を白川静流に考察しますね。白川静の衣鉢を継ぐ山本史也は『図解雑学　漢字のしくみ』(46)という一般啓蒙書のなかで「狂」は旅に出るさい、呪儀として用いる鉞《えつ》の刃の上に足を載せる儀礼をして、なにかに憑かれ霊力を授かる様をあらわすということです。白川語源学では一番知られている例ですね。

孔子は「中行を得てこれに与《くみ》せずんば必ずや狂狷か」と言い、仲間になる者の徳については中庸に次いで狂と狷《けん》を評価したという「狂狷」はよく聞きますね。ここでの狂者は憑依したもののように狂おしく理想を求める理想家の意味で、狷者は節を曲げない頑固者で、孔子は前者に進取の気性を、後者に悪を受けつけぬ硬骨をみたのです。

「民」の字は、下から針が目を突いている様をあらわし、盲人は古く、神の奴隷とされ、楽人として神に仕え、神の寵愛を受けたのです。瞽史《こし》という盲人の楽師への神聖視は巫祝伝統にもとづくということです。日本の瞽女《ごぜ》にも通じますね。そこで私は貝塚の書中で先に述べた山神の「き」がそもそもは古代の聖帝、堯、舜につかえた一本脚の楽師として伝えられていたことを思い出し、氏が「民」の語源によっていれば、「目」のほうにもつなげる手がかりになったのではと思うのです（ただし、潰すにしても両目と片目の違いについては考えなくてはなりませんが）。

貝塚は楽師の「目」にふれてないわけではありません。柳田國男の考えとして、片目の龍神、天目一箇命が鍛治師の鉄釘にやられて片目になった伝承を紹介していますが、蛇体の水・土の神は仏教では琵琶をもった女神であり、琵琶法師の保護者だったと言います。琵琶法師には、目を抜いて世俗と引き離しておく習慣があった(中国の瞽史を連想させる)ので、同じく片目の龍神から特別に恩顧をえたのだといいますが、琵琶師自身が語る伝説では、本来は鍛冶師の山神であったものが水神の蛇に変化されてしまっていると結んでいます。

私にはこれは何の不思議もありません。アポロンが大地の女神ガイアの神託を守護する龍ピュトンを退治して、この神託、予言の力をじぶんのものにするのですが、別説として、いや元々アポロンが蛇神だったのだという、退治する者とされる者との一体性は神話では珍しくない、よくある話です。

話を風神と鍛冶師、あるいは「風」と「火」とにもどし、更にイエスとの関係で考えると、「マタイによる福音書」三章十一節でバプテスマのヨハネがイエスについて言った、自分は「水で洗礼を授けている」が、その方(イエス)は「聖霊と火とで洗礼をお授けになる」が大きな意味をもってきます。

この「聖霊」は聖書的には「風」と同義です。即ち、「創世記」一章二節の「地は混沌であって、闇が深淵の面にあり、神の霊が水の面を動いていた」の「霊」はヘブライ語では「風」と同じ語(「ルーアッハ」)です。神は万物を造ったのだからそれを部分的に強調するのはおかしいと思われるかもしれませんが、「風」と「水」とは実質的な天地創造に先立って在ったともいえるのです。しかしながら、それらも根本的には神の創造物には違いなく、神は「ヨブ記」二十八章二十五節では、「風」と「水」、「アモス書」四章十三節では「山」と「風」の創造者・支配者として描かれます。また「創世記」二章七節で、神は土(アダマ)からアダムを造り、鼻の穴に息を吹き込んで命を与えますが、この「息」は「風」で、ヘブル語では「風」は「霊」や「息」と同じです。「生きる」は「息る」ですから、その風には命があるのです。「水」はヘブル語で「マイム」と言いますが、「マイム、マイム」という有名な歌で知っている人も多いでしょう。かたや「火」(エッシュ)は「出エジプト記」三章二節でよく知られる、モーセが見た、燃えど尽きせぬ柴の火が思い浮かべられます。この火は「神の臨在」の象徴とされています。そして先のイエスの「聖霊と火」による洗礼にみられるように、火には不浄を浄める力がそなわっています。更にいえば、火は浄めて変容させる力をもちます。まとめれば、「聖霊」は自然の事象として、とりわけ「風」、「水」、「火」としてあらわれます(「聖霊は」動物としては、聖書では、とりわけ「鳩」ですが、仏教では「雁」、エジプトの信仰では「バー」という鳥であらわされます)。

イエスはちょうど鍛冶師が火と(ふいごの)風とで鉄鉱を変容させるように、「火」と「風(聖霊)」とで人を浄め、変容させる(生まれ変わらせる)ことができる。更に、イエスは鍛冶師がそう信じられたように、(時々、)山に登り、降り来ては、山神、風神のように神威を示す。私は史的イエスを鍛冶師として積極的に推す気はありませんが、聖書を読んで、アナゴジカル(anagogical)即ち、霊的解釈のレベルで、イエスを「霊的鍛冶師」と表現したいのです(イエスと「火」をあらわすエッシュは音も似ています)。

ミルチア・エリアーデ[47]流に、鍛冶師と錬金術師とに共通項をみて、女性原理で説明するなら、大地は母の体(山は母胎?)、鉱山は子宮、鉱石は胎児であるというように、自然の生殖力に信頼をおく宗教的自然観につながってゆきます。

閑話休題。比較神話学者はたいてい、順不同ですが、「蛇」から「龍」、「水(神)」、「地下世界」(「冥界」)、「跛」、「楽師」、「シャーマン」、「予言」、「鍛冶師」、「火」、(エリアーデなら、「鍛冶師」とくれば)「錬金術師」、「医者」というむすびつきを考え、特に異界を訪れた人物の片足の不具合に注目します。シンデレラが一種の異界経験をした後、片方の靴を落とし、跛のように歩くのもそうだという人もいます。

でも、この関連で私が一番気になるのは、貝塚も紹介する古代メソポタミア、アッカド神話のマルドゥクとティアマアトです。甘水即ちティグリス・ユーフラテス河の水の男神アプスーと辛い水即ち海水の女神ティアマトとの間に、先ず巨大な蛇ラームーとラハムーが生まれ、次に天空をあらわすアンシャール、大地をあらわすキシャール夫妻が生まれ、その息子に天神アヌ、その息子エアなどが生まれます。神々の喧噪にたえられなくなったアプスーはわが手で後裔を皆殺しにして平安を回復しようとするが、ティアマアトの反対にあい、以後神々は二派に分かれて争うことになります。

エアの子マルドゥクは父の寵愛を得て、普通の神の二倍の、目四つ耳四つをもらうが、いたずら好きで風の神を革ひもでつないで、自由に操る。マルドゥクのいたずらに怒った神の一派がティアマトを動かしてマルドゥクを葬ろうとするのですが、十一悪獣群を率いるティアマトに対しマルドゥクは先の風の力を使って返り討ちにします。

貝塚が指摘するように、これに相応するのが中国の黄帝が猛獣を兵力として、ライバルの蚩尤(しゆう)をうち負かそうとする話で、蚩尤が雨師風伯を活用して大霧をおろしてこれに対抗します。これはまさにティアマトとマルドゥクとの関係ですが、ここでは敵役の蚩尤が風を用い、主役の黄帝が猛獣を率いています。後に黄帝は夢判断で風の重要性を知り、風后を大臣にして最終的に勝利をおさめるのです。とにかく、風を制する者が勝利をえるという話です。日本にもかつては「神風」によって勝利をえると信じていた時代があったので、こういう感覚はまんざら無縁でもないでしょう。

マルドゥク神話では、彼の勝利の後に天地創造が始まります。彼はティアマトの死体を貝殻のように二つに割って、一方を天にあげて天空とし、片方で水をたたえた大地を造ります。空に星座を造り、月を造り、「七日目」に太陽を造って天地創造が完成し、その後に神に奉仕するものとして、ティアマト一味の遺体から、神の似姿に人間を創造します。

貝塚による類比はここで終わっているのですが、私が興味を引かれるのは、ティアマトの半身が天に属するというような観点から、古代オリエントにおいて、目、脚、そして時に手の片方が不具である人間に対して、まわりの人々が、半神半人のような印象をもった可能性は考えられないかということです。先に柳田が例示した、ある人物をあらかじめ生贄として他と区別するために故意に身体の一部を傷つける場合も、私には、その損傷部は天に献納するという意味合いがあったのではなかろうかと思えるのです。あるいは逆に、アキレスが母テティスにより黄泉の河ステュクスに浸されたとき、握られていた踵だけ水にふれず、不死にならなかったように、神人が体のある部分について完全な神にならず人間にとどまるという意味合いも想像します。

もっとも、私はイエスが不具者であったとしても、日本の場合のように、柳田が言うような意味で故意に損傷を受けたとは思っておりません。私はイエスの身体について問われれば、態度をあいまいにするのは卑怯なので、イエスは不具者だったと思うと答えますが、いつか、何かでイエスが健常者だとわかったとしても、別段がっかりはしません。まさかイエスが不具者であったことを望んでいるわけではないので。古代の人々が不具者を神人とみなす、あるいは神人に肉体的不具をむすびつける、そのとらえ方そのものに非常に興味があるのです。

これはキリスト教の敵方ともいえるユダヤ教側の証言ですが、『タルムード』や『ユダヤ百科事典』(Judaica)での「バラム」(Balaam)の項では、バラムという名でイエスが語られているということですが、この人物は片目が見えず、片足が不自由です。もしかしたら、ユダヤ教では、「ゼカリヤ書」十一章十七節の神から腕と右目を撃たれた「愚かな牧者」とこのバラムとを関連づけているのかなとも考えました。

この元となるユダヤ教の文献のひとつとして「盗賊(略奪者)のピネアスに殺されたとき、びっこのバラムは三十三歳だった」(バビロニア・タルムード、サンヘドリン106b)をあげれば、ユダヤ教では、ピネアスをユダヤ総督ポンテオ・ピラトと考える人々がおり、バラムの年齢からイエスを想起するのは自然といわざるをえません。ピネアスは名前だけでいうと、剣による死を預言される、悪しき祭司ピネハス(Pinehas)(「サムエル記」上2:34–35)を思い出します。不思議なことに、「サムエル記」のこの箇所もピネハスの話の次の節に「油塗られたる者」(救世主)の記述があります。

私がイエスが不具者であった可能性を念頭におくのは、イエスの予型的人物とされるノア、ヤコブ、サムソンがいずれも跛であったことからの類推によるところもありますが、主としてユスチノスの『トリュフォンとの対話』でのイエス証言、それから決定的なのは、先にあげた「イザヤ書」五十二章十四節、同五十三章二～五節のメシア預言におけるメシアの風貌をその根拠とするからです。また、「創世記」三章十五節の「女の末（キリスト）は蛇のかしらを砕き、蛇は女のすえのかかとを砕く」は、通常、イエスの磔刑の受難預言で、かかとに釘が打ち込まれることを指すと解釈されていますが、同時に、損傷の先取り（予型）としての跛も考えられるのではないかと思うのです。とにかく、まわりの人間が救世主候補をしぼりこむときの目安として、不具者という条件があった可能性がある。

乙衣：先生は、その救世主選定と押しあげを、ダライ・ラマ選定の場合にたとえていらっしゃいますよね。そして選別する団体にフェニキア商人もからんだ宗教的ギルドを想定しています。東方の三博士も判定員だと。相当大胆な仮説ですね。

ただ、先生の仮説証明にはイエスが跛である場合と、（不具に近い）小男の場合とが入り混じっています。それは、おそらくはユスチノスらの証言のあいまいさのせいでしょうが。「ルカによる福音書」四章三十節のイエスが会堂で説教をし、人々を怒らせて、崖まで連れていかれ、突き落とされかけるが、皆の間を抜けて難を逃れることができたのは、小柄ですばしっこくつかまりにくかったという説明は可能でしょうが、跛であったなら説明しにくい。あのできごとは合理的な説明よりも、イエスの神威についての証言とみなすべきではないでしょうか。

また、イエス小柄説に対しよく聞かれる反論として、イエスが両替商らを神殿から追い出した（マルコ11：15）いわゆる宮浄めの行為は小柄の人間には無理だという意見がありますが、それは以前、先生から、その程度のささやかな反乱だったので、さほど問題にならなかったと、再反論されましたね。それはそうかもしれないと納得しました。

「ゼカリア書」九章九節の預言成就としての驢馬の子に乗ってのイエスのエルサレム入城（マタイ伝21：1–9）は、イエスが小柄でなければ、乗られる驢馬の子はたまったものではないというのは、イエスが跛の場合でも筋がとおるのでよくわかりますが、なんだか可笑しくって、あれはジョークとしておっしゃったのでしょうか。

また「ルカによる福音書」二十三章二十六節でイエスが十字架をになわされて刑場に行くさいに、クレネ人シモンが代わりにこれを運ばされた理由として、イエスの体躯からして（たとえ横木だけだとしても）無理だと判断されたからとおっしゃってますが、あれはやはり、先生も可能性を認めておられる、鞭打ちによるイエスの疲労困憊のせいと考えるのが自然だと思います。奇説のなかには、あそこでイエスとシモンが入れ替わって、十字架で死んだのはシモンだという人もいるそうですが。

これまた先生のすごい仮説ですが、「ヨハネによる福音書」十九章三十三節での磔刑者が絶命確認として通常、脚を折られるところ、イエスが免除されたのは、イエスが跛であった故であるという考えは当否を越えてかなわない。よくあんな発想が浮かびますね。

波多野：「ルカによる福音書」四章三十節についてのご指摘はそのとおりですね。あのくだりは、イエスが小柄であったならという前提で意図的に合理的説明をこころみたわけで、おっしゃるように、跛であれば矛盾が生じます。また神学的には、当然、おっしゃるようにイエスの神威とか神の介入とか説明すべきところです。

史的イエス研究は文字通り歴史的事実について、あれこれ想像するわけで、信仰的立場からの説明はひとまず擱くわけです。奇跡的に思えることも歴史的事実として合理的に説明する場合、あれもこれも言えるわけです。研究者はそのなかでどういう読みをするか決断を迫られます。一番安全なのは、難しい問題については口をつぐむことですが、それは卑怯です。しかし、私は可能性として最も劇的な選択肢を選ぼうとしているわけではありません。先の「ルカによる福音書」四章三十節の合理的解釈にしても、人々はイエスの説教の内容に激怒して、彼を殺そうと崖の縁まで連れていったが、すったもんだしているうちに、何となく怒りも治まって、イエスは機をみて逃れたという甚だ地味な想像もできるわけで、そう考えるなら、そう言ってさしつかえないのです。

「マタイによる福音書」二十一章一～九節についても同様の前提での合理的説明をややユーモアを交えてこころみただけで、これも神学的には、「ゼカリア書」九章九節の預言成就と、驢馬に乗ることで柔和なる「平和の君」をあらわす意図を指摘すべきでしょう。

「ルカによる福音書」二十三章二十六節については、イエスへの鞭打ちがどの程度のものであったのかは不明なので、自説に固執します（映画の『パッション』のような鞭打ちだったら、あれだけで死んでも不思議はないですね）。当時の磔刑は、縦柱はすでに刑場に用意されていて、罪人は横木だけを運んだといわれています。縦柱が五メートル、横木が三メートル、重量は併せて九十キロ以上ですので、横木だけでも三十四キロくらいでしょ、大変ですよ。トリノの聖骸布を信じる人たちは、布に映った姿からイエスの身長を一メートル八十四センチくらいにみたてています。私と反対のイエス大柄説ですね。それでもこの重さなら大変です。ただし、私はシモン替え玉説までは認めません。イエスを小柄な人物であったと仮定すれば、いろんなことがみごとに説明できるので、優先順位としては、私はこの点をもっとも強く主張します。足の不具はそれよりも消極的で、片目については、さらに消極的に仮定しています。

またちょっと論点からそれますが、比較神話学的には、神人が片目を損傷する話がちょくちょくでてきます。柳田國男ならずとも気にするところです。私はその意味に注目するのです。その損傷は神の罰なのか、何かそれ以上の意味があるのか。エジプト神話で、ホルスの場合、叔父のセトとの争いのなかで左目を失い、再びそれを父オシリスに捧げるのですが、この目はすべてを見通す特別な目で、アメリカの一ドル札にみる「摂理の目」につながるものです。

この点で、聖書にとても気になる箇所があるのです。先ほどの「ゼカリヤ書」十一章十三～十七節で、終末の預言を思わせる箇所です。この前半は、羊の商人が「銀三十シケル」を神の賃金とし、神は結びの杖を折って、「ユダ(族)とイスラエル(族)との間の兄弟関係を廃し」ています。後半は神が一人の牧者を起こし、「その右目を撃って」います。誰しもここから、すぐにユダがイエスを銀三十枚で売ったことを考えるでしょう。ただし、右目を撃たれる牧者は「羊の群れを捨てる愚かな牧者」であるので、キリスト教側はこれを救世主預言とみなすわけにはいきません。死海文書からイエスを「義の教師」に対する「悪の司祭」と解釈したがる学者はこの箇所に飛びつくでしょうが。

閑話休題。最後の「ヨハネによる福音書」十九章三十三節は、イエス跛説を前提としているので、小柄説とは別の前提ですが、これは自分でも正直、やや言いすぎかなという反省はあります。したがって、それほど固執しません。ただし聖書の当該箇所が脚を折らなかった理由について、説得力がない。「既に死んでいたので」という理由ならば、どうしてその後で「槍でイエスのわき腹を刺した」のでしょうか。

脚折りについては、「その骨は砕かれないであろう」という「詩編」三十四編二十節、わき腹刺しについては「彼らは自分が刺し通した者を見るであろう」という「ゼカリヤ書」十二章十節の預言成就のためという「ヨハネによる福音書」十九章三十六～三十七節の記事を承知のうえで、あえて合理的に考えた場合の話をしているのです。ところで、(救世主)預言を絶対とみなすならば、先の「創世記」三章十五節の「かかとを砕く」は「詩編」三十四編二十節の「その骨は砕かれない」とは矛盾しないのでしょうか。「かかと」は「骨」とはみなされないのであれば矛盾はないでしょうが。

史的イエス研究のジレンマのなかにはこのような問題もあるのです。聖書の記事を、編集史研究等を経て怪しい箇所を切り捨てた後に、史的な篩にかけるべきなのか、あるいは、一見怪しいと思われる箇所にも史的真実のよすがの可能性を認めながら、本文には極力手をつけずに史的考察をおこなうべきなのか。そのさいに優先順位として旧約聖書にある救世主預言を不可侵領域とすべきか否か。しかし、その預言に自己矛盾が認められる場合は如何に対処すべきか、等々です。いずれにせよ、その間に解釈に次ぐ解釈をはさみながら、篩にかけるのですから、史的イエス像は数々の選択肢をくぐりぬけてたどりつく目標です。

編集史、様式史研究等々で玉葱の皮むきをやってしまえば、対象である聖書本文があまりにやせ細った状態になり、ほとんどがわれわれの想像に委ねられることになります。そんな状況下での史的イエス研究はほとんど小説の世界になります。かといって、アメリカの「イエスセミナー」(48)のようにイエスの言葉だけでも、史的信憑性の度合いを色分けで示そうというのも、煩雑さが鼻について、こちらの思考を乱します。

また、これとは別に、史的イエス研究者が自説に都合が良いように、本文の切り捨てや、つまみ食いをするなら、この研究分野そのものが信頼を失います。また、外典、偽典等に走りすぎても、かつて、ある牧師が言った「聖書以上のイエス伝があるのですか?」という修辞疑問が胸に突き刺さり、結局、現状の聖書本文そのものにひきもどされることになります。

仮に、預言を不可侵として、一方でクリスチャンを満足させつつも、先の脚折りとわき腹刺しのような不合理を合理的に説明しようとするならば、処刑執行側も預言成就にシナリオどおりに協力したという可能性を真剣に考えなくてはならないことになるが、それはイエス小説の領域にまかせるしかない。

乙衣:だんだんすごい奇説が出てきますね。今、思い出したのですが、貝塚は先の中国の山神の「とう」が一本脚であったのは、彼が天神の秘蔵する不死の果実を盗んだ罪により、足をくくられ樹木につりさげられる罰をくらったためとされています。「とう」の別名は「こく」(梏)で、これは足を枷にはめられるものというところに起源があるので、貝塚は「とう」が鍛冶族の守護神だったとすると、足に枷をはめられ、この職を世襲することをよぎなくされている、一種の賤民の宿命がここに反映されていると考えています。この可能性は先生のイエス像に何か影響を与えますか。

波多野:私は史的事実として「鍛冶師イエス」も「賤民イエス」も積極的にはとりいれていません。イエス自身はともかく、彼が語りかけていた相手が「アムハーレツ(am ha-aretz)」(地の民)だと言う人がいます。「アムハーレツ」を賤民のような意味で使うのに反対する人は多いのですが。

私はイエスの聴衆に賤民・棄民がいても不思議はないと思うし、宗教的にはイエスが彼らのほうを向いていたことを期待するほうです。クロッサン[49]もこれに近く、貧農の中のイエスを主張します。しかし、現実にはイエスの聴衆は富裕な商人も軍人も地主も小作農も棄民も外国人もいて実に雑多であったろうと思います。

たとえば、「自分の命のことで何を食べようか何を飲もうかと、また自分の体のことで何を着ようかと思い悩むな。」や「空の鳥をよくみなさい。種も蒔かず、刈入れもせず、倉に納めもしない。だが、あなたがたの天の父は鳥を養ってくださる。」や「明日のことまで思い悩むな〔…〕その日の苦労は、その日一日でじゅうぶんである。」がなじみ深い「マタイによる福音書」六章二十五～三十節でイエスが説く「神への絶対的信頼」は貧農にとっては神の恵みの慰めとなり、彼らを搾取する地主や彼らの作物を買いたたく商人にとっては、神の恵みを受けているあなた方は安んじて施しなさいという慈愛のすすめになるというように、イエスの説教の場こそが雑多な人々がふれあい、各々が教育される場となったはずです。

私はイエス時代の大工職を高度技術者に位置づけていますし、イエスがダビデの家系であると当時一般の人々が受けとっていたかどうかは疑問ですが、出自の点で彼が蔑視されていたとは思いません。逆に、折口信夫の「貴種流離譚」を援用したくなるくらいです。ただし、ダビデとイエスが併行視されるので、ダビデに先祖ルツという異邦人の血が流れていたことと併行して、イエスの数代前に「豹」という異邦人くさい名前の人物がいたことから、まわりから「異邦人イエス」という印象を多少持たれていた可能性は否定しません。これにはイエスがいたガリラヤ地方の国際性、異邦性もかかわっているでしょう。「ヨハネによる福音書」八章四十八節では、イエスの話を聞いたユダヤ人がイエスを悪魔に憑かれた「サマリア人」となじっています。

サマリアはモーセに由来する純粋な聖書(サマリヤ聖書)の伝統をもつ一方、北イスラエル王国時代の紀元前九世紀から異教性が強く、紀元前七二一年のアッシリヤによる北王国滅亡後の外国人植民や紀元前四世紀末のアレキサンダー大王征服によるマケドニア人移住、ローマ時代はヘロデ大王によるヘレニズム化と、まさにその歴史は異教性に彩られています。先のヨハネ伝八章の言葉は、イエスがある人々にサマリア人というよりも異邦人・異教徒と映ったことを示しています。

ガリラヤ地方自体の異邦性・異教性は内にも境にも異教の町がいくつかみられるところから容易に想像できます。私も著書で扱ったガリラヤ湖南のベテシャン(イエス時代のスキソポリス)は元々、蛇信仰がおこなわれていた町ですし、同時にディオニュソス信仰とも関連づけられています。また、先のマルドゥクと同一神であるベル(Bel)(「イザヤ書」46:1/「エレミヤ書」50:2)は太陽神とみなされ、カナンのバールと同語源とされていますが、その配偶女神ザル・バニトの音訳と考えられるスコテ・ベノテ(Succoth-benoth)はバビロニヤの移民がサマリヤに持ちこんだ偶像(「列王記」下17:30)で、生殖神であったということです。これは先にも申し上げました。

司会:興味がつきない話が続いておりますが、このあたりで、そろそろ下草氏に質問をひきついでいただきましょうか。

五、霊と憑依

下草:この会談に先立って、私は乙衣嬢と作戦会議をたててきたのです。最近の波多野さんは少しおかしいから、今日は二人でおおいにたたいて憑き物を落としてやろうではないかと。それで波多野説の弱点と思われる点をリストアップして、互いに糺弾の役割分担をしていたのに、いつのまにか乙衣嬢が戦線離脱し、敵方に寝返ってしまったような感じになっています。ミイラ取りがミイラになったようです。私はそうはいかないので、覚悟しておいて下さい。

先ず、さかのぼって「憑依」の概念なのですが、「ルカによる福音書」二十四章十三～三十五節での二人の弟子がエルサレムからエマオに向かう途中に復活したイエスに会う「エマオの旅人」の話と、「使徒行伝」七章五十一～六十節のキリスト教最初の殉教者ステファノのくだりに関してうかがいます。エマオの旅人の場合、本人たちの主体的意志によらず外からの神秘的働きかけによってイエスに会うのだから「憑依」だというのはわからないではないのですが、これと、殉教するステファノにイエスが憑依してイエスのようになるという場合（私はこれを憑依と呼ぶこと自体に反対ですが）とは異なると思うのです。

波多野：ステファノは「使徒行伝」六章二節にあるように「御霊と知恵とに満ちた」七人のうちの一人で、八節では「恵みと力とに満ちて、民衆の中で、めざましい奇跡としるしとを行っていた」とあります。彼は七章五十一節では人々を「あなたがたは、いつも聖霊に逆らっている」と非難しています。五十五節では「聖霊に満たされ」天を見つめ、神の右に立つイエスをみています。六十節では、彼は人々から石を投げつけられながら、「ルカによる福音書」二十三章三十四節でイエスが自分を十字架につけた人々が許されるようにと神へ祈ったのと同じような祈りを唱えて死にます。ここでのステファノはイエス（の幻）を見つめてはいますが、「聖霊」に満たされていて、先に申しましたように

「聖霊」はパラクリート(助け主)で、三位一体の位格なのですからイエス自身も同然です。イエスの復活により聖霊が満ちたということこそ、キリスト教の本質です。意識的な殉教などという過激な行為は聖霊に満たされる、即ちイエスに憑依されない限り、たいていの人間には無理だと思います。

先生がエマオの旅人における他力性とステファノにおける自力性のような差を問題にされているのでしたら、それはわかりますが、それらは小さな差で、究極的にはすべて他力です。大事なのは聖霊が満ち満ちたことです。エマオの旅人にも聖霊が満ちたわけですから、イエスが見えたのです。イエスの憑依によってイエスが見えたと言えると思います。

下草：あなたも、ステファノは聖霊に満たされて、薬物を用いずして幸福な陶酔感(euphoria)に浸っていたので「天使のような顔」(「使徒行伝」6：15)をしていたと書いていますね。聖霊と言ってくれれば、納得しますが、どうしてもそれを憑依と言い換えなくてはだめなのですか。そこは疑問ですが、他力については賛成です。波多野さんはご自分の本の中で、イエスのほうから声をかけて弟子を選んだことに触れ、世界の宗教でも教祖のほうから声をかけるのは珍しいのではないかと問うていますが、キリスト教は自力、他力をいうなら、徹底して他力ですから不思議はない。

波多野：最後のご指摘には全く承服します。クリスチャンはその点は謙虚です。いや、謙虚にならざるを得ない。自分がイエスを選んだなどという考えは却って不遜で、自分はイエスに捕えられていて自分の意志で離れることなんかできないのだという感覚は全く正しい。でもそれなら憑依と言ってさしつかえないのでは。憑依という表現はいくらうさん臭く聞こえても、これがぴったりだと思います。憑依といっても聖霊ですから、狐憑きのように勝手に落としたりはできませんし、無作法はしません。

下草：イエスに憑依されないかぎり殉教はありえないというのでしたら、そこは違う。信者はやはり信仰の力で殉教するのでしょう。

波多野：それはイエスに任せきる信仰ですよね。すでにイエスと一体化して任せきる、他力中の他力です。そこにもう自分はいない。それができるのは聖霊です。先生は正直なところ、「自覚的」信仰などというものがあるとお思いですか。本人が自覚的だと思っているだけなのではないでしょうか。先生は信仰者としては私よりずっと上等な方のはずです。でしたらおわかりですよね。本当の信仰に自覚的な要素はないと思います。そう思うとすれば、イエスに憑依されていることに自分で気がつかないだけです。

下草：それは他力にかこつけて理性を放棄した信仰で、危険ではないですか。アンセルムス(50)の「知解を求める信仰」にはあなたもかつては共感していたじゃないですか。

波多野：それを持ち出すのは、合理的理解が信仰の助けになる場合です。史的イエス研究もその延長線上にあると思います。今はクリスチャンの立場で信仰そのものを論じているのですから。

下草：研究と信仰とは切り離せない部分がありますよ。

波多野：それをいうなら私は理性だらけの人間で、そっちのほうが問題です。でも私の理性なんかで研究をしても、またそんな理性を信仰にとりいれても、ろくな判断力にはならないのですから、神に任せきる、そうすると本当の理性に導いてもらえると思っています。

下草：私があなたに負けるのは、本質論じゃなくて、そういうレトリックなんですよね。

波多野：いや、いまのは全然レトリックに頼ってないです。

司会：これはとても重要な問題ですが、容易に決着はつかないでしょうから、次の質問に移りませんか。

六、フェニキアとヒクソスと出エジプト

下草：ではもっと具体的な質問をさせてもらいます。波多野さんのイエス研究、原始キリスト教研究ではフェニキア人が主要な軸になっていますが、イエス時代をはるかにさかのぼり、神話時代との境がはっきりしない昔のフェニキアから話を始めていますね。モーセの出エジプトに先んじる歴史で、紀元前十八世紀中葉、東方からのセム系種族ヒクソス(Hyksos)、即ち「異国の支配者」(ヘクア・カシュト)がエジプトを侵略し、第十五、十六王朝を建て、二百年間ナイルデルタ東北部のアバリスを都として中部エジプトまでを支配したということです。

ヤコブ(イスラエル)の子ヨセフは兄たちの嫉妬から荒れ野で穴に捨てられ、隊商に奴隷として売られ、苦難の末にエジプトの宰相になるのですが、彼を登用し、紀元前一七〇〇年頃ヤコブ一族を歓待したのがこの同じセム系のヒクソスのファラオであったろうということで、そこまではだいたい私も知っています。ヒクソスが混成民族から構成されていたことは多くの学者が認めていますが、そのうち主要民族はフリル人かアモリ人であったというのが定説だと思いますが、波多野さんはここにもフェニキア人を持ちこみます。その根拠を詳しくうかがいたい。

波多野：フェニキア人は一般的に航海者、商人、優れた工芸職人、金銀銅とりわけ錫の採掘者として知られていますが、その行動範囲はオリエント、環地中海、アフリカ、ブリテン島は言うに及ばず、

シルクロードやアラビア海、インド洋を通じて東洋、更に伝説では、南北アメリカにまたがる世界人です。ギリシア神話ではイーナコス河神、ネイロス河神（ナイル河神）、イオやゼウスを元祖としてテーバイ王家を興しています。アポロドーロス（Apollodorus, *Apollodorus Library* Book III）の系譜によれば、そのなかでも有名なのはポセイドンとリビュエ（「リビア」の起源）とのあいだの子といわれるアゲノール（Agenor）、その子のカドモス（Cadmus）とエウロペ（Europe）で、カドモスはアルファベットの考案者、エウロペは「ヨーロッパ」の名称の起源として知られています。セム語語源でいえば、Cadmus の kdm は「東」、Europe の rp → rb は「西」を表すので、ここから東洋と西洋が生まれたともいえます（私は神話における神々については、ある場合は euhemerism 即ち、神人同形同性説を受け入れ、またある場合は誰それは「観音様の申し子」であるというような神霊受胎神話が民間信仰としてあったと思うので、アゲノールがポセイドンの子でもさしつかえありません）。

カドモスの孫にはディオニュソスがいるし、カドモスの七代目の子孫はギリシア悲劇を代表するオイディプスです。またギリシア人の大半はアゲノールとその甥ダナオスとを先祖とするともいわれる。その前史のクレタ・ミノア文明にしてもそうです。ミノアの言語はフェニキア語であるという認識は少なくとも四世紀までは変わらなかったのです。歴史的にも、また学問的にも、西洋古典はフェニキア（人）を抜きにしては語れないのです。聖書を読む人たちにとっては、フェニキア人とはカナン人のことだと知れば、いっぺんに親近感が増し、ぐんと視野が広がるので様々に想像を刺激されるのです。

ご質問のヒクソスの問題に入ります。紀元前四世紀頃のエジプト、ヘリオポリスの神官で歴史家のマネトー（Manetho）が三巻からなる『エジプト誌』を書いていて、それがヨセフス（Flavius Josephus）

の『反アピオン論』[51]やエウセビオスの『福音の備え』[52]等に引用されて断片的に残っているのですが、そこに古代エジプト王朝の王名のリストがあり、現在も歴史家によりその名前が研究されています。

古代エジプトのエジプト第十五王朝のヒクソス王にアケニエンレ・アペピ三世(Aqenienre Apepi III)の名があるのですが、これが先のアゲノールであろうと言われているのです。古代ギリシア語にあったコッパ(Qoppa)という文字が使われなくなったので、その後はAqenienreのqをgかkかに変換していたそうで、そうなるとアゲノール(Agenor)に近づきます。

アケニエンレの称号ApepiあるいはApopiはヘブライ語で「極めて美しい」という意味で、モーセも生まれたときに、こう呼ばれていたともいわれます(「出エジプト記」2章2節)。アケニエンレ(アゲノール)は第十五王朝最後の王で、一説によれば紀元前一六一三年から一五七三年の「四十年間」エジプトを支配したといいます。

この「四十年」で思い出すことがあります。モーセ物語とギリシア神話「アルゴー船物語」との比較の延長として、モーセをエウペーモスの子孫バットスと比較したことがあるのですが、モーセが最初、神からの出エジプト指導者としての召命を自分の口べたを理由に断ろうとするのですが、バットスも自分の民を引き連れてリビアに行くという、それと似たような状況で同様の理由で断るのです。バットスは「どもり」という意味です。ヘロドトスによれば、バットスは「王」としてキュレネを「四十年間」支配するのですが、自分の民を荒れ野で「四十年間」率いたモーセも「申命記」33章4–5節では「王」と呼ばれている。

私はなにもアゲノールとモーセとバットスとを同一視するのではありませんが、ヒクソス時代から出エジプトにかけて、エジプト神話はもちろん、ここに流れていったセム系諸族、そのなかには元々共通の起源をもつ神話もあるが、それらがエジプトで合体し、そこから新たな神話が造り上げられた可能性がある。それらが出エジプトその他の民族流出にともなってイスラエル、フェニキア、ギリシアその他の地へ運ばれていったと思われます。

私は自著でエジプト神話「イシスとオシリスの話」とギリシア神話「デーメテールとペルセフォネの話」との類似を扱いました。ここでその内容を繰り返しませんが、前者において、ナイル川に流されたオシリスの遺体を入れた箱はフェニキアのビブロスに漂着し成長した御柳(tamarisk)の中に完全に包みこまれ、マラカンデル王(メルカルト)の王宮の柱になります。ビブロスの住民のなかには、アフロディーテ(アスタルテ)信仰の一部として毎年おこなわれる、猪に突かれて死んだアドニスを悼む行事も実はオシリスへの追悼だと主張する者もいます。毎年七日間、海流にのってエジプトからビブロスへ頭蓋骨が漂着するという言い伝えがあって、サモサタの聖ルキアノスも自身の見聞記のなかで実際にそれを目にしたと証言しています。

聖書とギリシア神話、エジプト神話、フェニキア神話等々に似た話が沢山あることは比較神話学者が認めるところで、三者間での本家争いが続いているらしいのですが、私は、それぞれが本家を主張するのではなく、そうなった事情を考えるべきで、この物語の運搬において、とりわけ海上ルートにおいてフェニキア人が大きな役割を果たしていると信じています。ギリシア神話と日本の記紀にみられる神話との類似については古くから研究されていますが、へたに話題にすると日猶同祖論者と間違われそうなので今日は控えます。

比較神話・宗教学では、聖書とインド神話や『ジャータカ』(『本生経』)とのつながりまでが論じられているので、もっともっと想像の翼を広げなくてはなくてはならないのですが、今はオリエントと環地中海を視野の中心に入れています。私はこのように複雑に混ざりあいながら形成される物語群あるいはその文化を、人が何かを語る際、とりわけ偉大な人物についての何かを語る際に用いられる器としてとらえています。それは、極端に言えば、結婚式の仲人のスピーチのような定型をなす物語文化です。

またアゲノールの双子の兄弟、ベーロス(Belus)はアゲノール同様、フェニキアの王であり、同時にヒクソス王でしたが、更に、アッシリア王で、バビロンの創設者で、ペルシャ王家の祖であったともいいます。ベーロスがバビロン創設者ということは新バビロニア帝国のカルデヤ人もかかわってきます。カルデアのウルといえばアブラハムの故郷で、カルデヤ人は先のマルドゥクを崇拝し、占星術で有名な民です。アゲノールとベーロスだけでも、フェニキアはオリエント全体にかかわってきます。

蛇足ながら、ベーロスの息子にはアイギュプトス(Aegyptus)とダナオス(Danaos)がいます。前者はエジプトを征服し、その名がエジプトの起源になり、後者はアカエア人と並んでギリシア人の別称となるダナイ人(Danaans/Danai)の起源になります。ここでも、フェニキア、エジプト、ギリシアがむすびついています。

わかっているフェニキア植民地だけでも、ギリシア本土、エーゲ海中・北部、イタリア中部、北アフリカ(とりわけカルタゴ、リビア)、スペイン南西部、ポルトガル南西部、ブリテン島(「ブリテン」は「錫の国」を意味するフェニキア語「バラタナク」が語源ともいわれる)、キプロス島、ロードス島、クレタ島、シチリア島、サルディニア島、（フェニキア・カルタゴ語が生きているともいわれる）マルタ諸島、バレアレス諸島、マデイラ島、カナリア諸島、（仮説として）アゾレス諸島で、当時の西洋世界のほとんどがかかわってきます。ヨーロッパ本土西端のフェニキア植民ではポルトガルのリスボンの南、アルカセル・ド・サル（Alcacer do Sal）に遺跡があり、その古さは控えめにみても紀元前十世紀以前で、その前の民族的起源は不明ながらも、ここには新石器時代後期から大集落があったらしいのです。ポルトガルのリスボン自体、フェニキア語の「アリス・ウボ（AlisUbbo）」（「穏やかな港」）が語源ともいわれています。南北両アメリカへのフェニキア人植民は今のところ仮説にとどまっていますす。このことは、考古学的に立証できる範囲にかぎっても、フェニキア人の活躍がいかに広範にわたっていたかを示しています。

繰り返しになりますが、フェニキア人とはカナン人であり、アゲノールをカナン人の始祖とするなら、（実際の年代としてはかなりのずれが生じることになるが、）彼は聖書に書かれているカナンということになります。箱舟から出たノアの息子たち、セム、ハム、ヤペテのうち、ハムの息子がカナンです（「創世記」9：18）。アゲノールは先ほども言ったように、ギリシア神話ではテーバイ王家の系譜にあって、一説に、ポセイドンの子とされているのですが。こういうのは荒唐無稽な話のように聞こえるでしょうが、異質とみえるものどうしがどこかでつながっていることを示しているとは思います。

先生に聖書の話は釈迦に説法で恐縮ですが、聖書のノアの子孫に戻れば、ノアの子であるハムの子にカナンとならんでエジプトの名がみられます（「創世記」10：6）。このエジプトはヘブライ語で「ミツライム」と記されてきましたが、『新共同訳聖書』では「エジプト」と記されています。この人物が北部エジプト(下エジプト)のハム系部族の祖となるわけです。

またセムの系図の末にアブラムの名がみられます(「創世記」11：26)。これは後のアブラハムで、イサクの父、ヤコブ(後のイスラエル)の祖父にあたるわけですが、例のヤコブが奸計により長子権を奪ったことで確執をおこす、兄のエサウはエドム人十一族の祖とされています。そして、このエドム人はローマ人と同一視されたり、ローマ人の祖の一部をなすとみなされることがあります。エドム人とはイドマヤ人でもあり、ハスモン家という短期ながらもユダヤを再興した政府をローマに協力して滅ぼしたのが、イドマヤ人のヘロデであったので、ローマ人とエドム人が結びつけられたと主張する人は多いのですが、私はこの起源はもっと古いところにあると思います。

「イザヤ書」二十一章十一節の「ドマ」を「ローマ」と解釈したり、同三十四章七節の「野牛」(re'emim)を"Roman"と解釈して、両者の血縁を考える学者もいますが、私はそれよりも、「詩編」百三十七編七、八節にあるエルサレムの破壊者としての「エドムの子ら」の意味合いから、ユダヤ教徒が、自分らを滅ぼした「バビロン」、「エドム」、「ローマ」、更には「キリスト教」を同意語的に用いたという解釈に与します。ただし、エドム人もローマ人も鷲を民族のシンボルにしていることなど、血縁的なつながりも気になりますが。更に、異説としてブリテン人(イギリス人)はエドム人で、ケルト人は(新バビロニヤの)カルデヤ人だという説も聞きました。

私はケルトについては、ケルト神話のなかにある、フェニウス・ファルサ(Fenius Farsa/Farsaid)という指導者に率いられてフェニキア人とスキタイ人の集団がアイルランドに流入したという話を重視します。

古代オリエント、また環地中海で、聖書の民を一方として、異質な者どうしが結びつくのは不思議はない。ユダヤとイスラエルは元々別の民族で、というか、当時の民族を現在の民族の基準で別けることはできず、民族の概念などというものは常に流動的ですから、仮にユダヤとイスラエルを別々の部族とか氏族といえば、これらにさらに雑多な部族(氏族)がいくつも合わさって、現在我々がユダヤ・イスラエル人とみなす人々ができあがっているので、その過程で、これらの統合のために一神教も必要であったでしょうし、逆に、それが異邦・異教ともどこかで繋がっているのもあたりまえだと思います。

これも一説によればですが、フェニキア人即ちカナン人はイスラエル人の先祖としても、ギリシア人の先祖としても語られることを思えば、フェニキア人を中心にしてレバント(Levant)あるいはオリエント古代史を解くことも不可能ではありません。

下草：一言でいえば、そういうことなのですね。波多野さんの話は歴史、神話、聖書に自由に出入りするので、ものを考える基準がそのたびに揺れている印象を受けるし、多少循環論的な解説もあるのですが、話の幅があり、たたみかけるような面白さがあるので、少々の粗さも見逃してもらえるのが強みですね。いや、これは皮肉ばかりではなく、私などにはまねのできない芸当なので、かなりの評価も入っているのです。

話も時々飛びますが、いつのまにか、ちゃんと論点に戻って、収斂している。最近のあなたは神話学、民俗学へ向かっている気がしたので、今の話をうかがって、聖書を捨ててはいないことがわかり安心しました。

ヒクソス王朝とアゲノールとについては、私の専門外で検証するすべがないのですが、フェニキアの重要性については、よくわかりました。フェニキア、即ちカナンという集団はわれわれが思っているよりもずっと大所帯で、雑多な要素をうちにかかえ、地理的にも広く点在していたので、外部との交流もそれだけ盛んだったのだという印象を受けました。だからこの集団は原始キリスト教にとっては、信者予備群という受け皿としても、フェニキア商人という支援母胎としても、もってこいだったということですね。

御著書を読んだときには、フェニキア人とユダヤ・イスラエル人とを区別する標識はユダヤ教という宗教のみで、パレスチナ、その他の地域で本家ユダヤ教への不満、とりわけ、腐敗や頑さへの不満が広がっており、それがキリスト教を勢いづかせたのだが、その際、キリスト教というかナザレ派をまっ先に受け入れて伝播の中心的役割を果たしたのがフェニキア人で、上部でのその活動にはギルド的、秘密結社的特徴があるとおっしゃっているように読みました。その力はイエスを救世主として押し上げようとする時点以前から働いていたという主張が印象に残りました。

ただいまのお話は、その前史にあたる内容で、そこには「可能性のある推理」というのも入り混じっているので、内容をそのまま信じるというより、波多野さんの学識と判断力とを信用して、反論もありますが、大枠を受け入れるということで、この件から離れたいと思います。

途中、『ジャータカ』への言及があり、これも私は弱い分野なので、だいぶ前に、イエスによる「五千人給食」との比較で、『ジャータカ』の「五百人給食」を扱われましたが、更にイエスとの関係でもう一例でも聞かせていただければと思います。

七、キリスト教と異教

波多野：私は、たとえば、聖書の話をするときには、とくにことわりのない場合は、聖書学の基準で考えて話しているつもりです。神話として、また歴史として考えてはいません。また、聖書のある箇所を歴史的にみる場合は、歴史学の基準で話しているつもりです。私は先生のように歴史学を学んだわけではないので、専門家からみて「歴史学的手続き」を踏んでないと判断されることはあるでしょうが、それも問題に応じて意図的にそうすることはあります。手続きは踏んでいるが、結局、重要なことは何も言っていない研究をさんざん読んできたので、自分がそういう例にならないように気をつけた結果です。

したがって、歴史、神話、聖書の話をするときに、それぞれの基準に従うので、基準がそのたびに揺れるのは当然です。ただし、ほとんどの考察対象がイエス以前、即ち古代の人物や事象ですので、何度も言いますが、古代的思惟を働かせて解釈すべき場合はあえてそれを優先させることはあります。また、私はトートロジーは極力避けているので、先生が循環論といわれるのが、それ以外の意味でしたら、そのときの主題から離れないようにするために、これも意図的にそうしている場合はあります。

私としては、一般論的なご注意も為になってありがたいのですが、できれば具体的に指摘していただければもっとありがたい。先生が私の本や話を丁寧に読み、聞いて下さっていることにはいつも感謝しております。先生は私の数少ない読者の一人で、しかも批判的な読者ですから、貴重に思っております。こういう読者が研究を育ててくれるのだと思います。

イエスの時代、ユダヤ、ガリラヤ以外のパレスチナその他の地域でもユダヤ教徒は大勢いたことは常識ですが、それを別にしても、学者のなかには、異教徒の間にもユダヤ教はよく知られ人気があった、いや、異教徒の間には本家ユダヤ教からみれば、さまざまな程度に異端的ユダヤ教シンパがいたからこそ、キリスト教(ナザレ派)が出てきたときに、彼らがその受け皿になりえたという考えの人もいるのです。私もフェニキア(人)を中心にして、その可能性を念頭においてはいますが、ユダヤ教徒のほうも異教の内容をよく知っていたと考える点で他の先生がたと異なります。ただ、その相互理解がどの程度であったのかという点が問題なのです。

ご要望にお答えして、新約聖書との比較となる『ジャータカ』の記事を紹介しようと思います。選んだのは「マタイによる福音書」十四章二十二〜三十三節の「水上歩行」と関連する『ジャータカ』百九十です。先生にこういう前置きも引用も不要でしょうが、先に風を制する風神のようなイエスの側面を紹介したのは「マルコによる福音書」四章三十五〜四十一節で、これにイエスのみの水上歩行を加えるなら、同、六章四十五〜五十一節と「ヨハネによる福音書」六章十六〜二十一節ですが、似たような場面でも、イエスと弟子(ペテロ)との水上歩行があるのはマタイ伝のこの箇所です。

イエスは群衆を解散させた後、祈るために一人山に登り、夕方までそこにいたのですが、その間、弟子たちは舟で湖の向こう岸をめざすなか逆風に会い難儀していました。夜明け頃、イエスは湖上を歩いて弟子のところに行きます。ペテロがそれをみて、自分にも命令して水の上を歩かせてそちらへ行かせてくださいとイエスに願い、そのとおりになりますが、ペテロは途中で強風におじけづき沈みかけます。イエスに助けられ信仰の薄い者よなぜ疑ったのかといさめられます。二人が舟に乗り込むと、風が静まり、舟のなかにいた人たちからイエスが「神の子」と讃えられる話です。

『ジャータカ』は釈尊が現世で悟りを得る前の前世で菩薩として救いの善行を扱った話で、形式は一、現在世の物語、二、過去世の物語、三、現世と過去とのつながりを明かす結び、の三部構成です。釈迦牟尼と彼より前に仏として現れた六人を併せて過去七仏といいますが、三の結びで、だいたい、この過去仏と現在とのつながりが動物をも含めて明かされるわけです。同時に登場人物の悟りの段階が四諦《したい》(四つの真理)と次なる四道(涅槃に至る四階位)のどこまで至っているかが明らかにされる場合があります。

『ジャータカ』百九十では、先ず現在世の話として、菩薩の高弟が(祇園精舎の元になる)ジェータ太子の森(Jetavana)へ向かうため、アシラヴァティー河の岸まで来るのですが、船頭が礼拝に行くのに舟を岸に引き上げてしまっていたので、船着き場に舟は見あたりませんでした。しかし、彼は、頭の中は仏陀を想う楽しい気持ちでいっぱいで、そのまま河に足を踏み出して、河の半ばまで、沈まずに歩いて行き、そこで波に気づいて、恍惚感が薄れ、沈みはじめますが、そこでもう一度意識を集中して無事向こう岸まで歩き渡ります。師のもとについた彼は、師にこのことを伝えると、師は仏陀の徳を思いおこして海難から助かった話は過去にもあると、以下のように過去世について語り始めます。

釈迦牟尼仏の前の迦葉仏の時代、ある在家僧がインドのベナレスへ向かう際、富裕な理髪師の妻から夫の世話を任され、共に船出するが、一週間後に船は難破し、二人は厚板につかまって島に流れ着きます。理髪師はそこで鳥を捕まえ、僧にも食べさせようとするが、彼は断ります。僧は三宝(仏・法・僧)に救いを求め、強く念じると、その島で生まれた蛇王が自分の体を七宝を満載した大船に変え、海の精が「舵取り」になって僧を迎えに来ます。

初めは、海の精は俗人である理髪師の乗船を拒否するが、己が功徳の果報をすべて理髪師に譲るという僧に免じて、二人を乗船させ、ベナレスまで連れてゆき、そこで二人に宝を授け、功徳の果報について、また「持つべきものは善き友」という偈を、空中に浮いて、詠います。

結において師は、この僧が悟りの境地に入ったことを示し、仏十大弟子の一人シャーリプトラ（舎利弗しやりほつ）がこのときの蛇王であり、自分がこのときの海の精であったと過去世を明かします。

「マタイによる福音書」十四章二十二〜二十三節と『ジャータカ』百九十との比較はペテロと菩薩の弟子との水上歩行と、その途中の気（信仰）の緩みによる一時沈没のみに注意が集中しがちで、これは確かに尋常でない類似故いたしかたないところですが、先に言及したマルコ伝四章や六章での荒波を鎮めるイエスについて言えば、古代、海の荒波は海中の蛇による仕業と思われていたので、異教徒にはイエスは異教の蛇を鎮めた聖蛇に映ったはずです。

イエスが大工であったということは、時には船大工にもなったわけで、船のことを知り尽くしていたイエスは浸水してもすぐには沈まないフェニキア技術の二重構造を活用して、脛まで水につかっても、慌てず騒がず、じっと風に流されてゆけば、はたからは水上歩行にもみえるのですが、それはまた別の合理的解釈として、少なくとも、イエスは優れた「舵取り」にはなれたでしょう。また、福音書で語られる弟子が乗りこんだこの船はキリスト教神学では「教会」の象徴とも解釈されるでしょう。

ジャータカでの船に積まれた宝は功徳の酬いですが、聖書において富は警戒されることが多い。（マタイ6—24「神と富とに兼ね使えることはできない」）（マタイ19：24「富んでいる者が神の国にはいるよりは、らくだが針に穴を通るほうが、もっとやさしい」）（マタイ6：20「むしろ自分のため、虫も食わず、さびもつかず、また、盗人らが押し入って盗み出すこともない天に、宝をたくわえなさい」）

　旧約聖書では富は知恵や悟りや正義と対立あるいは表裏の関係に、またときに同義になっています。「思慮のない者よ、悟りを得よ、愚かな者よ、知恵を得よ」（「箴言」8―5）。「あなたがたは銀を受けるよりも、わたしの教えを受けよ、精金よりも、むしろ知識を得よ」（「箴言」8―10）。「富と誉とはわたしにあり、すぐれた宝と繁栄もまたそうである。わたしの実は金よりも精金よりも良く、わたしの産物は精銀にまさる。わたしは正義の道、公正な道筋の中を歩み、わたしを愛する者に宝を得させ、またその倉を満ちさせる」（「箴言」8：18―21）。「不義の宝は益なく、正義は人を救い出して、死を免れさせる」（「箴言」10―2）。等々、宝論議は「箴言」に集中しています。

　ジャータカでの自ら積んだ功徳を他の人々にふりむける「回向」と、この話の舞台である海とを考えるとき、仏の功徳の広大さを海にたとえる「功徳海」に思い至ります。原始仏教では（賽の河原地蔵尊和讃のような）功徳を父母や兄弟に廻し向ける形を典型としますが、大乗仏教では、大乗という大きな「船」により、回向の対象が一切衆生に拡大されます。これはイエス・キリストの受難による一切衆生に重なってきます。この受難による救いは、時空を超えて文字通り一切衆生に及ぶものです。この個人個人の功徳とイエス・キリストの受難との違いが仏教とキリスト教との大きな差異ではないでしょうか。この受難はメシアから人類への回向です。ただし、先の「持つべきものは善き友」についいて、友の重視においてキリスト教は仏教に劣るわけではありません（ヨハネ15―13「人がその友のために自分の命を捨てること、これよりも大きな愛はない」）。

下草：キリスト教と仏教とを「救い」の問題を中心にして、「業《わざ》」と「功徳」、また「祈り」と「回向」の観点から比較すると、とくに仏教の場合、それぞれの宗派の信仰もからんできて、整理するのは大変でしょう。それは確かに大事な問題ではありますが、当面の興味として、船のたとえは面白いですね、今のジャータカの話は大乗という船の思想につながりますね。

波多野：仏教のそれぞれの宗派の信仰というのは、法然の浄土宗とか親鸞の浄土真宗における救いのことをおっしゃっているのでしょうか。キリスト教にも万人救済の思想はあります。私は捨て聖の一遍上人も含め、個人的にはその方向に惹かれます。親鸞の「悪人正機」に匹敵する深い思想はキリスト教には無いという人がいますが、イエスやアシジの聖フランシス（とその一派）のような深い愛の実践をそれと対比したいところです。

しかし、この話はきりがないので、船のほうに移るべきですね。聖書では、ノアの箱舟を思いうかべますが、あれは万人救済ではなく、選民思想の方向になりますね。ヨナ記における船も、神の摂理の意味合いが強い。ユダヤ・イスラエルが海港に恵まれていないことも、器としての物語文化が船の役割に影響しているのでしょうか。

エジプトですと、イシスはよく船としてあらわされます。船はイシスの子宮を意味するらしい。この女神が命や復活の力をもつ船なので、実際の船にも、フィギュアヘッド等の形で祀られているはずです。話がとびますが、突然の連想で、寺山修司『身毒丸』（一九七八）のしんとく最後の台詞、「お母さん、僕をもう一度妊娠してください」というのを思い出しました。それに対して継母の撫子が嵩じて「もう一度、もう二度、もう三度、できることなら、おまえを生みたい、おまえを妊娠してやりたい」という狂気に私は巫女としての女性の役割をみます。イエスの復活についても、遺体が納められた墓穴が子宮としてイエスを生みなおすという見方があります。イエスは洞窟で生まれ墓穴で終わることで、子宮から子宮につながっているということですね。

下草：そこまでゆくとついていけないな。以前の波多野さんは、そういう生々しい表現はしなかった。私の友人があなたのことを、なま臭い話題になっても透明感のある、さわやかな人だと言っていましたが、今はむしろ今村昌平の映画のような体臭を感じます。成長というべきか頽廃というべきか。『ジャータカ』に戻って、話に出てくる「富裕な理髪師」というのが気になるのですが、この人物に何か特別な意味合いがあるのでしょうか。

波多野：『ジャータカ』九で、仏陀が前世でマハーデーヴァという王であったとき（彼はすでに八万四千年も諸侯や太守として治め、そのとき王であった）、理髪師が王から自分の頭に白髪があったらおしえてくれと言われ、それから何年もの後、一本の白髪を見つけ抜くのですが、それを見て王は、まだ更に八万四千年の余命があったにもかかわらず、死神が迫ってきたことを知り、それまでの無為を嘆き、すべてを捨て仏門に入るのです。このとき、王は理髪師に村を与え、王子に王位を譲るのですが、過去世の解き明かしによれば、そのときの理髪師は仏陀の高弟アーナンダ、王子は仏陀の実子のラーフラであったということです。この理髪師と先の理髪師はつながっているのでしょうか。

一般的な話ですが、我々は床屋さん（理容師さん）に頭をいじってもらうときくらいしか、他人と一対一でじっくり話をしませんよね。我々が、珍しく、素直な気持ちで話す機会なのかもしれません。床屋さんを変えない人は結構多い。高倉健も亡くなるまで理容室の奥が自分の事務所で、そこの大将には大事なことはすべて任せていたらしい。

下草：面白い関係ですね。私は『イソップ物語』のように動物ばかりが出てくるのかと思っていました。仏典ときくと縁遠い気がするのですが、そういう話なら読んでみたいな。埴谷雄高が武田泰淳の書斎に大蔵経がそろっているのをみて圧倒されたらしいけれど、泰淳は難しいお経ばかりでなく、『ジャータカ』も喜んで読んでいたでしょうね。私も是非読んでみたいと思います。

私はキリスト教がイエス・キリストという人あるいは神人の上に成っているのに対し、仏教は事つまり事象の上に成っている宗教ととらえています。私の仏教への興味は波多野さんの仏典にイエス伝を重ねる読み方とは大分違うと思うけれど、それでもやはり仏陀の伝記は気になります。イエスと仏陀との間にはいわれるほどの類似点はあるのでしょうか。それとも聖人伝によくある類似の程度ですか。

波多野：私は仏教には仏教として接しているつもりで、仏教をキリスト教的に解釈しているわけではありません。両者の異質性を強く感じています。逆に、この異質にもにもかかわらず、表面的であれ、どうしてこんなに類似が目立つのだろうかと不思議なのです。でも類例ばかり集めて喜んでいたんじゃあ子供のおもちゃ遊びとあまり変わらない。あくまで古代人の思惟を知る、思想をもる器としての物語文化を知ることが目的なのです。私はまだこの物語文化をつかみきってはいません。今はその途上なのです。

それから先生がおっしゃるキリスト教はイエス・キリストという神（人）の上に成り立っているという表現は的確だと思います。ウィリアム・ジョンストン(53)先生も、「キリスト教はイエス・キリストである」とおっしゃっていました。しかし、それは、いかに深い理解であろうと、イエスを伝記的レベルで理解して、それに満足することを意味しない。人あるいは神（人）としてのイエスに肉迫するには、霊が不可欠であると思います。それはキリスト教にかぎりませんよね、およそどんな宗教であれ、霊性の上に成りたっていないものが宗教でありうるはずがありません。よく仏教は哲学だなどと言う人がいるけれども、それは仏教のある特徴を言い当てているのにすぎないと思います。

下草：あなたの言うとおりです。私はそれを否定するつもりで言ったのではありませんよ。あなたのことを仏典を表面的になぞって喜んでいるとは、これっぽっちも思っていません。今あなたがおっしゃったような意味の霊性なら大賛成です。それは憑き物とは違う。それが聖書から離れない限りは。さっきは私自身が仏伝に詳しくないので、うかがおうとして言っただけで、批判的な意味合いはありません。

八、イエスとホルス

波多野：仏陀の母の摩耶夫人《まやぶにん》とイエスの母マリヤに始まって、伝記的レベルにおいて、イエスと仏陀との間の類似は尋常ではありませんが、類似点の多さだけでいえば、イエスと（ヴェーダ神話の）クリシュナ、ペルシアのミトラ教のミトラとの類似には及ばないでしょう。もっとも、ジェラルド・マッシー(54)なら、イエスと（エジプト神話の）ホルスとの関係を一番に挙げるでしょうが、それは単なる類似としてではなく、キリスト教のエジプト起源説を意味しているわけです。

下草：そりゃあ、地理的にいっても、パレスチナとエジプトですからね。歴史的にも民族的にも似てくるのは当然でしょう。通常、オシリスのほうがイエスと比較されると思うのですが、息子のホルスのほうが比較対象としてふさわしいということですか。しかし、いずれにせよ、それがイエスの原型であるというような意味合いで言われると困りますがね。どのくらいのものか、ちょっと手短に紹介してもらえませんか。

波多野：ご期待に添うように手短にというのは難しいけれど、はしょりながらということでしたら。イシス・オシリス神話は異話も多々ありますし、イエス伝との類似説あるいは起源説については聖書学者からの反論、エジプト学者からの再反論と喧しいのですが、約四十五項目にわたって両者の共通点があげられています。

その前に、先生には不要でしょうが、古代エジプト神話について基本的内容をおさえておいたほうがよいでしょう。諸説あって、特にレーはところどころに子として顔をだしますが、すべてに先だって、混沌にして原初の大洋の神、ヌー(Nu)が存在し、彼からレー(Re)あるいはラー(Ra)と呼ばれる太陽神が生まれます。このレーから生まれた後継者として双生児の兄妹シュー(Shu)とテフヌト(Tefnut)がヘリオポリスの創世神話に最初の夫婦として登場します。シューは天空神、風神で、「持ち上げる者」を意味し、妹のテフヌトは露・雨の女神でギリシアではアルテミスと同一視されています。この夫婦の子供も双生児として兄妹で夫婦になります。兄のゲブ(Geb)と妹のヌト(Nut)がだきあっているのを父のシューが天に持ち上げて引き離すと、ヌトの腹が天となり、ゲブの腹が大地になります。ここでは女神であるヌトが太陽神であり、雌牛の姿であらわされます。男神のゲブが大地の神となるわけです。神話によくみる太陽神、天空神としての男神と地母神としての女神とはこのように逆の形でみられることもあります。

ゲブとヌトとの子がオシリス(Osiris)とイシス(Isis)で、彼らも兄妹にして夫婦になります。オシリスは王として善政を施しますが、弟セト(Set)から王位をねらわれ、奸計により箱に閉じこめられて殺されます。ところで、セトは驢馬頭の姿であらわされ、砂漠で猛威をふるう神としてヒクソスに信仰されたことで知られています。セトもY字型十字架にかかって死んだといわれます(キリスト教徒を揶揄する落書きとして有名な驢馬頭男磔刑図はセト信仰とつながっているのでしょうか)。バーバラ・ウオーカーのような比較神話学者は、セトを当然のようにアダムとイヴの子セツ(Seth)にむすびつけます。

結局、先ほどの内容の繰り返しになりますが、オシリスは箱に入れられたままナイル川に流されますが、フェニキアのビブロスに漂着し、岸辺の御柳(tamarisk)の根元にひっかかり、成長したその木に包みこまれてしまいます。マラカンデル王(メルカルト)はその立派な木を王宮の柱にするのですが、イシスは夫の遺体を求め方々さすらいますが、ついにこの場所を突き止め、身をやつして王宮に入り、王妃アスタルテが産んだ虚弱な息子の乳母になります。ここらへんのいきさつは、ギリシア神話で、豊穣の女神デーメテールが冥界の王ハデスにさらわれた娘のペルセフォネをさがす話に似ていますね。デーメテールも老女に身をやつしてエレウシス王ケレオスとその妻メタネイラの王宮に乳母として入りこみ、虚弱な息子デーモポーンの乳母になりますが、その子を不死身にするために夜な夜な火の中にいれていたのを王妃に見つかって不死が果たせなくなるところがイシスの場合と同様です。ギリシア神話とのパラレルでいいますと、オシリスのほうはディオニュソスと同一視されます。

イシスは夫の遺体をエジプトに持ち帰りますが、再びセトがこれを奪い、遺体を寸断し、エジプト全土にばらまかれます。イシスは根気強く夫の体を捜し集め、性器だけは魚(鯰とも蟹ともいわれる)に食べられたので、イシスが造って復活させます。イシスがホルスを身籠るのは、この頃だといわれます。

ローマ時代には帝国内でもイシス(Isis)信仰はもっともさかんでした。ホルスを抱くイシス像はマリアとイエスの聖母子像の原型といわれています。

両信仰の類似点としてあげられるのは、先ず、イエスの母マリアが処女にして聖霊により、イエスを身籠り生んだという点です(キリスト教でも、この「処女」を「乙女」の意味として、イエスの処女降誕を退ける見方は常識ですが)。ホルスもイシスがオシリスの死後に、性交をへずに生んだので、神秘的な降誕です。イエスの母マリアはヘブライ語のミリアム(Miriam)からといわれますが、こちらの意味は「反抗」なので、やはりイシスのメリからの影響によると考えるのが自然だという見方があります。

地上でのホルスの父はセブ(Seb/Seph)で、ヨセフをイエスの養父と考えれば、ヨ・セフの「セフ」はセブが起源であるということです。またセブはホルスの祖父ゲブに通じるという説もあり、ゲブ／セブは「物造り」を意味し、イエスの父ヨセフも王家の血筋にあって、その職業は「大工」です。

ホルスもイエスもその誕生は、懐妊に先立ち、それぞれの母に天使によって告げられています。また生まれた場所は前者は洞窟、後者は厩ですが、当時の厩は洞窟にあることは珍しくなく、事実、ユスチノスの『トリュフォンとの対話』にはイエスはベツレヘム近くの洞窟で生まれたと記されています。

彼らはそれぞれの誕生を星が指し示す点も共通しています。イエスの場合は「東の星」(マタイ伝2—2)とあって特定されていませんが、ホルスの場合、シリウス星とも明けの明星だったともいわれます。シリウス星はイシスの星とも呼ばれています。エジプト神話では、太陽神レーからみれば、妹がシリウスで、子が明けの明星なのです。ところで、イエスも明けの明星に同定されることがあります(「ヨハネの黙示録」2—28)。明けの明星といえば、通常、金星で、ルシファー(Lucifer)なので、堕天使サタンを指すことになるのですが、例の蛇にしても、イエスにもサタンにも通じる両義性がありますね。自身の中に対立項を内包したり、対立しながら同化するのが、神話的思考の特徴で、アポロンと大蛇ピュトン(Python)、スサノオノミコトと八岐大蛇などいくつかの例があります。

神秘学に惹かれる人はこの二重性について、童児の遊び唄「かごめ、かごめ」を用いて説明します。「籠のなかの鳥」の「鳥」は宗教的にはエジプトの「バー」や「カー」のように常に魂ですから、肉体という籠のなかに閉じこめられた魂で、「夜明けの晩」は存在しない時間です。「鶴と亀が滑った」は長寿がついえたわけですから、死の状態に入ったということです。「後ろの正面だーれ」の「後ろの正面」は我に対する「真我」だと考えますが、これもプラトンの「洞窟の比喩」を思い起こさせますね。仏教では自己が仮の姿であり、まぼろしなら、業を背負う個の本質とは各人の「無我の大我」であり、言い換えれば、まぼろしに包まれた真の自己は、肯定的にいえば「仏性」「如来蔵」で、客観的にいえば無色の「阿頼耶識《あらやしき》」ということになるでしょうか。ジャック・ラカン(55)が十分明らかにしなかった未生以前の自我であり、ユングの集合的無意識にもかかわってくる領域だと思います。

司会：話が大分逸れてしまいましたので、ホルスとイエスとの比較にお戻り下さい。

波多野：失礼しました。ホルスとイエスは誕生日も近くて、古代エジプト人は飼い葉桶に入れられた赤子ホルスの姿を人形にして冬至の時期にパレードをしたといいます。これが十二月二十一日ですがホルスの誕生日は十二月二五日といわれています。イエスの誕生日がミトラやディオニュソスや太陽神ソール(Sol)に倣った十二月二十五日とされていますが、ホルスの誕生日の影響を重視する者もいます。また、両者ともその誕生を最初に知るのが羊飼いです。イエスの誕生日については聖書のどこにも書いてはいないので、現在のクリスマスは異教からの借りものといわれてもしかたがありません。

誕生した両者を次に訪れるのが、ホルスの場合、三柱の太陽神で、イエスの場合、東方の(三人の)博士あるいは王たちです。

ホルスが誕生後、テュフォン(Typhon)即ち、セト(異説では、支配者ヘルト Herut)に命を狙われて、イシスが天使からの忠告でホルスを連れてエジプトから逃げたように、イエスもヘロデ王から命を狙われ、天使からの忠告で両親はイエスを連れてエジプトに逃げています。この点は理屈からいけば、ホルスはセトから命を狙われるのが自然だと思うのですが、イエス伝の起源をホルスに求めたがる気持ちが、ヘロデに音が近いヘルトを持ち出すことになるのでしょうね。ホルスもイエスも十二歳(数えで十三歳)で成人式を受けます。イエスの場合はバル・ミツバー(bar mitzvah)ですね。イエスの片目についてはマッシーは触れていないのですが、ホルスは以前セトと王位を争ってえぐり抜かれた左目がこの成人式で戻されますが、彼はこれを父に捧げます。いやでも、柳田國男の「一つ目小僧」のことを考えてしまいますね。

初期のホルス(大ホルス)は隼神、天空神としてラーの息子とされていましたが、イシスとオシリスとの間の子であるホルス（小ホルス）と習合されるようになります。ホルスの右目は太陽、左目は月をあらわすといいます。ホルスの左目は「ウジャトの目」（Wadjet/Udjat）あるいは「ラーの目」と呼ばれ、シンボルの形で、葬儀のアミュレットにも航海の安全のお守りとしてもよく用いられます。ホルスは隼の頭をしているといわれますが、目も隼の目のように遮光のための筋模様が二本、目の下からはえています。これがキリスト教にもちこまれ、すべてを見通す「神の摂理の目」（the eye of Providence）としてシンボル的にアメリカの一ドル札等に用いられているのは広く知られています。更なる共通点として、両者とも成人式の年齢、十二、三歳から三十歳くらいまでの人生が不明です。

ホルスもイエスも三十歳で、前者は洗礼者アヌプ（Anup）によりエリダヌス河（the Eridanus）で、後者は洗礼者ヨハネによりヨルダン河で洗礼を受けています。また、それぞれの洗礼者はその後しばらくして断頭に処せられています。アヌプはアヌビス（Anubis）とも呼ばれます。

ホルスもイエスも宿敵（サタン）による荒野の誘惑を経験しています。前者はスト（Sut）即ちセトによりアメンタ（Amenta）の砂漠から山上で、後者はサタンによりパレスチナの砂漠から山上で。スト／セトはその音からもヘブライのサタンの先駆といわれています。また両者ともその誘惑を退けています。

多少疑問がありますが、一説によればホルスにもイエス同様、側近の十二弟子がいました。

ホルスとイエスに共通する奇跡は「水上歩行」、「悪霊駆除」、「病人治癒」、「盲人の視力回復」、「荒波鎮静」です。

次のホルスによる死父オシリスの死者復活とイエスによる死者ラザロの復活は両者の比較あるいは

影響関係のなかでも最も有名な事例です。ホルスが死父オシリスを甦らせたのは「アヌ」(Anu)という場所の墓(洞)で、イエスがラザロを甦らせたのは「ベタニア」の墓(洞)です。オシリスをヘブライ語形のアザール(Asar)にして、ヘブライ語の「主」をあらわす接頭辞「エル」をつけ、ラテン語接尾辞「ウス」をつけて「エラザルス」(El-Asar-us)にした後、語頭の「エ」が落ちれば、「ラザルス」(Lazarus)即ち「ラザロ」になります。また、地名の「アヌ」は「死からの復活」や(「五千人給食」の発想の元といわれる)「増えるパン」を意味し、これに「家」をあらわすヘブライ語「ベト」を加えれば「ベタニア」になるというわけです。

ホルスにとってもイエスにとっても山上は特別な場所で、ともに山上での変貌を経験し、山上の垂訓を残しています。

ホルスもイエスも二人の盗賊とともに十字架に架けられ、墓に納められた後、三日後に甦り、ともに女性たちから復活を証言されます。イエスの場合、三日というのは、金曜日の午後から日曜日の午前中という足掛け三日後の復活です。その間、ホルスもイエスも黄泉下りをし、イエスの場合、イエスより前に生存した霊に救いを説いています。

イエスにおける二人の盗賊は伝説によれば右のデマス(Demas)と左のゲスタス(Gestas)、あるいは右のティトゥス(Titus)と左のデュマクス(Dumachus)となっています。ホルスの場合、そもそも十字架は太陽のシンボルと考えられ、太陽の光盗人として射手座(人馬宮)と山羊座(磨羯宮)が考えられたといいます。ミトラ教では二人のたいまつ持ちコーテス(Cautes)とコートパテス(Cautopates)があげられます。

私は「ルカによる福音書」二十三章三十九節から四十三節において、イエスとともに十字架にかけられたこの二人の犯罪人の一方がイエスを信じ、イエスから祝福されパラダイスを約束される図式を、「創世記」四十章のエジプトのファラオの給仕長と料理長がともにヨセフがつながれている獄舎に入れられ、ヨセフの夢解きにより、給仕長はファラオにより復職し、料理長は木に架けられ（十字架につけられ）る記事にみるのですが、考えすぎでしょうか。ホルスもイエスも来たるべき千年王国で、その世を一千年支配するといわれています。ホルスもイエス同様、「キリスト」に相当する「油を塗られ聖別されたるもの」（KRST）の称号をもっています。「善き羊飼い」、「神の子羊」、「命のパン」、「人の子」、「言葉」、「漁師」、「簸る者」（winnower）という別称、また、十二宮図における「魚」も両者に共通しています。

ついでにいうと、小プリニウスが手紙に記した「キリスト」（Christos）は数少ないキリスト教資料外のキリスト証言として史的イエスの証明にも用いられていますが、彼は「ナザレのイエス」と書いているわけではない。スエトニウスの「キリスト」（Chresto）にしてもそうです。異教の神々を、「主」くらいの意味で「クリストス」とか「クレスト」と呼ぶことはイエス・キリストより数百年前からあったので、たとえば、エジプトの冥界神セラピス（Serapis）を指して書いた言葉をキリスト教側がイエス・キリストのことだと言っているのではないかという意見もあります。私に言わせれば、「キリスト」という重要な名称すら異教と相乗りの可能性がある、それならそれでもよいのではないかということです。

アウグスチヌスら教父にとって、イエス・キリストという神の子が人間の肉体を以てこの世に生まれたということは、我々の汚れのなかに身をころがす「善きスカラベ」であったわけです。エジプト神話の太陽神ケペラ(Khepera)は神聖甲虫のシンボルで崇拝され、ホルスとも同一視されます。太陽の毎日の甦りから「復活」のシンボルとなっているのでイエスともつながるというわけです。

下草：波多野さんは、このこれでもかこれでもかというような暑苦しい対比をどう考えているのですか。ラー信仰に宗旨替えしたとも思えませんが。

波多野：すっかりマッシーの代弁者みたいになってしまいましたが、私は彼の説を推しているわけではありません。類似点も玉石混淆で、全面的に感心してはいないので。マッシーは大英図書館で交流があったエジプト学者の協力を得て、おそらくある時点からは意図的にホルスとイエスとの共通点を漁り、ちょっとした類似にも拡大解釈を加えたふしがあります。

彼の説をエジプトの一次資料に戻って検証しようにも、入手に限度があります。『死者の書』、『門の書』、『洞窟の書』、その前の『ピラミッド・テキスト』、『コフィン・テキスト』のある版、あるいは二次資料というべきプルタルコスが著したエジプト神話等、どうしても手に入りやすい資料に限られてしまい、ホルスの十二弟子など、検証しきれない点が残ります。ただ、マッシーの後代への刺激は無視できない。マーティン・バーナルの『黒いアテナ』(56)にも影響を与えているのではないかと思えるのです。

私は自分がその説を支持する場合は歴史や書籍、記録による検証に気をつかいますが、それ以外の検証できない件は扱わないという立場はとりません。怪しい説も、一応は自分のためにも記しておいて、検証を宿題にしています。場合によって、怪しいと思われる説を「一説として」とことわり、紹介することもあります。

もし厳しい検証原理を聖書にあてはめるなら、聖書を論じることはできません。聖書に書かれていることは、考古学的に検証されていないものも多いし、本文も原本がいついつの時代に存在したことが、他の記録に残っているに過ぎない。現在、方々の博物館やヴァティカンにある最古の写本でも、そのかなりは写本に次ぐ写本のなれの果てで、そのため途中の編集、加筆についても常に新説が出されています。

こちらの方々のほとんどは、長年、史的イエスを研究なさってきたので、それぞれの説もある程度、内容を聞いただけで、どのくらい信憑性があるか判断できる。あるいは、信用できる部分とできない部分とを選別できる。その感覚というか、それも研究の厚みですが、大変重要だと思います。むしろ手続きはしっかりしているが、内容のない、そんな研究が学問として通用しているなら、そちらのほうが危機的ですね。

註についての比喩でいえば、上から下まで正装できめているけれど、中身が希薄な人と、ボロ服で裸足だが、真理がみえている人とどっちをとるかということです。(foot note と foot naught の洒落？)

たびたび申し上げているように、イエス時代のパレスチナでも親しまれていた物語文化があって、そのなかにはホルス神話にも通底する要素があったと仮定すれば、福音書記者でもその文化を衣、器として用いて神人について語ったことは考えられます。結婚式の仲人のスピーチのようなもので、ある程度、型にそって新郎新婦ならぬ神人を紹介するようなものです。

現代は、科学精神はいうまでもなく、マスメディアの発達すら、選択肢を増やすばかりで、かえってこのような物語文化を衰えさせているような気がします。現代の日本も英雄譚が物語文化を育むような風土ではないでしょう。ただし、私の知らない新しい風土がすでにできあがっているのかもしれない。文化のキャノン(正典)なんてすでに時代遅れの思想かもしれない。

ただ、言葉だけのレベルでいえば、ルーツは忘れられつつあっても、まだ生きている文化はある。その言葉文化に乗っかって我々は意志疎通をしているが、飽くまで、それは容れものです。我々が『論語』に出てくる熟語や、仏教用語を使って話しても、それで聞き手はわれわれが儒教や仏教に傾倒しているなんて思いませんよね。従って、ホルス伝という容れ物でイエスのある部分を語った可能性はゼロではないと思います。勿論、器はホルス伝に限られない。ミトラ伝でもアッティス伝でもいいわけです。人間は自分が慣れた文化でしか、なかなか新しいものを理解できない。コンスタンティヌス大帝だって、キリスト教を理解するのに、イエスを太陽神としてとらえていたのではないかと思われるふしがあります。

私はローマ世界の異教の神々のラッシュアワー状態をむしろ宗教文化の活気として肯定的にとらえたいのです。それらとキリスト教との対立はあったけれども、それらとの共通性がキリスト教にとって後押しの力になったと思います。本にしょっちゅう書かれているような対立点ばかりに焦点をあてても、何も生まれないかもしれない。雑多で混沌としてはいるけれども、その熱気を理解して当時の民衆の心に迫らなければ、大切な霊性を見落とすことになりかねません。

下草：人間の宗教心を広く探ろうという気持ちはわかりますが、それもゆきすぎては、別にキリスト教でなくてもよいのだということになりませんか。

波多野：数々の神人の伝記にこれだけ共通性がみられることを無視すべきではないと思います。それによって人間が神に、宗教に、何をもとめているかがわかります。私はそのことを知っている、それでも自分はクリスチャンだと思っている、それでいいじゃないですか。クリスチャンというアイデンティティーがその人を不自由にするのは情けない。名前よりも本質です。それでも看板を大切にしろといわれるなら、クリスチャンという名前を変えてもかまいませんが、私みたいな者をあらわす適切な名称がありますかね。

下草：名前よりも、本質を反省して、あなたにもっとクリスチャンらしくなってほしいのです。あなたが頑張らなきゃあどうするんですか。あなたは、ふらふらしないで、若い人たちをひっぱってゆく立場にあるんですよ。

波多野：私はそんな立場にありません。自分一人を磨くのに精一杯です。

司会：ふたりの言い合いを聞くのも楽しいのですが、具体的な質問に戻りませんか。下草さん、ダナハさんに代ってもらいますか。

九、モーセの奇跡と科学

下草：その前に、一点だけ、聖書内の類比で、イエスとモーセについて、波多野さんの解釈をうかがいたい。

波多野：予型論的には、モーセもイエスの予型という、いわば露払いの一人ですが、一般的に比較はモーセが紅海の水を分けたのに対し、イエスは水の上を歩いたというような事蹟に集まり、生涯も出生から時系列的に両者を並べる傾向があります。私は、両者は合わせ鏡というか、鏡像関係にあるように思うのです。

エジプト国内のイスラエル人の子孫の力を恐れたファラオが出生したイスラエルの男児の殺害を命じた(「出エジプト記」1：22)状況のなかで、モーセはこっそり生まれたのに対して、イエスが生まれた後に将来の王の出現を恐れたヘロデ大王は幼児殺害を命じました(マタイ2：16)。モーセのその後の動きがエジプトから「約束の地」カナンへ向かうのに対し、イエスの場合は天使が夢で父ヨセフに現れて、ヘロデの幼児殺害を事前にしらせ、一家にエジプトへ逃げるように勧めます(マタイ2：13)。

ベツレヘムとその近辺で二歳以下の男子が殺されたのは「エレミヤ書」三十一章十五節の「大いなる悲しみ」の預言の成就であり、それに先立ってイエスの一家がエジプトへ逃げたのは「ホセア書」十一章一節の「エジプトからわが子を呼び出す」ための預言の成就です。ヨセフスの歴史にもヘロデによる幼児殺害などは記されていないので、その史実が疑われていることはご存知のとおりです。

このような話は史実は勿論きわめて怪しいのですが、私は物語文化のもつ語りの型に興味をもつのです。私は出エジプトの最終段階でモーセ一行を阻むファラオにつきつけられた神によるエジプトの初子殺害を、ヘロデ大王の幼児殺害の鏡像としてとらえています。イエスが神の介入により難を逃れたように、モーセの場合、イスラエルの子らは入り口の鴨居と二本の柱に「子羊の血」を塗る(「出エジプト記」12：21－23)ことによりイスラエル人の家は難を逃れるという、「過ぎ越の祭り」の起源になる話です。イエスの場合、結局、その過ぎ越の祭りの準備の日に処刑されるのですが、イエスはこの過ぎ越の祭りの犠牲の子羊にたとえられるわけです。

ところで、以前ケーブルテレビの「ディスカバリーチャンネル」で、「エジプトの十の災い」に科学的解明が試みられましたが、やはり最後の災い、長子死亡の説明に一番苦労していました。それまでの災いが穀物に影響を与え、地下に貯蔵されていた穀物が黴毒マイコトキシン(mycotoxin)に汚染され、その穀物の摂取による死亡が仮定されました。その場合、エジプトでは長男が大切にされ余分に食料を与えられた故の高死亡率が想像され、イスラエル人が助かったのは、調理した保存食のようなものと子羊の肉を食べたからと理由づけられました。あるいは、大気汚染であれば、エジプト人の長子は床に寝て、地表に滞留した汚染物質を吸う量が多かったのに対し、次男以下は屋根裏に寝ていたので助かったと仮定する場合、助かったイスラエル人の寝室の構造を説明せねばならず、かなり苦しい。

この日、イスラエル人が食べるように神から指示されたのは「種いれぬパン」であったので、私なら、エジプト人が食べたパンのイースト菌が汚染されていた可能性を仮定します。その場合も、長男が余分に与えられた可能性を考慮しなくてはなりませんが。また、「初子」には動物も含まれるので、人間が家畜の長子にも多めに餌を与えたと仮定しなくてはなりません。やはり、苦しい説明ですね。

下草：私は予型論には興味があるのですが、あなたのように科学的解明や史的事実性へのこだわりはありません。それを飛び越えて、信仰を以て神の摂理を受け入れることのほうが大切だと思います。聖書に書かれていることは神と人とにかかわる事実で、人生の事実に等しい。

波多野：先生と私はどこかで立場が逆転していませんか。霊性について語ったとき、「知解を求める信仰」を以て私を諫めたのは先生のほうでした。今話題にしている事柄については、その「知解を求める信仰」に沿っているのは私のほうです。つまり、霊的な内容について語るとき、知解を飛び越えていたのは私のほうじゃありませんでしたか。

下草：それは問題のすりかえでしょう。霊については、どういう霊かが問題になります。それに、今は聖書解釈について話しているのだから。

波多野：私は理想的な信仰のあり方などというものを勝手に決めつけ、それを他者におしつけてしまう時点で、人間の硬直化が始まるのだと思うのです。本人は純化のつもりが実は硬直化だった経緯はまさに教会史にあらわれています。それは信者の個性を殺すことになって、結局、その宗教の活力を萎えさせてしまう。一個の人間の中にも整理しきれない異分子的要素が様々あり、教育と同じで、教会や指導者はその個性を伸ばすように育てなくては駄目です。よほど害のある個性は別として、自分たちの都合で締めつけるのはよくない。

たとえば聖書のある箇所に納得できない人がいるとして、その疑問を外からお仕着せの基準で押さえこむのではなくて、自身が納得するまで考えさせて、ときには議論することが大切だと思います。「ディスカバリー・チャンネル」でたびたび聖書の記事について歴史的・科学的検証をやっていますが、番組の中でも、その試みと信仰(による聖書解釈)とは別問題であることを常にことわっています。

古代キリスト教会の公会議の決定のようなものに頼って教会や集会が思想警察のようになってしまうのは怖いですね。古代教会がグノーシス派を取り締まり排除したので新約聖書外典・偽典にあたる文書は地下に身を隠し、それらが十九世紀末から少しずつ発見されて(なかには「ペテロ福音書」のようにグノーシス系でないものもあります)、ついに一九四五年にエジプトでナグ・ハマディ文書が発見されますが、これほど長い間これらが失われてきたのは研究にとっても、信仰にとっても大きな損失ですね（「死海文書」はこれとは別けて考えるべきでしょうが、これもその時代の圧力から身を隠した点では同じです）。

イエスの時代でも、ヘブライ語で書かれた正典タナハ（聖典）とギリシア語訳の『七十人訳聖書』（Septuaginta）が併存していて、差異があっても、両方用いられていたのですから、差異を瑕とみるのではなく豊かさとみなすべきです。

下草：いや、私は何もそんな堅苦しい基準を他人に押しつけるつもりはない。それはあなたが一番よくわかっているはずだ。

司会：まあまあ。そこらへんで、この件は区切りとして。ダナハ嬢がお待ちなので、次の質問をお願いしましょう。

十、家の偶像テラピム

乙衣：私は考え方に違いはありますが、問題意識については波多野先生に共感します。何を問題にするかという点ですね。もっとも、私は異教徒で、下草先生の心配の対象にもならないでしょうが。お聞きしたいのは、御本の「あとがき」にあったテラピム（teraphim）のことです。ユダヤ教にも偶像があったのだというのは驚きでした。

「創世記」三十一章十九―三十五節で、ラケルが夫ヤコブとともに、夫を酷使してきた父ラバンから逃げるときに家の守り神の像テラピムを盗み、父に追跡されて調べられそうになると、（テラピムは複数形なので）「それら」をらくだの鞍の下に隠し、そこに座り、自分は今、月のものがあるので立てませんと言って危機を逃れます。ユダヤ教では月経の血に触れることは絶対のタブーなので、父も追求をあきらめたのです。

聖書注解書ではラケルはこの像を相続権の印として父から奪ったと説明していますが、先生は、その後ヤコブはそれを用いて相続権を主張してはいないので、ラケルの汚しの行為が実際にあったのならここでは、父に対する意趣返しとして、相手が一番大切にしているものを汚す、いわゆる「敵の物《もの》実《ざね》を汚す」行為ではないかとおっしゃっていますね。

ところで、このお守りは祖霊をあらわし、これに神託を頼っていたといいますが、元はミイラ化した先祖の頭蓋骨で作ったものであることを、先生はロバート・グレイヴスを引いて紹介してますが、その箇所が見つからなかったので、教えてください。

とにかく、先生のあとがきでのあのくだりは楽しくてしかたありませんでした。坂口安吾の「桜の森の満開の下」での、山賊に亭主を殺された女が、今は自分の亭主になっているその山賊を支配し、京の都に出て行かせ、そこで貴族の首を狩らせ、その首に化粧をほどこして玩ぶ場面を引き合いに出し、あれには首に対する信仰心はかけらもないので、意味の無い髑髏フェチだというようなことを書かれてますね。また、首狩り族でなくとも、古代人は人の首に魅せられ、とりわけ異能の者の首の霊力は重んじたのだということから、一睨みで人を石に変えるメドゥサの首を切り落として活用したペルセウスの話から、「マタイによる福音書」十四章八節でヘロデ王に踊りの褒美にヨハネの首を所望したサロメ、いや、そのようにそそのかした母ヘロディアは実はヨハネの首の威力を求めたのだという指摘は驚きです。

さらに、イエスの遺体がアリマタヤのヨセフの墓穴におさめられたときも、当局が警戒したのは、イエス復活工作のために遺体を盗むイエスの弟子よりも、異能の人間の首を求める輩ではなかったろうかという想像力がすごい。それで、イエスが処刑されたのが「ゴルゴダ（髑髏）の丘」だともってゆくわけですからね。なんだかギャグ満載って感じで、あれは本気に受けとっていいのですか。

波多野：本気に受けとってください。連想ゲームみたいになりましたが、特にふざけた覚えはありません。テラピムにかんする、ロバート・グレイヴスの『白い女神』からの引用箇所ですが、私が用いた版の索引に頁の誤りがあって、それをそのまま記してしまったのでご迷惑をおかけしたようです。グレイヴスのテラピムに関する記事はひ孫引きくらいなので、説明しますと、ドイツ生まれのヘブライ語文法学者のエライアス・レヴィタ（Elias/Elijah Levita 1469-1549）による（『タルムード』や『ミドラシュ』に使われている七百十二語を扱った）辞書『ティシビ』（*Tishbi*）（1541）が大元の情報で、それをイギリスの法律家で中東古代史家のジョン・セルデン（John Selden 1584-1654）が『シリア神論』（*De Diis Syris* 1614）で引用し、さらに、それが旧約聖書注解書の「サムエル記」上下巻で紹介されて流布した次第です。グレイヴスによるその箇所を拙訳できちんと引用しましょう。

十五世紀のヘブライ語注解者のエライアス・レヴィタが記す伝承によると、ラケルが父ラバンから盗んだテラピムは神託に用いられる頭蓋骨のミイラで、しかも、そのなかにはアダムの頭蓋骨もあったということである。レヴィタが正しければ、「創世記」の話はサウロを輩出することになるベニヤミン族がカレブ人からヘブロンの神託祀堂を接収することを指すことになる。

カレブは元はエドム族であった。このことから、エドムとアダムが重なってきそうである。両方とも、名前の意味は「赤」である。しかし、アダムというのが実はエドムのことであったなら、エドム人の祖であるエサウもまたヘブロンに埋葬されたという伝承があってしかるべきであろう。そして、事実、このことが『タルムード』に書かれているのである。(57)

途中から話題はヘブロンに移っています。ヘブロンにはアブラハムとその子孫の遺体が葬られている「マクペラの洞窟」があります。この洞窟にはアブラハム、その妻サラ、イサク、リベカ、レアの遺骨、また後にヤコブの遺骨もエジプトから運ばれて納められています。ヤコブの妻ラケルはヤコブとともにカナンに帰るときにベニヤミンを出産して死に、エフラタ、即ちベツレヘムの道で柱を立てた墓に葬られました。グレイヴスは私と異なり、ベニヤミン族のヘブロン接収について、ラケルのテラピムに嗣業の相続の意味をみているようです。しかし、頭蓋骨の主はアダムではなくてエドムなのだというところはアナクロニズムだと思います。エドムはヤコブと双子の兄エサウの子孫だから、ラケルはまだ生まれていない者の頭蓋骨を持っていたことになる。

この前段では、グレイヴスは、カナンにおいてアブラハムを「パンと葡萄酒」で歓迎したサレムの「祭司であり王」であったメルキゼデクに触れ、そのメルキゼデク信者の一派がマクペラの洞窟でアダムの遺体を祀っており、ユダヤ教からは異端とみなされていたことを述べています。アダムとメルキゼデクのみに父と母がなかったことが重要らしいのです。グレイヴスはメルキゼデクに父と母がいないというのは、クレタのゼウスやローマのロムルス(Romulus)やウェールズのフリュウ・フラウ・

グウフェス（Llew Llaw Gyffes）のように神人的英雄は早くに両親から引き離され、山羊や狼や豚の乳で育てられることを指すと解釈しています。エレウシスの密儀でも、同様の人物は羊飼いに養育される慣わしがあるらしいのです。ディオニュソスもその類なのでしょうか。

メルキゼデクはイエスに先んじて、ロゴスの受肉であり、イエス・キリストの予型的人物として別格で、グノーシス派のキリスト教徒からは平和と義の天使としてあがめられていました。メルキゼデクの名はカナンの神ゼデク（Zedek/Tzedek）に由来し、ゼデクは王の称号として用いられていたということです。私の知るところでは、「メルキ」が「王」や「主」をあらわし、「ゼデク」は「義なる」を意味するということでしたが。これまた私の知識では、カナンの神ゼデクはエブス人にとっての主神で、彼らの町エブスがダビデに占領されてエルサレムになったということです。

メルキゼデクは「いと高き神」を奉じる祭司で、きわめて霊的な存在です。スコフィールドの『聖書の歴史的背景』[58]によれば、ヘブロンの人々は今日（一九三八年）に至るまで聖所をエルサレムに移したことでダビデを怨んでいたらしいのです。あそこは「新しいサレム」でヘブロンが本当のエルサレムだというわけです。

ヘブロンやベテルはエルサレムより前にイスラエルの聖所があり、祖霊崇拝と偶像という古い異教的要素があった場所で、イスラエルの元来の信仰を知る鍵になるかもしれません。仏教以前の日本の土俗信仰と重なってきますね。当たり前のことかもしれませんが、歴史をたどっていくと、ユダヤ教の底に豊かに異教が息づいているのです。テラピムから離れてしまいました。ごめんなさい。

十一、聖書アラビア起源説

乙衣：ベテルはエルサレムより北ですが、ヘブロンは南で、死海からみれば西の内陸に位置しますね。でも聖書にあるそういう場所は本来はもっとずっと南だということを聞いたことがあるのですが。

波多野：もしかしたら、アラビア半島西南部アシール地方沿岸ですか。聖書アラビア起源説。

乙衣：そうそう、一大センセーションをまきおこしたという説。ああいう本が売れるのはわかるとしても、『ダ・ヴィンチ・コード』などとは違い、奇説のわりには評価されているような、というか、あまりたたかれなかったのが不思議でした。

波多野：ベイルート出身の中東史学者カマール・サリービー(59)の面白い研究ですね。あまりたたかれなかったのはいくつか要因があります。ひとつは、あの人の学者としての信用度のおかげ、もうひとつはセム語、アラビア語の知識で彼に太刀打ちできる人があまりいないこと、更に、現在の聖書地理を信じるなら、考古学的証拠があまりに乏しいため、その面から反論が難しいためでしょうね。ただし、逆にアシール近辺からの考古学的証拠ももっと要求されます。検証には相当の年月がかかりますね。サリービーが主張する地域に古いユダヤ教徒の共同体があったことは間違いない。イエメンのヒムヤル王国は紀元前一一五年から紀元六世紀まで存続したユダヤ教国で、最後の二人の王は敬虔なユダヤ教徒であったらしいのです。

彼の研究はサウジアラビアの地名辞典を前に、聖書の(元来母音がない)ヘブライ語地名に母音を正しく補い、それをアラビア語に転換した場合の子音変化を規則化することにより、アシール地方に驚くほど集中的に聖書の地名を見いだしたことに起因します。サリービーによれば、この地理的事実のいくつかをコーランがとらえているというのです。そういえば、マホメットの生誕地メッカはアシール地方のすぐ北ですね。そうなると、六、七世紀でもこの地方では、まだ千年以上も前の事実が忘れられていなかったことになりますね。サリービーがいう時代から続くユダヤ教徒の共同体はまだあったでしょうから。

また旧約聖書に記される動植物の生息域と最も一致するのが、パレスチナではなくこの地域であることもこの説のしっかりした根拠になっています。

いくつかの留保つきですが、実は、彼の説を認めることは、私の説にとっても甚だ都合がよいのです。フェニキア人に関しては、サリービーも引用するように、ヘロドトスは『歴史』七巻八十九節（及び一巻一節参照）で「フェニキア人は、彼ら自ら伝えるところによれば、古くは「紅海」あたりに住んでいたが、そこからシリアに移り、シリアの海岸地方に住むようになった」というように、アラビア半島西部にはカナン人もいて、そこから「広がっていった」のです。創世記十章十八節も参考になります。

イエスに関しては、サリービーはこの本では一言も触れてはいませんが、結論からいえば、イエスの失われた十七年、厳密には、不明の十七年というべきですが、この間のある期間、イエスはこのあたりにいた可能性もあると私は最近考えているのです。

ユスチノスが『トリユフォンとの対話』で言っている、イエス誕生時に訪れた東方の三博士あるいは王は「アラビア」から来たということともつじつまがあう。彼らがイエスへの贈り物とした「黄金、没薬、乳香」にしても、オフル(Ophir)からは金がとれるし、没薬、乳香もアラビア南部の特産品です。これらが全部とれるのはずっと南のイエメンのアデンで、古代からヘブル人との交易がありました。東方の(三)博士の出身についてはペルシャ説が有力で、他にインド説、アフリカ説等が話題になり、アラビア説もあるにはあったが、特産品を考えるのが近道だということに気づいた人はほとんどいなかった。自慢しているようで気がひけるけれども、私はアラビア説を信じていました。

それに、どうしてヘロデ大王がこの博士たちが星をたよりに、未来の救世主を追っていることを知り、見つかったら自分にしらせるように言ったのかを考えれば、ヘロデ一族のルーツがイドマヤ人である、即ちアラビア系の人々であるならば、故郷のほうからの情報でいち早く知っていた可能性が考えられます。イドマヤはユダヤのすぐ南で、アシールほど南ではないけれど、民族的近親からの情報でという意味です。

同時に、アラビア起源説を念頭におけば、ユダヤ教徒にとって、イドマヤ系であることは、よりアシール地方の民族に近いわけですから、瑕になるどころか誇りにもなりうる。聖書学者にはイドマヤ系であることがヘロデ王家のコンプレックスになっていたとみなす傾向がありますが、ヘロデ大王やヘロデ・アグリッパ一世がいわくつきの王でありながら、何故あれほど懸命にユダヤ教やユダヤ人を護ろうとしたかが解ります。あれは、自分たちの利権もからんでいたでしょうが、どこかに自分たちがユダヤ教の正統であるという自負があったが故に、ユダヤの王としての自覚をよりいっそう強くもっていたことにもなる。神殿再建に力が入るのももっともです。ヘロデ大王の子としては、ヘロデ・ピリポ二世が最もまともだったらしいけれども、ユダヤ教の伝統の守護者としては大王の孫ヘロデ・

アグリッパ一世が大王の精神を継いでいます。ユダヤ教の守護者はキリスト教徒にとっては大敵でしたが。

イドマヤ即ちエドムで、祖はエサウですから、先にグレイヴスのところで触れたように、我々はユダヤ・イスラエル史において、エサウの血統を改めて重視しなくてはならないということになりますか。エドム人即ちイドマヤ人はローマ人の祖先の一脈と考えられたこともあったくらいですから、ここから方々につながっている可能性すらある。

アラビア起源説とイエスの不明の十七年との関係でいえば、イエスはこのアシール地方で正統ユダヤ教、その他の技芸・学術を学び、『エリュトゥラー海案内記』(60)に記される海路でインドまで行った可能性があります。また、実際にインドにまで行かずとも、彼がアシール地方でペルシャやインドからの文物、思想を学んだ可能性があります。伝説によれば、トマスがイエスの指示で、あるいはイエスの代理として、パルテヤやインドへ伝道に行った、あるいは、インドの王族の建築を任されたということも、事前に面識がなくとも互いの情報が相手に伝わっていたと考えれば納得がいきます。

さらに、アシール地方まで行かずとも、イエスはシルクロードあるいはスパイスロード沿線の、かなり遠い国の文化、思想を学べたという場合、では、どこまで行っていれば、その情報が手に入ったかということですが、そんなに遠くを考える必要はないと思います。

もともと私はガリラヤ地方を異邦性が高く、外国との接触も頻繁であったと考えているので、いずれにせよ国際人イエスが浮んできます。私は世界へ向かって開かれていたパウロの原型はイエスにあると、またイエスを支えたのは異邦人だとも考えています。イエス亡き後、おそらく六六年からエルサレム陥落の七〇年までのユダヤ戦争に先だってエルサレムのキリスト教徒らが逃れたのは異教の町であったでしょう。エウセビオス、ヘゲシップス、エピファニウスという古代教会史家たちは（エルサレムから東北五〇マイルの）デカポリスのひとつペラ（Pella）をあげており、その遺跡からも彼らの疎開地の有力な候補になっています。

イエスが活躍したカペナウムの先にダマスカスがあり、ここがシルクロードの一応の西の大きな起終点であったことだけでも十分私の主張の助けになるのですが、おまけにアラビアを考慮しうることになれば、願ったりかなったりです。シナイ半島の東湾エラテ（Elath）はエリュトゥラー海航路の大きな起終点で、アシールはそこから南の沿岸にあります。もしイエスがツロ・フェニキアとアシール近辺との両方に深い縁があったとすれば、これ以上国際的な地の利はないのです。あるいは、アシールまでいかなくても、イエス死後にキリスト教徒の共同体があったかもしれないと言われるペトラ（セラ）と生前のイエスとのつながりの可能性だけからも、エラテとペトラ間の距離を考えれば夢がふくらみます。陸のシルクロードと海のシルクロード（スパイスロード）の両方の起終点にイエスがかかわっていたかもしれないという夢です。

以前はせいぜいエルサレムから北西五五キロの地中海の港ヨッパ、現在のヤッファが国際的な窓口と考えられており、「使徒行伝」十章三十二節の皮なめし屋のシモンの家があった町で、ペテロの異邦人伝道の出発点としてそれなりに貴重ですが、もっと時代を広げてエラテが視界に入れば、これは窓が東に大きく開いてまるで規模が違います。エラテはソロモン王の貿易拠点エジオン・ゲベルと同じ一つの町と考えてよいと思います。

『エリュトゥラー航海記』は紀元一世紀中頃にエジプト在住のギリシア人によって書かれたといわれていますが、この航路自体は、それよりも遥か昔から貿易航路として使われていました。ソロモン王がインドに求めた物品が入ってくる可能性が最も高いルートはこの航路ですから、サリービーが、このことを自説の根拠の一つとして強調しないのが不思議です。サリービーはこの地域が商業ルートの要で常に大国の係争地であったことは勿論知っています。

イエス死後もアラビアのこの地域にイエスの信仰のあり方に近いもの、即ち、私が想像する本来のユダヤ教が息づいていたとすれば、新参者のパウロがヤコブやペテロに会う前に、彼らに対してのなんらかのお墨付きを手に入れる場所、いや、使徒たちに優る資格を得る場所として、その地に赴いたことが説明できる。パウロは「先輩の使徒たちに会うためにエルサレムにも上らず、アラビヤに出て行った」(「ガラテヤ人への手紙」1：17)のですから。

サリービーに戻って、彼が言おうとしている主要点をいくつかあげるなら、旧約聖書は、主としてアラビア半島西部におけるユダヤ教徒の歴史を記録したものであるということで、聖書時代にパレスチナその他にユダヤ教徒が住んでなかったということではないこと、ヘブライ人のメソポタミア起源もエジプトのイスラエル人捕囚も出エジプトも証拠がなく、それらはすべてアラビア半島西部で起ったこと、イスラエル人の王国が紀元前十一世紀後半から十世紀初頭の間に、アラビア半島西部アシールの沿岸傾斜地に、主としてその地のペリシテ人やカナン人の社会を駆逐して、サウル王のもとに出現したこと、その後ダビデ王のもとで領土を拡大し、ソロモン王のときに栄華の絶頂期を迎えたこと、王朝成立期に敗れたペリシテ人とカナン人はシリア沿岸地方へ移住していったことがまずあげられます。

さらに、紀元前十世紀にエジプト帝国の力が復活したとき、エジプトのアラビア半島西部への介入により、イスラエル王国がユダ王国とイスラエル王国とに分裂し、世紀後半のイスラエル人の内乱で、ユダヤ教徒のパレスチナへの最初の大規模な移住が始まり、紀元前の九世紀から六世紀にかけて更に移住が増加していったこと、(アラビア半島において)紀元前七二一年のアッシリアによるイスラエル王国の征服とアッシリア捕囚、紀元前五八六年のバビロニアによるユダ王国の滅亡とバビロン捕囚の後、紀元前五三八年ペルシャによるバビロン征服によりイスラエル人はアラビア半島に帰還を許されたが、国家再建の夢をあきらめ、その大半は再びメソポタミアかペルシャに戻るか離散してしまい、以来ユダヤ教徒の中心はパレスチナに移り、紀元七〇年にパレスチナのエルサレムがローマ人によって崩壊させられるまで、その状態が続いたこと、紀元前六世紀までに起こった言語の変化により、二、三百年くらいの短期間のうちにユダヤ教徒のアラビア半島西部での記憶が失われてしまったことがあげられます。

サリービーによれば、ユダヤ教の真の起源は、古代アシールの一神教の流れにあり、古代アシールでは、ヤハウェ、エル・サバオス、エル・シャロム、エル・シャダイ、エル・エルヨンといった多数の「山岳神」たちが同一視され、唯一の最高神とみなされるようになったということです。この「山岳神」に私は心を揺さぶられます。

サリービーは「創世記」二十二章一〜十四節においてアブラハムがモリヤにある山(サリービーによれば、リジャール・アルマア、今日のアルマルワにあり、後に「ヤハウェ・エレ」または「アドナイ・エレ」として知られるようになる山）に息子イサクを連れて行き、イサクを燔祭にささげる準備をしているときに、イサクからいけにえの子羊がどこにあるかを聞かれ、それまで複数形で言っていた「神」を単数形に変えて、「神」が備えて下さるであろうと答えたが、このときにヤハウェが満足してアブラハムにイサクの燔祭を思いとどまらせた、この経緯に一神教の始まりが語られていると解釈します。

乙衣：よくわかりました。要するにアッシリア捕囚とバビロン捕囚からの帰還にさいして、ほとんどのユダヤ教徒はアラビア半島西部へは帰らずに、離散するか、パレスチナへ移ったということですね。その前の内乱時代から、ユダヤ教徒のパレスチナ移住は始まってはいたけれど、捕囚からの帰還が大きな分岐点だと。その間、言語の変化があって、二、三百年くらいの短期間のうちに、アラビア半島西部でカナン語やアラム語が使われなくなったことも、ユダヤ教徒のアラビア忘却に拍車をかけたということですね。先生はこの説を信じますか。

波多野：そのまま信じはしませんが、アシール地方にユダヤ教の大きな共同体があったことは確実で、しかもパレスチナよりもそちらのほうが本来の、つまり捕囚以前のユダヤ教を保持していたことは、サリービーのいう歴史をそのまま受け入れなくとも、周縁文化の古層保持性からいっても十分考えられます。

なにか、邪馬台国論争にも似ていますね。それ以外にも、正倉院はもともとは九州の太宰府にあったというような説、そういう家元説というか本家説は多々あり、駅の名前でも、たとえば、大分県の別府に対して、こちらのほうが本来の別府だというので少し離れた所に本別府という駅ができる。どっちが本家かわかりませんが、とにかくあとから主張してくる例が多い。「本」のつくのは当然あとからできているわけですね。初めから「本」を名のるはずはないから。

捕囚帰還後にパレスチナのユダヤ教はそれまでの苦難をもたらした神の怒りに過剰反応し、過度の防衛本能から、厳格な禁忌の宗教へと傾斜してゆき、ユダヤ教総本山はその傾向を自らの管理支配力へと転換した。それに対しイエスが本来のユダヤ教の信仰を保っていたとすれば、ユダヤ教当局はイエスのような霊を重んじる原則主義的宗教者と確執を生ずることになるのは当然だと思います。一般のユダヤ教が「神のたたり」への防衛から硬直化していったのに対し、イエスは宗教本来の神との親近を保ち霊性に目覚めていたと思います。

このように考えると、捕囚帰還後のユダヤ教再建に最も功があり、「第二のモーセ」とまでいわれるエズラによる『エズラ記』が極めて祭司的な律法重視の思想を築いたわけですから、その功罪は微妙ですね。

また話が逸れてしまいました。とにかく、認めるべきはサリービーの刺激的地理観ですね。「ディスカバリーチャンネル」でも、モーセが「燃える柴」で経験した神の臨在を火山噴火熱の柴への引火としてとらえ、その場所、ホレブ山をアシール地方までは南下しないけれども、やはりアラビア半島西部に位置づけていました。あのあたりにはきっと何かがあるとずっと思っていました。「ナザレのイエス」のナザレもイエス当時の記録で、ガリラヤ地方の地名として確認できないので、「ナジル人イエス」であるとか、またサムソンで知られるそのナジル人(「聖別された人」)がユダヤ教徒の一派としてどのような特徴をもっていたかが議論されました。タルムードのなかのイエスを指す人物として話題になる「イエス・ハ・ノズリ」の「ノズリ」もナザレではなく、ナジル人を指すとか、ダビデの家系の人間を指すとか、メシア的な意味の呼称だとか色々言われてきました。

サリービーはイエスについても驚くべき本を書いています。(61) 彼は、イエスは西部サウディ・アラビアのヒジャズ(Hijaz)から、ダビデ直系の王位継承権を主張するために、我々の知るガリラヤにやって来たというのです。このイエスより前の、紀元前四百年くらいに、アラビアにイッサ(Issa)という救世主的人物がいて、『コーラン』に出てくるイエスはこちらのほうだというのです。

したがって、新約聖書のイエスはこの両者が合体した者で、まさに「二人のイエス」ですね。地名にこだわるサリービーらしく、ヒジャズから出てきたイエスはジェシュ・バル・ナガラというのですが、このナガラ(Nagara)は、「大工」をあらわすアラム語と考えられており、それを完全に否定はしないが、本当はヒジャズにある地名であるとサリービーは言いたいようです。私はサリービーのイエス伝は信じませんが、パレスチナとアラビアとの関係には注目したいのです。イエスとの関係でいえば、アラビアはフェニキアほどは自信をもって推せないのですが、言われてみれば何故そこにもっと早く着目しなかったのだろうかというのがアシール地方です。『エリュトウラー航海記』には早くから注目していたのに、ソロモン王とアシール地方までは貿易を越えて考えてみませんでした。自分が信じる信じないは別にして、広い地理観でものを考えられなかったことが悔やまれます。

十二、蛇神信仰の東西

乙衣：先生お得意のフェニキアが出てきたので、おうかがいします。フェニキア出身のカドモスとハルモニア夫妻の下半身が蛇であったという話、直接イエス伝とは関係ないと思いますが、気になるので教えて下さい。

波多野：本にも概略を書いたのですが、数年前にシルクロードの旅に行った折に、中国神話の夫婦神、伏羲《ふくぎ》と女媧《じょか》との共に下半身の蛇身がからみあった像が石窟寺院の入り口に据えられていたので、カドモスとハルモニアとの関係をずっと考えていました。

神話で人頭蛇身の神といえば、男神では初代アテネ王ケクロプス(**Kekrops**)が大地から生まれたというので、下半身が蛇なのですが、世界的にも、男神は少数派で、女神が圧倒的に多いのです。エジプト神話のコブラ女神ヴァジェト(**Vaget/Wadjet/Ujat**)、ギリシア神話の蛇女神ラミア(**Lamia**)、翼ある蛇女神エキドナ(**Echidna**)、さらに、先のアッカド神話のティアマアト(**Tiamato**)も蛇女神で(男神マルドゥクも蛇神だという説があり)、人頭蛇身の女神ならあちこちにいるのですが、夫婦となるとそう多くはいません。

中国とフェニキアの中間に位置する南インドにはヒンズー教の人頭蛇身のナーガ、ナーギーの夫婦蛇神がいます。誰しもが影響と伝播経路をあれこれ想像するでしょう。私はついついフェニキアを起源あるいは伝播者と考える癖がついてしまっているのですが。

この起源をエジプトに求める人もいますが、蛇神はたいてい河と関連しているので、夫婦蛇神はティグリス、ユーフラティス両河の化身として理解するのが一番説得力があるのかもしれません。しかし、起源へのこだわりは、あまり実りのない憶測で、オリエントからアジアにかけて共通の宗教文化があり、それぞれがそれぞれの文化の中で意味をふくらませていく点に興味があります。共通の宗教文化は共通の物語文化と言い換えられるかもしれません。

このような神の下半身が絡み合った蛇身が実際の蛇の交合からきていると考えれば、蛇の交合は数時間にわたることから、性神の意味合いを読みとり、神社のしめ縄にも連想が及ぶのですが、少なくとも創造・生産・豊穣の意味はあると思います。これらの神々はたいてい世界か人間かを創造しています。「神」の語源として、「カ」は「蛇」で、「ミ」は「身」、つまり「蛇身」だと唱える人すらいます。

下半身が蛇神の神と区別しにくいのが、下半身が魚の人魚神ですが、起源的には両者はつながっているのかもしれない。ダゴン（Dagon）はそもそもペリシテ人に崇拝されていた魚神ですが、大魚に三日間呑み込まれていた例のヨナが神につかわされたニネベ（Nineveh）のアッシリア人は、聖書には神の名は出てきませんが、伝説では、ダゴンとその妻ナンシー（Nanshe）という共に下半身が魚身の夫婦神を崇拝していたといいます。

カドモスは（軍神アレスの子である）龍を殺した呪いにより、（アレスの娘）ハルモニアは結婚式での贈り物である（アテナからの）長衣と（ヘーパイストスからの頸飾り）にまつわる呪いにより、後年、夫婦共々下半身を蛇に変身させられますが、ゼウスにより夫婦はエリュシオンの野、つまり死後の楽園に送られて人間の姿に戻されます。この話のあの世で健やかな体に戻るというところが好きです。そういうと、身体的障害を否定することになり、まずいでしょうが。

スエーデンボルグ[62]によれば、あの世でも人間は体をもっている、ただし霊体という形で。私は、その霊体に美醜があるとすれば、その人の霊格が反映されるだろうと勝手に考えているんです。スエーデンボルグはそこまでは言っていませんけれどもね。この世の肉体とあの世の肉体にギャップがあるのもいいものだなとか、あの世ではこの世の美醜は超越されるのかなとか、聖霊に満たされた者、あるいは、あの世に行った者の目が美醜を越えて真実を見抜く霊眼になるということかな、などと私は色々想像します。

イエスが身体障害者だったら、肉体についてどう考えるべきなのか悩みますね。通常の人間にとっては身体的ハンデは深刻な問題でしょうが、この世の肉体なんて所詮一時的なものだと悟るべきかもしれません。

神話的には、蛇は水、（地下世界につながる）死と豊穣、死の世界に通じる預言力、知恵、再生、医療、等々、様々な意味をもつので、そのレベルで考えるべきなのでしょうね。蛇の治癒力は、私は蛇の脱皮からの再生力、あるいは霊力から考えてしまうのですが、蛇自体が薬として用いられ効力があったからだという説もあります。アポロンとアスクレピオスは親子で共に医神ですが、（フェニキアの）シドンのエシュムン（Eshmun）は医神にして蛇女神、また先の下エジプトのヴァジェトも蛇女神で、全体的には蛇神は女神がかなり多い。また蛇には瞼がないので、蛇は眠らないと考えられ、常に覚醒しているところも偉大なのでしょうね。その蛇の天敵が（魂を象徴する）鳥であることも面白い。

イエスを蛇と呼んだり、イエスの火の洗礼をよく話題にしますが、モーセが竿の上に架けて後にイエスを指して言う「青銅の蛇」（「民数記」21：9／「ヨハネによる福音書」3：14）も、そもそもは毒蛇をあらわす「火の蛇」だったのです。蛇は水ばかりでなく火につながっていて、これによって浄められるというのは、まさに水と火による洗礼ですね。

西欧は「石の文化」とよくいいますが、単なる石は勿論、化石も重んじられていたのです。古代人も化石の魔力を信じて化石を集めていたのですが、これと蛇の魔力が結びついた興味深い事例があります。ヨークシァー北部のリアス紀の岩石にはアンモナイトが豊富に含まれますが、面白いのは、このアンモナイトがとぐろを巻いた蛇の形に似ていることから、イギリスの古物収集家ウィリアム・カムデン（William Camden）が一五八六年『ブリタニア』（*Britania*）のなかで、これを「ウィットビーの蛇石」（Whitby snakestones）として紹介したことです。

七世紀のイギリスの伝説的な言い伝えですが、ノースアンブリア王家の姫で、六五七年にウィットビーに修道院を建てた聖ヒルダ（St. Hilda）が邪蛇を断崖に追いつめ、鞭でその首を打ち落としたが、アンモナイトの化石はその首のない蛇だというわけです。さらに、スコットランドの聖カスバート（St. Cuthbert）の呪文により蛇は頭を失ったという二重の言い伝えで、この蛇石は潤色されたのですが、これを商う商人たちはやはり頭のない蛇だと真実味がないということで、わざわざ頭を彫刻したものが何点か大英博物館に陳列されています(63)。

聖書でも「蛇石」（stone of Zoheleth）が出てくるのですが（「列王記」上、1：9）、「ウィットビーの蛇石」よりずっと大きく、自然にそこにある石で形が蛇に似ていたので、そう呼ばれたと思いますが、祭儀に用いられた可能性も否定できない。

イスラエルでも、ヒゼキヤ王のときに、それまで拝していた異教であるカナンの「高きところ」の祭壇、「石柱」、アシラ像が除かれたと同時に、モーセの造った青銅の蛇も砕かれました。イスラエルの人々はこのときまでは、ネホシタン（Nehushtan）というこの蛇に香を焚いて祀っていたのです（「列王記」下18：4）。ヘブライ語で「青銅」は「ネホーシェス」、「蛇」は「ナハーシュ」で似ています。

同語源だともいわれています。異教的とはいえ、蛇信仰を振り払うにはイスラエル人も苦労したということです。

伏羲と女媧の話も文化的に面白い。まず、注目すべきはカドモスがアルファベットの創始者とみなされているように、伏羲も文字の創始者とみなされていることです。カドモスは龍を退治した後、アテナの勧めでその牙を播くと、地中から武装した男たちが生え出ます。伏羲と女媧は洪水の生き残りで、後に泥と縄（泥縄なんてからまないで下さい）とで人間を造っています。この点では特に女媧の功績が大きく、彼女は石をこねて、天柱を補修もしています。伏羲は聖王、女媧は女帝で、この点もカドモスとハルモニアに一致します。

伏羲が「矩」即ち曲尺《かねじゃく》をもち、女媧が「規」即ちコンパスをもった図像がみられますが、これがフリーメイソンの持ち物と同じだと取りざたされます。これらは天地設計の象徴ですね。この夫婦神は道教に取り入れられていて、特に伏羲は陰陽の記号、八卦を定めています。伏羲は人頭蛇身と馬頭人身説の両方があって、この馬頭も面白い。フェニキアの場合、ポセイドンの乗りものがヒッポカンポス（Hippokampos）という馬胴魚尾の海の怪物で、これが起源なのか、とにかくフェニキアというと馬頭図像が単独で度々みられます。馬頭と棕櫚の木はフェニキアの二大シンボルです。伏羲は人間に網を作って魚を捕ることを教えたといわれますが、これも海洋国フェニキアにつながって面白い。やはり、私が話すとなんでもフェニキアになりますね。

最後に、伏羲の曲尺、女媧のコンパスの延長として、方形と○の話に飛びますが、これは「円天方地」で、陰が天で陽が地になる関係です。朝鮮の長標あるいは将軍標（チャンスン）が村の入り口に魔除けとして立っています。日本でも高麗《こま》の駅前にありますね。あれが結界になるわけです。たいてい、向かって左に「天下大将軍」、右に「地下女将軍」が置かれています。天地と男女との関係としては、あれがよくある形で、男が天で女が地なので、伏羲と女媧との場合、逆ではないかと思われるでしょうが、これはこれでよいのです。陰陽道では、陰に陽が、陽に陰が内包されていて、永遠に反転しながら陰陽合一して太極となるわけで、特にこの場合、からみ合っているので、というよりも、そのためにからみあわさせているので、これでよいのです。

日本独自といわれる墳墓、前方後円墳も陰陽思想に則って造られているので、あれは前後に見るよりも、円形を左にして方形が右にくる、左右に見たほうがよいと思います。天地からいえば上下もわからなくはないけれど、左に女媧のコンパスによる円、右に伏羲の曲尺による方形の形で見たほうがよりわかりやすい。ところで、昔は円形の部分にのみ遺体を納めていたというのは、古人の来世観をあらわしていたのでしょうか。雲上人は天に還るというような。

乙衣：先生の話は時空を越えて、色々突飛なつながりがが出てきますね。俗耳を驚嘆せしめるのが趣味ですか。これも、古代は国境があいまいなだけに広がりやすいということですか。パスポートもいらなかったでしょうから。

次もフェニキア関係の質問ですが、ヘルメスはフェニキア起源なのでしょうか。先生は本のなかで、そこまではいわないがという感じでしたが、あれは控えめ表現なのでしょうか、それとも、エジプト起原を採り、フェニキア起源は否定ですか。

波多野：俗耳を驚嘆せしめることは私の趣味ではありません。できれば、朴訥に語って信じてもらいたいのですが、私の話が山師的な印象があるなら、私の学識への信用度の問題で、反省すべきところです。

ご質問の件は私もはっきりしておきたい問題でした。ヘルメスは比較神人論でもイエスとの比較対象にとりあげられますが、今はフェニキアとの関係に絞ってお答えします。

ヒクソスの系譜で話しましたように、フェニキアといえば、フェニキアの王子にして、テーベの創建者であるカドモスが中心で、父にはアゲノール、孫にはディオニュソス、ペンテウス、子孫にはオイディプス、叔父にはベロス(Belos)、従兄弟にはダナオス、姻戚にはポセイドンやアフロディティがいます。また、彼にはダナオス系統の親戚にペルセウスやヘラクレスもいます。ヘラクレスはフェニキアのツロではメルカルトとして崇拝されていました。フェニキア側からみれば、ヘラクレスはツロから渡ったメルカルトです。

先のアルファベット考案者も、カドモス説とヘルメス説がありますし、本にも書きましたが(ニケの彫像出土で有名な)サモトラケ島ではヘルメスがカドモスの名で祀られていました。ヘルメスの子であるパーンは常にディオニュソスの付き人のように彼に寄り添っていますが、ディオニュソスはカドモスの孫です。カドモスが創建したテーベ市はボイオティアにありますが、同じボイオティアのタナグラ(Tanagra)では子羊を背負った姿のヘルメスが崇拝されていました(これと同じ少年牧者の姿がイエスをあらわす図絵としてみられます、迷える子羊を救う善き羊飼いなのでしょうか、それとも自身が罪のあがないの子羊になることと二重写しなのでしょうか)。またヘルメスもカドモスもそれぞれの逸話には「牛」が大きな役割を果たします。

異説では、ハルモニアはゼウスとサモトラケ島のエレクトラとの間の娘で、五世紀のギリシア詩人ノンノス(Nonnus)の『ディオニュソス譚』(*Dionysiaca*, 3.373ff.)ではヘルメスはゼウスの使者として、エレクトラに娘のハルモニアをカドモスの嫁にやるように説得し、カドモスを賞賛し、彼を「我らが救い主」と呼んでいます。五世紀の作品ではありますが、なんらかの言い伝えに依拠していると思われます。

ヘルメスの役割は常に使者あるいは天使のような二次的なはたらきをしていますが、とりわけ、テーバイ王家との結びつきが強く、ヘルメスの権能からしても、商業、旅行、天文、数学とすべてフェニキアとかかわってきます。

結論を申しますと、ヘルメスのフェニキア起源を主張するのは強引かもしれませんが、つながりそのものについては私は前よりは確信を深めています。つまり、こういう問題は、そもそもの起源よりも、それがどこに最も深く根づいているかということが重要です。ヘルメスはカドモスを仲介としてとりわけフェニキア出身の神々との結びつきが強く、また、カドモスと重なってフェニキアの守護神のような役割を担っているのではないでしょうか。

課題として、ヘルメス神像の原型を追求しているのですが、元はよく知られる男根を付した柱像ではなく、前ローマのパレスチナでは単なる石塚で、そこを通る人々がその上に寄進として石を積んだということです。まるで、賽の河原ですね。ヘルメスの語源も「ケルン(石塚)の人」らしいのです。世界神話でも石塚はこの世と地下世界(あの世)をつなぐ標になっています。先のヒゼキヤ王が廃した異教の石柱とつながるのか否かわかりませんが、聖書でも大石を祭壇のように用いています(「サムエル記」上6:14–15)。ヤコブもまくらにしていた石に油を注いで、「ベテル」(神の家)と呼び、「天の門」とも言っています(「創世記」28:16–21)。またユダヤ人が「石」で殺す、石打の刑を極刑とするには、石に対する特別な思い入れがあるのでしょうか。

ところで、ヘルメスもアポロンとともに「蛇」と呼ばれますが、翼のある帽子ペタソス(petasos)をかぶり、翼のあるサンダルを履くことから、古代エジプトの「翼ある蛇」あるいは「翼あるウラエウス(Uraeus)」との連想がなされます。

フェニキアのツロやシドンで崇拝されたアスタルテはギリシア神話のアフロディテにあたります。ご存知でしょうが、両性具有者のことをギリシア語でヘルマプロディトス、英語でhermaphroditeといいますが、これは「ヘルメス+アフロディテ」です。

ヘルメスは元来自身に両極をかかえる神、死と生(または復活)、霊と肉との神とされ、彼の杖ケーリュケイオンまたはカドゥケウス(kerykeion/caduceus)はアスクレピオスの杖の元で、杖に巻きつく二匹の蛇も、カドモスとハルモニア、伏羲と女媧のように、雌雄であり、いろいろな太極をあらわすものと考えられました。

有名なヨハネによる福音書一章一節のイエス・キリストをあらわす「ロゴスなる神」つまり「(神の言葉が)受肉した神」は新プラトン主義者やグノーシス派キリスト教徒からはヘルメスがモデルとまで考えられています。

十三、ヘルメスと十字架

乙衣：私もグノーシス的ヘルメスなら少しは知っています。では、ついでにヘルメスとエジプトとのつながりについて先生のお考えをおしえて下さい。

波多野：これも、あなたを相手にしては釈迦に説法ですが、新プラトン学派あるいはグノーシス主義者にとって重要なのは、ヘルメス・トリスメギストス（Hermes Trismegistos）即ち「三倍偉大なヘルメス」で、この神はエジプトの文字、数字、魔術を発明したトート（Thoth）と、これとほぼ同じ資格をもつヘルメスとが習合されてひとつの神になったものですね。これら哲学者にとっての聖書ともいえるのが一世紀から三世紀頃成立した、『ヘルメスの書』（*Hermetica*）であり、魔術、占星術、錬金術、神学、哲学の集大成です。この書物群は彼らにヘルメス・トリスメギストスによる啓示によってもたらされたと信じられています。この神はカイロの南三百キロの、ナイル川西岸にあった都ヘルモポリス・マグナ（Hermopolis Magna）で、特にギリシア人に崇拝されました。最後に、十字架について一言。ヘルメス・トリスメギストスが考案した「ヘルメス十字」（Crux Hermetica）が秘密結社の薔薇十字団の十字架として用いられていますが、元はあそこまで飾り立てたものではなく、T字型のタウ十字のようなものではなかったかと思うのです。

エジプトのアンク（ankh/crux ansata）は、タウ十字の上に円を乗っけたような十字架で、「命」を意味するヒエログリフを象ったものです。十七世紀のイエズス会オリエント学者アタナシウス・キルヒャー（Athanasius Kircher）は、これをヘルメス十字と同一視していますが、つながりという意味ではそうかもしれません。しかし、私はヘルメス十字の原型はタウ十字であろうと思います。

それよりも古い十字なら、エゼキエル書九章四節の神がエルサレムの「嘆き悲しむ人々の額に印をつけよ」と命じた印で、その印は創世記で弟のアベルを殺して放浪の身になるカインの額に神がつけた、いわゆる「カインの印」と同様、護符としてのタウではなかったかと思うのです。ただし、そのタウはヘブライ語アルファベット最後の文字「タウ」(tav)で、古代フェニキア文字、古代ヘブライ文字では、共にXの形をしていました。

ユダヤ思想では額の文字に威力をみとめるのでしょうか、例の粘土で造られた人造人間ゴーレム(Golem)も、額に「真理」を意味する「エメト」(emeth)の文字を書かれ、力仕事などをやらされ、安息日に頭文字の"e"を消されると「メト」(meth)即ち「死んだ」状態になっておとなしくなるのですが、消し忘れると凶暴になるという話ですね。カフカが子供のときに聞かされて印象に残った民話だそうです。

一九八〇年にエルサレムの郊外タルピオットでイエス及びその家族の墓なるものが見つかった際、九個の骨棺のおもてにXが刻まれており、これがキリストの十字架をあらわす印と考えられましたが、この印こそキリスト教以前からユダヤ人が用いていた「タウ」で魔除けの印ですね。

二〇〇二年十月、古代アラム語で「ヨセフの子、イエスの兄弟ヤコブ」の碑文が彫られた骨棺がエルサレムで発見され『ニューヨーク・タイムズ』の一面を飾り、真贋論争がわき起こり、結局、持ち主の骨董業者が贋作の容疑で起訴され、本人は容疑否認のまま、事件は話題から消え去りましたが、このヤコブの骨棺は元々タルピオットの墓にあったものから盗まれたのではないかと噂されています。

この墓の入り口には、「てっぺんに小さなへた」のようなものが乗っかった、ややふくらみのある屋根型（翼型）の覆いに小さめの環が護られた浮き彫りがみられたが、これはエジプトの「アニのパピルス」で描かれる、墓の中でミイラの上で羽ばたく人頭隼身のバーが翼を半ば広げて永遠の環をもつ姿を図案化したものではないでしょうか。

別の見方として、下向きの三日月が円盤を上から覆って眉毛と目のような形になった「バール・ハマン（Ba'al Hamon）の紋章」が気になっています。バール・ハマンはカルタゴの主神ですが、元はカナン（フェニキア）の月神で紀元前五世紀に遡る神です。三日月が雄羊の二本の角ととられ、「二本角の神」としてなら、この神の信仰はアブラハムのカナン入植より前の族長時代の信仰に遡るでしょうから、紀元前二十二世紀あたりですね。

一説に、「ハマン」はシリアとキリキアとを別ける山系のなかの山、アマノス山（Mount Amanus）に由来するらしい。そもそも月神は山に関係するので、例の紋章も、富士山のような山の手前にはりついたように、山と組み合わさっているので、タルピオットの墓の入り口にある「てっぺんのへた」は向こうにとび出た山頂をあらわしているのではないかと考えているのです。「永遠の環をもつバー」ならエジプト起源で、「バール・ハマンの紋章」ならフェニキア起源、いずれにせよユダヤ教にとっては異教の風習です。

乙衣：アンクについて先生は以前、十字架とは無関係として説明されたように記憶しているのですが、タウ十字とのつながりは認めるということですか。先生はエジプトは素通りかなと思っていましたが、最近はエジプト学にも大分関心がおありのようですね。私はエジプト派なので、心強いです。

先生のフェニキア中心説も、フェニキアはエジプトの親戚というつもりで聞いています。

波多野：アンク自体は「生命」を象徴していますが、十字(架)のシンボリズムと切り離して考えることはできないと、今は改めてそう思います。ご指摘有り難うございます。

十四、イエスとベス

乙衣：フェニキアとエジプトがらみで、ついでにもうひとつうかがいたいことがあります。先生がイエスの風貌について語っておられる箇所で、ガリラヤ地方で当時イエスの姿を見た人々、とりわけ異邦人にとっては、イエスは「生きたベス(Bes)」であったとまでいわれてますが、ベスはそれほど大きな存在だったのですか。

先生から学んだイエスとベスとの共通性を確認したいので、私のまとめに誤りがあれば、正していただきたいのと、さらにイエスをベスとむすびつける点があれば教えて下さい。

ベスはエジプト起源で、後にフェニキアへ渡り、フェニキアを本拠地にしますが、ローマ時代に入ってローマでもよく知られ、大衆、とりわけ女、子供に人気絶大の神で、その姿は常に正面から表現される。毛衣をまとい、頭にダチョウの羽飾りをつけ、寸詰まりの胴体で、毛むくじゃらの親父顔で舌をだした、おっかないようだけれど愛嬌のある小人神。大阪の通天閣にいるビリケンにも少し似ているということですね。

私もベスの彫像は見たことがあります。ベスを象ったお守り、特にアミュレットは夥しい数が出土すると聞いています。ベスにはその風貌にも似合わず、禍つ神的要素が全くといってよいほどなく、珍しいほど徹底した幸神ですね。

イエスに共通すると思われるベスの権能。一、子供の守り神。二、女性の守り神（とりわけ安産の守り神）。三、悪霊祓いの神。四、兵士、漁師、旅人の守り神。五、商業の神。六、悪夢、夜行性の危険な生き物からの守り神。七、葡萄園の守り神。八、家庭の幸福の守り神。九、幸運の神。十、魔術師のまじない（息災法）の神。最後に、これはイエスとの共通性はないかもしれませんが、十一、歌舞、娯楽の神。

四について、先生はイエスの時代のローマ帝国は多くの傭兵をかかえており、ケルト系、ゲルマン系の傭兵が相当数いたが、同族のセム系も少なくはなかったとおっしゃっていますね。また、一世紀後半では属州出身の軍団兵は多数派だったこと、二世紀初頭までには軍団の属州化はほぼ完了していたこと、多くの場合、属州の軍団兵は軍団勤務の資格者となるためにローマ市民権を与えられていたであろうことを指摘していますね。イエス及び使徒のセム系及び外国人兵士との接触もキリスト教の発展にみる異邦性、国際性と、そこからくる平和主義に寄与している、というのも納得がいきます。

ユダヤ人及びその家族がたてこもり、ローマ軍と壮絶な戦いをくりひろげたマサダの戦いも、最終的には、その難攻不落の砦に対しローマ軍はユダヤ人（兵士や捕虜）に砦崩しの櫓を組ませ、ユダヤ人反乱軍はその同朋を攻撃できず、砦を崩され、蹂躙され、残党は家族もろとも自殺してはてるのですが、国際的な風土のなかで、そもそも人間はひとつであることを実感していたイエスは、このような悲劇を予感していたということですね。ローマ軍百卒長に示すイエスの情け（マタイ8：5–13）も、そういう背景で考えると、よく理解できます。

七について、葡萄はイスラエルの農業を代表する産物であり、イエスのたとえ話にも度々登場する葡萄(園)はイスラエルの象徴(「詩編」80：8−16)であり、イエスも自身を葡萄の木、父を園丁である(ヨハネ15：1)と言っています。比較神話では酒(ワイン)の神ディオニュソスもよくイエスとの比較対象にされますね。ベスが葡萄園の守り神であるのも彼が豊穣と多産の神だからですね。

十について、二〇〇八年十月初めの新聞報道によれば、フランス人水中考古学者フランク・ゴディオを中心とするチームにより、アレキサンドリアの海底遺跡でギリシア語で「魔術師キリストによるもの」(DIA CHRISTOU O GOISTAIS)と刻まれたマグカップのような容器が発見され、年代測定の結果、紀元前二世紀から紀元一世紀のもので、「キリスト」の文字が刻まれた最古の例らしいということでした。この容器は占い用の壷ではなかろうかと推測されました。そうだとすれば、これも、魔術師の呪力を助ける神としてのベスに重なりますね。

波多野：私のくどい説明よりもずっと簡にして要をえていますね。イエスの子供と女にたいする思いやりは、本来、ユダヤ教の伝統です。孤児、寡婦、寄留の民は最も寄る辺ない存在で、神の特別な保護の対象とされています(「エレミヤ書」7：5−6)。当時はものの数にもいれられなかった彼らが福音書において、イエスからその信仰を認められています。なかでも、イエスは自身の中心思想を語るさいに、幼児をとりあげます。「はっきり言っておく、心を入れ替えて子供のようにならなければ、決して天の国に入ることはできない。」(マタイ18：3)「天地の主である父よ、あなたをほめたたえます。これらのことを知恵のある者や賢い者には隠して、幼子のような者にお示しになりました。」(マタイ11：25)子供はわがままなところもありますが、ときどき、こちらがはっとするような大切なことを気づかせてくれることがありますね。

また、神秘的な次元でも、ファティマにおいてマリアの顕現と託宣が三人の子供になされたことを、私は厳かにうけとめています。私もファティマ(コウヴァ・ダ・イリア)でマリアの顕現があったという樫の木の下に立ったときに背筋がぞくっとするような異様な感情におそわれました。あそこだったら神秘は起こりうる。でも神秘は子供たちの純心が起こしたのですね。あの子たちは羊飼いの仕事が終わった後いつも、戦争(第一次世界大戦)が早く終わって父親たちが戻ってくることを一心に祈っていたのです。神の顕現や託宣がなくても、あのような切実で純粋な祈りが一度でもできればいいですね。

ベスは親父顔をしていますが、基本的に幼神です。外典ではイエスもよく子供や少年の姿を弟子にあらわします。「ヨハネ行伝」八八で、イエスがヨハネとヤコブに自分の弟子になるよう湖岸から呼びかけたとき、舟中のヤコブにはイエスが少年に見えたということです(これを蜃気楼で説明する人がいるかもしれませんが)。また、「ペテロとアンデレ行伝」ではペテロとアンデレの前に、「マタイ行伝及び殉教譚」ではマタイの前に、復活後のイエスが子供の姿であらわれます。オリエントの穀物神は幼神、少年神ですね。日本でも、神話・民話では少名彦名命や一寸法師が活躍するし、祭りの稚児は元々、神が降臨するヨリマシとして選ばれた子供です。

乙衣：それから、当時は幼児死亡率が高く、病気にかかる子供も多かったので、親がイエスのところに子供をつれてきて、触って厄を落としてもらったり、幸運をさずけてもらうおうとしたのだと、先生は想像されていますね。あるいは、女性や子供のほうからイエスに触ろうとしたということで、まるでお地蔵さまですね。そのイエスが殺されるのは厄を背負って流される流し雛のようなものだと書かれていましたが、厄払いだけではなく、そこに尊崇の念が込められれば、「お焚き上げ」にもなるのでしょうか。いずれにせよ、先生は摂理的意味として言われているので、そこは史的イエスとは切り離して考えるべきですよね。

波多野：そこのところはものすごく微妙ですね。神の摂理なのか、現実のイエスと大衆との実感なのかというと、視点の違いの問題ですから。罪と救いについて、人間というのは現実に、自分に都合のよい期待を抱くものです。「おかげ」と「祟り」で動くのが人間の大半で、イエスもそれを赦したと思います。イエスの死に接して、民衆の間では、罪、病、穢れを移して流す「流し雛」でも「お焚き上げ」でもいいのですが、そのような感覚が心の隅にあったと思います。

民俗学者なら、人々がそれぞれの立場でイエスに、厄払い、福(神の国)の招来等々を期待して、死に追いやった、まさに供犠であったと解説するでしょう。

乙衣：イエスのエルサレム入城の折りも、「ダビデの子に、ホサナ」とイエスに歓声をあげたのは子供が多かったのではという解釈も面白い。イエスは子供たちのヒーローだったのだと。

これも先生からの受け売りですが、「アラビア語幼児イエス福音書」四一、四二章では、子供のイエスは遊び仲間たちから王に選ばれて花冠を戴冠されていますね。まさに磔刑のときのイエスの称号「ユダヤ人の王」の先取りですか。イエスは自分でも子供のとき、よく遊びをやったが、子供の遊びをとにかく、よく見ているというので、「うちらが笛を吹いたのに、あんたらは踊ってくれないし、弔いの歌を歌ったのに、胸をうってくれない」(マタイ11：17)は子供の婚礼ごっこや葬式ごっこが元になっているということですね。ユダヤの葬儀は極貧の者でも、最低、泣き女一人に笛吹き二人はいたそうです。

波多野：どこまで言ってよいのか難しいけれども、イエスもベスも、とにかく子供と関係が深い。同時に自分自身も子供の姿で描かれる。プトレマイオス朝に、母ベセット（Beset）の胸に抱かれるべスの像が現れるようになると、これがイシスとホルス母子とに重ねられるようになり、その結果、ホルスの頭の上にベスが乗った三者一体の像が生まれ、危険な生き物から身を守る霊験があらたかであると信じられました。それが三位一体として受けとられたか否かは不明ですが、先に述べたように、ホルスがイエスとの比較神人論の対象にされることを考えると、ここにベスがからんできて、マリアとイエスとを含めて三組の聖母子像にまで発展することも奇しき因縁です。

もう一件、ベスの存在の大きさをうかがわせる事例があります。シナイ半島北東のクンティレット・アジュルッド（Kuntillet ʻAjrud）にある神殿の調査が一九七五年から六年にかけて、テル・アヴィヴ大学の考古学者ゼエヴ・メシェル（Ze'ev Meshel）によっておこなわれて以来、ここから出土した水瓶に刻まれた文字と図像が現在に至るまで様々に検討されています(64)。

神殿ではないかとみなされている、この場所は紀元前九世紀末から八世紀初頭の時代のものとされているので、ここから推測される信仰もこの時代を反映することになります。水瓶（Pithos A）に刻まれているヘブライ文字は「サマリアのヤハウェと彼のアシラにより祝福する」で、図は向かって左手前に親子あるいは夫婦らしき「二頭の牛」、真ん中に「二体のベス」と思しき像、右奥に「椅子（玉座）に座ってリラを奏でる女」が描かれています（偶然でしょうが、先に貝塚の話に出てきた蛇体の水・土の神が仏教では琵琶をもった女神であるというのを思い出します）。

アシラ(Asherah)といえば、カナン(フェニキア)の男神バールと並ぶ女神で、太陽神エルの妻でもある海の女神です。彼女は愛と豊穣の女神として、ときにアシタロテ(Ashtaroth)と同一視される大きな存在ですが、そのアシラがイスラエルの神ヤハウェの配偶者として祀られた時期があったことは、この時代のイスラエルの信仰にいかに異教が深くかかわっていたかを物語っています。いや、旧約聖書全体にあれほど異教にたいする禁忌が頻繁であるのは、イスラエルの歴史の初めから、この集団がいかに雑多な要素から成り立っていたかということで、政治的な意味合いでは、一神教はそれらをひとつにまとめるうえで不可欠であったに違いありません。

ついでに言い添えると、アシラは乳房を強調した女神像もありますが、聖木や柱の形で崇拝されもしました。日猶同祖論に近い人々は、諏訪の御柱などの「柱」を「アシラ」と関連づけました。牛はイスラエル人にとって重要な家畜、また雄牛は雄羊とならんで宗教的に重要な供犠(「民数記」23:1)ですが、ソロモンの神殿における、鋳て造った「海」を支えた「十二頭の牛」、はたまた青銅の十台の鏡板に獅子とケルビムとともに置かれた「牛」からヤハウェを象徴する動物とみなされました。また「エゼキエル書」一章十節では、超自然的な神の姿の一部に「牛の顔」がみられます。ただし、「黄金の子牛」(「出エジプト記」32:4)を造ったアロンはモーセからその偶像崇拝を非難されています。これも、日猶同祖論者なら、京都八坂神社の牛頭天王にむすびつけます。

水瓶に刻まれた図絵の「二頭の牛」と「二体のベス」は様々に解釈されていますが、大方はヤハウェとその妻アシラの形象化とみなしているようです。

私は椅子に座ってリラを奏でる女性はヤハウェとアシラとを呼び出す巫女であると解釈します。欧米の学者よりも日本の民俗学者がこういうことには、すぐ気づくのではないでしょうか。日本においては、天照大神につかえる巫女が後に天照大神そのものに昇格し、それにともなって、この神は男神から女神になったといわれています。

「ヤハウェとアシラ」については、ヘブロンの西十二キロに位置するキルベット・エル・クオム(Khirbet el-Qom)で出土した横三十六センチ、高さ三十センチの石板にもみられます。紀元前七五〇年から七〇〇頃のものとみられるこの板には上部に三行からなる主文と添え書きの一句、それから左下に二行で添え書きの二句が刻まれ、中央に「下に向けた右手、手のひら」が刻まれています。この文字も一九七〇年から様々な読解がなされています。主文の三行は「富者ウリヤフが記す。ヤハウェにより て幸いなるかなウリヤフ、彼(ヤハウェ)のアシラにより彼(ヤハウェ)が彼(ウリヤフ)を敵より救いし故」と読め、「オニヤフによる、彼のアシラによる」の添え書きは、「オニヤフ」にヤハウェを読んでヤハウェ信仰と解釈するよりも、これをなにか個人的な信仰にかかわるものと解釈するのがよいらしいのです。

「下向きの右手のひら」については、イガエル・ヤディンによるハツォール遺跡発掘調査(65)において、「三日月と円盤」という月神の紋章に向かって伸ばされた二本の腕が彫られた石柱の解釈にあたって、ヤディンが引き合いに出している古代カルタゴの石碑が参考になると、私は考えています。二基の石碑のうち一基では、「三日月と円盤」からなる「バール・ハマンの紋章」に向かい挙げられた二本の右腕がバール・ハマンの配偶者タニト(Tanit)をあらわすといいます。もう一基では同様の模様に向けて挙げられた右手一本のみが彫られています(後にローマ人はバール・ハモンをサトゥルヌスと、タニトをユノと同一視します)。

キルベット・エル・クオムの右手がアシラであれタニトであれ、カナンの女神を意味していることは間違いなさそうです。右手が下を向いているのは死者の住む地下(冥界)を指しているのではないでしょうか。これも私の個人的見解ですが。先のミトラ神の二人のたいまつ持ちも、コーテスがたいまつを上向きに持ち、コートパテスは下向きに持っています。天界と冥界とを照らしているわけですね。

話がベスそのものよりも、ヤハウェとアシラの夫婦神のほうが中心になってしまいましたが、両者が重なる可能性があることと、イスラエルとカナン(フェニキア)との縁の深さは解っていただけたと思います。

十五、ユダヤ教と異教

乙衣：初めて聞く不思議な話です。三位一体までには至らないにしても、その夫婦神にベスが重なってくるのだから、ベスをイエスに重ねる先生の考えはあながち奇説とはいえませんね。それとは関係ない話ですが、先ほどのエジプトのプトレマイオス朝のベス母子の話で急に思い出したことがあります。

同じアレキサンダー大王継承国で、その後にセレウコス朝が勢いをもちますが、パレスチナではマカベアのユダが紀元前一六六年にそのセレウコス朝シリアのアンティオコス四世エピファネスを破り、イスラエルは久しぶりに独立国としてマカベア家(ハスモン家)のもと、およそ百年間の春を楽しむことになりますね。以前それについて先生が何か面白いことをおっしゃったような気がしますが。アメリカでクリスチャンの学生がクリスマスのお祝いを、ユダヤ人の学生と一緒にやるのが皮肉だとかいう。

波多野：ああ、「奉献の祭」ハヌカ(Hanukkah)のことですね。クリスマスとハヌカがほぼ同じ時期に祝われるので、アメリカの大学ではクリスチャンの学生とユダヤ教徒の学生とが同じ場所で、それぞれクリスマスとハヌカとを祝うことがある。それが皮肉だと言ったのです。

紀元前一六八年にエピファネスがエルサレムの神殿に偶像を置かせて、神殿を汚したので反乱が起きて、結局それがユダヤ独立につながり、紀元前六三年にユダヤがローマの属領になるまでの約百年間がユダヤの春でした。小春日和ほどでしたが。

紀元前一六四年にマカベアのユダが神殿から偶像を取り除いてきよめ、神殿を再奉献したのを記念して毎年祝われるようになったので、ハヌカは「宮清めの祭」とも「奉献の祭」とも呼ばれます。皮肉だと言ったのは、そのとき異教徒として追い払われたギリシア人の子孫が後にキリスト教の大きな受け皿になるのですから。

ヨセフスがハヌカを「光の祭」と呼ぶように、八日間の祝いにあわせて、燭台の八本の蝋燭に火をともすのですが、私は、それが期せずしてイエスという「異邦人を照らす光」(ルカ2：32)を暗示することになるのかな、などと勝手に解釈しているのです。

ついでながら、これに関連して異教がらみの興味深い記述が、「マカベア書」にあります。「仮庵祭のしきたりに倣い、ユダたちは歓喜のうちに八日間を過ごしたが、ついさきごろまで、けだもの同然に山中や洞穴で、仮庵祭をすごしていたことを思い起こした。彼らは、テュルソス、実をつけた枝、更にはしゅろの葉をかざし、御座の清めにまで導いてくださったお方に賛美の歌をささげた。」(「マカベア書」二10：6―7）。異教のしきたりを知る人なら、この「けだもの同然に山中や洞穴で」や「テユルソス」からすぐディオニュソス信仰を思い浮かべます。テュルソス（thyrsus）はディオニュソス祭祀で用いられる葡萄のつたや木蔦を巻きつけ先端に松かさをつけた聖杖ですが、ユダヤ教ではミルテ（myrtle）と柳の枝をそえた棕櫚の枝の杖ルラブ（lulab）を用います。両者はあまりに似通っているのでユダヤ人の著述家ですらルラブをテュルソスと翻訳したということです。これは、この時期のユダヤ人に一時的にディオニュソス祭祀が影響を与えていたということでしょうか、それとも両者の関係はもっと古い時代にさかのぼる根深いものだったのでしょうか（ユダヤ人に驢馬崇拝があったという噂もディオニュソス祭祀で驢馬が重んじられていたことと関連があるのではないでしょうか）。

司会：これからは自由に発言してください。下草さんも何か言いたそうなので。

下草：私はディオニュソス信仰はユダヤ人がギリシアの支配下にあった紀元前三三二年から紀元前一六六年までの一六六年間のうちのある時期、しかも単に形式に限ってのみ、ユダヤ教に影響を与えた可能性があるくらいに思っていますがね。先ほどから波多野さんの話を聞いているとユダヤ教はフェニキアやエジプトやギリシアの宗教にのっとられっぱなしの感じですが、そんなことはないでしょう。

波多野：私はなにもそこまでは言っておりません。大半の人がユダヤ・イスラエルの歴史をまるでヤハウェ信仰の純粋培養のように語っているので、アンティテーゼとして、やや辛味を利かせて、目を覚まさせようとしているだけです。あの強硬なユダヤ主義者（?）のデイヴィド・フルッサーですら「ユダヤ教がパレスチナの唯一の宗教であったためしは歴史上ただの一度もない」[66]と言うくらい、異教（の影響）にとりかこまれていたのですから。

私は、行き過ぎの反省が全くないわけではありません。イエスの子ロバに乗ったエルサレム入城のときに、皆が棕櫚の葉をうち振る場面でも、私はまっ先に巡礼と棕櫚の葉のつながりを考えてしまうのです。特にフェニキア人を。でもあれは、先ず第一に、大祭司にして将軍のシモンの軍が紀元前一四二年（ユダヤ暦で第一七一年）にシリアのセレウコス王朝の軍を破りエルサレムを奪回した勝利の歓喜にわいて棕櫚の枝を振った（「マカバイ記」上1：51）ことに重ねるべきですね。したがって、イエスのエルサレム入城をローマからの武力的解放の期待を以て迎えた人々がいたことは否定できません。

私が異教に興味を抱いていることは事実で、とりわけフェニキアを語るときに嬉々としているのが先生の神経に障るのでしょう。でもイエス以後を考えれば、その異教徒に光があてられている。異教徒の視点からキリスト教をとらえてもよいのではないでしょうか。

いや、我々日本人はそもそも異教徒なので、実は異教徒の立場からしかキリスト教はわからないのです。福音書のイエスはユダヤ教か異教かの差異よりも、自分と神とがどれほど近いのか、その距離の近さ、親近性を重んじています。イエスは、それがわからない当時のユダヤ教の頑さを嘆いていたのではないですか。

キリスト教の話になると、どうも異教アレルギーの方々がいらして神経をつかうのですが、異教はそんなに卑下するものでもない。我々の先輩も異教徒ですが、異教の伝統からキリスト教を十分正しく受容しています。内村鑑三は武士道クリスチャンともいわれましたが、彼の日本（Japan）とイエス（Jesus）という「二つのJ」も「独立」の精神も、ユダヤ・キリスト教の伝統から教わったものではない。日本の思想風土から生まれたものですよね。内村の「独立」の精神は、朱子学や支配層からの独立を意図して自分の道を拓いた伊藤仁斎に倣ったと考えられます。べつにルターにならわなくったって、身近に独立の精神があったのです。

下草：私はキリストを知って、キリストにつき従おうとしたとき、日本的精神というのは特に意識しませんでした。キリストはキリストです。儒教や親鸞で、本当のクリスチャンになれるなんて考えもしなかった。

波多野：それはそうでしょう。キリスト教は、「わかる、わからない」というものではないという、信仰の立場からいえば、先生のおっしゃるとおりでしょうね。私は自分がそうだというのではないですが、日本的キリスト教、日本的クリスチャンというのはありうると思います。あくまで、第三者からの評価でしょうが。内村先生だって、先生は日本的クリスチャンですかと訊かれて、はいそうですとは言わなかったでしょうね。でも、日本的精神の延長線上というか、その理想として、イエスがいるというのはちっともおかしくない。人によって、それが日本精神だったり、ヒンズー精神だったりするでしょうが。それで、私の場合、「異教の完成者イエス」というキーワードに至ったわけです。

先生はそれでも、すくなくとも学問として比較宗教や史的イエス研究をおやりになっている。その成果は、ご自身の信仰にはねかえってくることは一切ないのですか。

下草：いや、新しい発見があり、悩むこともあり、格闘の連続です。でも信仰は揺らぎませんね。

波多野：揺らがないでしょうが、新たな窓を開けるように自由な状態にしておかねばならないでしょう。先輩に向かって僭越ですが、常に硬直を危ぶまなくてはならないと思います。私自身、気をつけるのは、そこのところです。轍にはまっていないか、イエスだったら、本当にそう考えただろうかって、悩みますね。

下草：だから、私も悩んでいます。でも、たいてい、どうすれば良いのかわかっているのに、できない自分についての悩みですね。そこは、あなたと少し違うのではないかな。妥協よりも、自分を貫くことの難しさに悩みます。窓を開かなくてはというのではない。

波多野：ええ、でも学問と信仰との相互作用でいったら、学問というのは常に新たなチャンネルを設けるような作業でしょ。今までの自分はなんという視野狭窄症だったのか、という反省ですよね。他宗教にたいする誤解、たとえば相手が野蛮だと思っていたら、野蛮なのはこちらだったとか。信仰は固めつつも、目は開かれる。そんなふうに思うことはないですか。

下草：そんなに心配しなくても、大事なことは神様が教えてくれますよ。信頼も信仰のうちです。窓を開けるとか、チャンネル開設とか、そこまで苦労しなくても、私にとっては、波多野さんの書いたものを読むだけでも十分重労働です。波多野さんは本を読みすぎじゃないですか。あなたの蔵書は異常ですよ。広いお宅らしいですが、お宅も大学の研究室も本だらけで、それでもまだ本を買おうってのは、私からみれば、異常です。ご家族が気の毒ですよ。

波多野：異常といわれても、自分では勉強不足を自覚して、常に不安です。「ホセア書」六章三節で「わたしたちは主を知ろう、せつに主を知ることを求めよう」とあって、同章六節でも主自身がわたしたちに対して「燔祭よりもむしろ神を知ることを喜ぶ」と言っています。「知る」にも色々の意味があって、知識ばかりではないでしょうが、私なりに知ろうとしているのです。

司会：司会ではなく、個人としての発言ですが、その異常な人が書いたものを熱心に読むお二人も異常です。ダナハさんは確かに波多野さんの書いたものをこまかいところまでよく読んでいて感心します。でも下草さんもそれに劣らぬ良い読者です。下草さんは批判が先走っているようだけれど、批判的な読者ってのは有り難いものです。それに、彼のよそでの発言を聞くと、波多野さんをとんでもなく高く評価していますよ。

波多野：その「とんでもなく」になにか棘を感じますけれど。とにかく私の読みにくい文章を読んでいただけるだけで感謝しています。私はかつては一言一言に註をつけるくらい文献に気をつかっていたのですが、某先生から、「君のは註のお化けみたいな論文で読みにくい。どうかすると、本文より註のほうが多いくらいだ」って注意されて以来、流れを重視した読みやすい文章をこころがけています。その先生はまた、「出典なんかいちいち入れなくったって、僕らの間でわかってればいいじゃないか、そんな註がなきやわからない連中なんかを相手に書いちゃいけない。特に文学と神話・宗教関係の註はよっぽど珍しいものを除いては常識で通そうよ。そこらへんにこだわる人たちはだいたい内容の貧弱さを出典註なんかで武装してごまかしてる場合が多いから。君はそんなことしなくったって、内容で勝負できるんだから、そんなまねしちゃだめ」なんて励まされました。

十六、ユダヤ・キリスト教と驢馬

司会：その先生がどなただかわかりますよ。お亡くなりになった武蔵大学の漢籍通で博学な教授ですね。私はそれほど博学ではないので、丁寧すぎるくらいの註は有り難いですけれど。

私のほうからのお願いです。シンボリズムに興味があって、本当は「蛇」のことをもうちょっと聞きたいのですが、波多野さんの「蛇は水にして火である」という複雑な話を聞くと、迷路に迷いこみそうなので、「驢馬」と「魚」について、大切なところだけ、まとめていただければと思います。

波多野：「創世記」三十四章で語られるカナンの町シケルの支配者ハモル（Hamor）の「ハモル」が「驢馬」をあらわすヘブライ語です。ヒビ人ハモル自身はまともな人物ですが、息子のシケムがヤコブの娘デナを辱めたので、デナの兄シメオンとレビにハモルとシケムのみならず、シケルの町民全体が虐殺される話です。

ハモルとシケムはデナの件でヤコブに詫び、正式にデナを嫁に迎えたいと申し出、どんな条件でも呑むつもりだったのです。町の男子がすべて割礼を受けるというヤコブ側からの条件に従ったにもかかわらず、割礼の痛みが消えやらぬ間を狙われて町民が殺されてしまうのですから後味の悪い話です。ハモルも町民も受難者といえるでしょう。最初から「驢馬」はとばっちりをくう定めにあるということですか。

驢馬は愚かであるとよくいわれますが、聖書ではそんなふうには考えられていません。また、驢馬は精力とか頑固の象徴だともいわれますが、砂漠が多い地域では有益な動物です。海の女神のアシラですら、乗り物は驢馬です。ディオニュソスやヘーパイストスや幼児ホルスも驢馬に乗った姿が描かれます。ホルスのライバル、セトが驢馬頭で描かれますから、この場合、それに乗るホルスはホルスのセトへの勝利を預言することになるのでしょうか。

上半身が人間で下半身が驢馬のオノケンタウルス（Onocentaur）という生物がアフリカに生息すると、アエリアヌスが、『動物性格論』(67)に書いていますが、罠で捕まると、執拗に逃げようとし、解き放たれるまで決してなにも食べようとしなかったらしい。頑固というより、独立不羈の立派な性格であったということですね。紀元三世紀前半のものと思われる落書きがローマの壁に残されていて、十字架にかけられて両手を広げたような驢馬頭の人間に向かい男が片手を挙げている絵と、その下に「アレクサメノスが神を拝する」とただし書きがあるのですが、当時、異教徒からは、ユダヤ人そして後にキリスト教徒は「イアオ」(Iao)という驢馬神を信仰していると思われていたのです。イアオはホルスの叔父でライバルのセトのことです。セトとユダヤ人との結びつきは出エジプトの時期にできたと思われます。セトはエジプト神話では悪役で、サタンの語源ともいわれ、印象はよくないのですが、ユダヤ人のエジプト体験の遺産として強い影響力があったのだと思います。(「イアオ」は「驢馬」をあらわすコプト語「エオウ」に由来するという説もある)。そもそも先の落書きの先例は、驢馬頭セトのY字型十字架による磔刑図です。セトが驢馬とむすびつけられたのは、ライバルのオシリスが豊穣の神で、それに対してセトは不毛の神ですから、砂漠の神であり、砂漠の乗り物としては驢馬が駱駝より古いので、セトの乗り物と考えられたせいでしょう。

別ルートでは、紀元前七二一年に北イスラエル王国がアッシリアに滅ぼされて、サマリアにアッシリアからの植民がありましたが、アワ人がそこに持ちこんだ神、タルタク(Tartak)は驢馬の神像であったそうです[68]。

下草：サマリアまでとびだすとは思いませんでした。あなたが魔術師シモン(Simon Magus)にみえてきた。そこまで異教のことを知らなくてはイエスのことを学べないのかな。ほとんどファウストの世界ですよ。

波多野：特にサマリアに興味があるわけではありませんが、イエスの住んでいたガリラヤに隣接していて、エルサレムへ行くのに通らざるをえない場所なのに、サマリアが全く話題にならないし、我々もほとんど知らないことのほうが問題です。

下草：わかりました。波多野説にサマリアまで加わったのかと危惧しました。フェニキアだけでも大変なので。失礼しました。驢馬に戻って下さい。

波多野：また何か言われそうですが、驢馬信仰は異教がからむので、微妙な話もでてきます。よく引き合いに出されるのが、直接の文書は残っていませんが、紀元一世紀のギリシア系エジプト人文法学者アピオンが伝えた、アンティオコス・エピファネスがエルサレムを占拠して聖所に入ったところ、黄金でできた驢馬の頭をみつけたという話です。文字面だけは、アプレイウスの変身譚『黄金の驢馬』を連想させますが、無関係です。これに対してヨセフスが『アピオン駁論』で、ユダヤ人の驢馬信仰を否定しています[69]。アポロ神殿では驢馬の像が置かれた場所があったので、驢馬信仰の異教徒による我田引水であると反論したわけです。ケルソスの場合と同じように元の文書が残っていないので、われわれは反論から、そのような指摘があったことを知るわけです。

とにかく、古代パレスチナでは驢馬信仰がいきわたっていたことは前著に書きました。パレスチナという地名は「ペリシテ人」からくるという説と、この地で信仰されていた驢馬神パレス(Pales)からくるという説があります。驢馬神パレス(Pales)はローマの万神殿でも高い地位をしめていました。ユダヤ教が一時影響を受けたと考えられたディオニュソス祭儀において、驢馬が神聖視されていたことと、出エジプト以来、驢馬頭のセトが信仰されていたことが重なって、ユダヤ教も他者からは驢馬信仰にみられたのでしょう。

この驢馬信仰はギリシアにも伝播していたでしょう。ギリシア神話に登場するフリギア王ミダスは自分の宮廷につれてこられたシレノスを丁重にもてなしディオニュソスのもとに送り返してやったので、ディオニュソスからその褒美に、触るものをすべて黄金にする力を与えられる、おかげで自分の娘まで黄金に変えられてしまうという、あの有名な話ですね。

シレノスは予言の力をもつ老人で、ディオニュソスの養育係でした。彼は酔っぱらって驢馬に乗っている姿で描かれます。ミダス王は、ものを黄金に変える力はディオニュソスに頼んで、取り除いてもらうのですが、アポロンとマルシュアスとの音楽の競い合いで、ミューズたちの判定に対抗して、マルシュアスの勝ちを主張したので、怒ったアポロンから耳を驢馬の耳に変えられます。いわゆる「王様の耳は驢馬の耳」で知られるこの王は、実は驢馬信仰の司祭ではなかったかと考えられています。祭祀をとりおこなうときに、この王は驢馬の耳をつけたのでしょう。

ご存知のように、聖書で最もよく知られる驢馬は「バラムの驢馬」(「民数記」22:22−35)で、これは主人よりも賢い、霊力のある驢馬です。主人の預言者バラムはモアブ王バラクからイスラエルを呪うように求められ、一度は断るも、報酬に目がくらんで心変わりするのですが、驢馬にはバラムの行く手を阻む天使の姿がみえて、立ち止まります。そのことで、驢馬は主人から打たれるのですが、言葉をしゃべって主人を諫めるのですね。バラムという名は異教の預言者という否定的な意味で使われますが、驢馬を通した託宣を特徴とする信仰をもっていた司祭ではないでしょうか。ユダヤ教があれほど厳しく一神教を守ろうとするのは、内部に異教的要素を抱えた雑多な民からなる集団だったからだ

郵　便　は　が　き

料金受取人払

麹町局承認

6889

差出有効期間
平成29年2月
28日まで
(切手不要)

102 - 8790

108

(受取人)
東京都千代田区富士見 2-2-2
東京三和ビル

彩流社　行

●ご購入、誠に有難うございました。今後の出版の参考とさせていただきますので、裏面アンケートと合わせご記入のうえ、ご投函ください。なおご記入いただいた個人情報は、商出版案内の送付以外に許可なく使用することはいたしません。

◎お名前《フリガナ》　性別 男 女　生年 年

◎ご住所　都道 府県　市区 町村

〒　TEL　FAX

◎ E-mail

◎ご職業　1. 学生（小・中・高・大・専）2. 教職員（小・中・高・大・専）
3. マスコミ 4. 会社員（営業・技術・事務）5. 会社経営 6. 公務員
7. 研究職・自由業 8. 自営業 9. 農林漁業 10. 主婦
11. その他（　）

◎ご購読の新聞・雑誌等

◎ご購入書店　書店　都道 府県　市区 町村

愛　読　者　カ　ー　ド

●お求めの本のタイトル

●お求めの動機　1. 新聞・雑誌などの広告を見て（掲載紙誌名→　　　　　　　　）
2. 書評を読んで（掲載紙誌名→　　　　　　　　）3. 書店で実物を見て　4. 人に薦められて
5. ダイレクト・メールを読んで　6. ホームページなどを見て（サイト名ほか情報源→
　　　　　　　　）7. その他（　　　　　　　　）

●本書についてのご感想　内容・造本ほか、弊社書籍へのご意見・ご要望など、ご自由にお書きください。（弊社ホームページからはご意見・ご要望のほか、検索・ご注文も可能ですのでぜひご覧ください→　http://www.sairyusha.co.jp.）

ご記入いただいたご感想は「読者の意見」として、匿名で紹介することがあります

書籍をご注文の際はお近くの書店よりご注文ください。
近くに便利な書店がない場合は、直接弊社ウェブサイト・連絡先からご注文頂い
結構です。
にご注文を頂いた場合には、郵便振替用紙を同封いたしますので商品到着後、
局にて代金を一週間以内にお支払いください。その際 400 円の送料を申し受け
ります。
円以上お買い上げ頂いた場合は、弊社にて送料負担いたします。
代金引換を希望される方には送料とは別に手数料300円を申し受けております。

R L：www.sairyusha.co.jp
番号：03-3234-5931　ＦＡＸ番号：03-3234-5932
アドレス：sairyusha@sairyusha.co.jp

と思います。

ヘロデ大王から逃れるために、ヨセフとマリアは幼児イエスをつれて驢馬に乗ってエジプトに向かいます。イエスが子驢馬に乗ってエルサレムに入城する(マタイ21：1－9)のは「ゼカリヤ書」九章九節の預言の実現で、軍馬ではなく子驢馬に乗るところが、「平和の君」の証ですね。

ユダヤ教の伝承ではこれらの驢馬はすべて同じ驢馬(あるいはその子驢馬)ということになっているのです。ラビ文献によれば、アブラハムが神の命令に従って息子イサクを犠牲に捧げるために旅に出たときに連れていた驢馬は、後にモーセが逃れていたミデアンの地からエジプトに向かうときに、妻と子を乗せたのと同じ驢馬で、将来は(その子は)救世主を乗せることになると預言された、同じ「バラムの驢馬」です。

バラムの驢馬は神の創造の業の六日目の終わりに創造されたということです[70]。このことと先ほどのディオニュソス祭儀や驢馬頭のセトがY字十字架で処刑されていることが重なり、ユダヤ教やキリスト教が驢馬信仰だと思われ、これにユダヤ教徒のヨセフスのみならず、フェリックス・ミヌキウスやテルトゥリアヌスという三世紀のキリスト教弁証家が反論に躍起になっています。

ところで、イエスのエルサレム入城にあたって用意される驢馬が驢馬と子驢馬の二頭なので(マタイ21：7)、イエスは二頭に代わる代わる乗ったのか、同時に二頭に乗ったのかなどという面白い議論があります。この場合、母親のほうが「バラムの驢馬」ということでしょう。時空を越えて同じ驢馬といっても、若返るのは不自然(いや、そもそもはじめから不自然な話？)で、せいぜい年をとらない驢馬くらいでしょうから、やはり子驢馬となると、私が産んだ子ですよと、横についていくわけですよね。これに関しては賢い説明があって、子驢馬は乗られ慣れていないので、暴れるおそれがあるから、側に母親がついていて安心させてやる必要があるというのですね。誰が考えたのか、巧い説明です。ロデオに使う子馬がそうだからというのです。あれは暴れてもらわなきゃ困るでしょうが、人が乗るまではおとなしくさせないといけないから、横に母親が付き添うということです。

これは私の妄想かもしれませんが、先ほどの「バラムの驢馬」と関係づけたくなるような話が、ペルシャ神話の物語集『王道』(*Shahnameh*)に出てくるのです。五世紀前半の英雄でバーラム五世という龍退治で有名な王がいまして、龍退治、大蛇退治の話自体は聖ジョージでもスサノオノミコトでも世界中にあって珍しくないのですが、この王の母親はバビロン捕囚のユダヤ人社会の長(exilarch)の娘なのです。この「エクシラルク」という地位は国家公認で徴税権をもつ権威ある地位だったそうです。このバーラムも若い頃は異国に流されるような冷や飯を食わされるのですが、武勇が身を助け、ついに王になります。宗教的にはキリスト教を迫害し、ゾロアスター教を庇護する王でした。

面白いのはこの王のあだ名が「ゴル」(野驢馬)でバーラム・ゴル(Bahram Gor/ Bahram Gur)と呼ばれたそうです。この地域の野生の驢馬はオナガー(onager)といって、少し大きめの驢馬です。狩りが得意な王で、挿絵をみると、いつも馬に乗って弓を引いているのですが、私は「バラムの驢馬」が頭にあったものですから、驢馬に乗っている姿にみえたわけです。どうしてあだ名が「野驢馬」なのかははっきりしないのですが、本人が野驢馬に乗っていたというよりも、野驢馬を狩っていたからという説があります。でも、野驢馬を殺さず捕えるのであれば、それを調教する可能性だってあると思うのですが、これを「バラムの驢馬」とむすびつける説を聞いたことがないので、やはり私の妄想かなと思っています。これからはバラムの驢馬と無関係な紛らわしい話として話題にしようと思います。

聖書のバラムの話は紀元前十三世紀中頃で、バーラム五世とは時代が大きく隔たっていますが、物語文化のなかでつながっている可能性を考えたのです。バーラム(Bahram)の意味は「勝利者」らしいのですが、聖書のバラム(Balaam)は意味の確定が難しいらしく、カナンの神バールと関係づける説もありますが、一応、「破壊者」という意味があがっていて、意味的には両者は遠くはない。

私は驢馬との関係から、両者をつなぐ者としてエジプトのセトを考えたことがあります。セトも戦神で、結局はホルスに敗れるのだけれども、ラムセス二世も「セトの子」を名のるくらいだから、縁起の悪い名前ではないはずです。平景清も悪七兵衛《あくしちびょうえ》と呼ばれるけれど、あれは勇猛で強い人という意味で使われていますね。でも、無関係の話はこのくらいにしておきます。

先の二頭の驢馬にかかわる占星術的奇説を紹介します。黄道十二宮で巨蟹宮(Cancer)に太陽が来ると夏至の始まりで、これが北半球で太陽が地球からみて最も高い位置に来る。イエスは太陽の擬人化で、これがイエスにとって人世最高の山場にさしかかったということになります。そして、この巨蟹宮には「北の驢馬」(Asellus Borealis)と「南の驢馬」(Asellus Australis)と呼ばれる二つの星があるといいます。太陽が頂点に達すると、(ここは占星術で「魂の門」と呼ばれる地点で)、そこで「三日間」静止するのですが、これが復活を前にしたイエスの墓の中の三日間に相当するわけです。

こういう占星術的な観点からイエスあるいは聖書を読む歴史はけっこう古くて、少なくとも百年以上の歴史があります。大元の知識は古代にさかのぼりますが。私も最初にこういうことを知ったのがいつなのか、思い出せないくらいです。最近では、ビル・ダリルソンの『福音書と黄道十二宮』(71)が読まれています。彼はユニテリアンの牧師ですが、このような考え方をする人たちの多くが「イエス非在説」を唱えているのが、ちょっと残念です。

ジェームズ・ジョイスの『ユリシーズ』のなかで、キリストの実在、非在の議論ほど本質から外れた議論はない、という言葉があったような気がします。キリストが実在しようがすまいが、人が問題にするのは、キリストがあらわす理念、イデア、魂だということでしょうね。とすれば、イエス非在論者のなかにも敬虔なクリスチャンが結構多いということですか。私は史的イエスという立場で調べているので、非在説は考えられませんが。

司会：色々面白すぎて困る話ばかりですが、さきほどのバラムの驢馬が天地創造の六日目に造られた話はどこかで聞いたことはあるのですが、あれはどういう意味があるのですか。

波多野：後に奇跡に関わる十のものは安息日の陽が昇る前の薄明かりの中であらかじめ造られていたというラビの思想が「ピルケイ・アヴォット」同箇所（5：6）のミシュナにみられます。たとえば、「ゲモーセの杖、天与の食べ物マナ、それからバラムの驢馬もこれに入るのですが、序でにいえば、「ゲマラ」に書かれてある、ソロモン神殿の祭壇の石を切り出した「シャミル」（shamir）という（どんな固い石でも切り出す）虫や、ダニエルがライオンの巣穴に入れられて無事だったときの、あのライオン（「ダニエル書」6：23）、ヨナを呑みこんで吐き出した大魚（「ヨナ書」2：11）、さらに、ダニエルの三人の友人が燃え盛る炉に投げこまれて無事だったときの「火」（「ダニエル書」3：26）まで、そのときに造られたり、別けられたりしていたというのです。[72]

十七、ユダヤ・キリスト教と魚

司会：わかりました。ユダヤ教では奇跡も神の摂理にはじめから組みこまれていたというわけですね。では「魚」の話に続けて下さい。

波多野：「イエス・キリスト、神の子、救い主」をあらわすギリシア文字（イエスス、クリストス、セオウ、ソーテール）の頭文字をつなげた頭字語（acronym）、「イクスス」（「イクシス」）（Ichthus）がギリシア語で「魚」をあらわすことから、イエス・キリストあるいはキリスト教徒の象徴として「魚」が用いられたことは広く知られています。元の完全なギリシア語はギリシア文字二十七文字からなっており、これが三の三乗であることから威力のある数と考えられました（trismegistus の trismegistus）。このギリシア語頭字語を重ねて図案化し、八本の輻をもつ車輪としてあらわすようになりますが、とにかく、「イクスス」がこのような用いられ方をするようになったのは四世紀からのことです。

ところが、「魚」はこの語頭字より二百年も前にキリスト及びキリスト教徒をあらわす象徴として使われていました。水によって生き返る洗礼は魚が生き返る感じを想像しますし、イエスの弟子の漁師は人間を漁るわけです。北シリアの神ハダド（Hadad）の妻アタルガティス（Atargatis）が海の女神で、彼女自身が魚あるいは人魚の形であらわされます。彼女の息子もイクシスと呼ばれるらしいのですが、イエスの母マリアも「海の星」（Stella Maris）の別名があるように海の女神とみなされることがあります。豊穣の女神は海の女神と同一のことが多く、マリアもアフロディティと同じとみなされます。つまり、イエス自身がマリアという海のなかで育てられ安らぐ魚なのです。魚のシンボルは上向きの細い三日月と下向きの細い三日月を重ねた形で描きますが、これ自体海の女神の象徴で月の引力による潮汐で水を支配することをあらわすといいます。

「ヨハネによる福音書」六章九節〜十三節の「五千人給食」での「魚」は「イクスス」ではなく「オプサリオン」で、二十一章十節〜十三節で復活後三度目にイエスが弟子に現れて魚を食べたときの「魚」は「イクスス」です。それ以外は「オプサリオン」になっている。「イクスス」には黙示的意味があるということですか。このように同じものに同一語を使わない記事は編集が加えられていない証拠で史的価値が高いとされています。私も常々ヨハネ伝の史的価値を信頼しているので、そのような評価は大歓迎です。

異教では魚と神、あるいは信仰者とのむすびつきは、それよりもずっと古いものです。先に述べたペリシテ人が信仰していた魚神ダゴンのみならず、古代バビロニアのエア(Ea)またはオアンネス(Oannes)、カルデア人の神アネドータス(Annedotus)など魚神は少なくありません。ダゴンは上半身が人間、下半身が魚ですが、エア／オアンネスやアネドータスは全体が魚で魚の顔の下に人間の顔が出ているような姿、あるいは魚の着ぐるみを被ったような姿をしています。オアンネスは例のマルドゥクの父です。キリスト教徒が魚をイエスのシンボルとして用いた背景にはこのような異教の歴史と無縁ではないと思います。バビロン捕囚時代のユダヤの民にはオアンネスの姿が強烈に焼きついたのではないでしょうか。ローマ教皇の冠(mitre)が、この影響を受けて(?)、天に向かって口を開けている、魚の頭の形をしていますね。いや、魚とユダヤ教とのつながりを異教に求めずとも、聖書は魚で満ちています。魚というと、奇跡や神学的な重要性から、ヨナの「大魚」ばかりが話題にされますが、ユダヤ・イスラエルの民は日本人に劣らぬくらい魚食民族です。

モーセに率いられた民が、砂漠で食料が不足して、こんなことだったら，エジプトで奴隷だった方がよかった、「肉鍋」のかたわらにいてパンも飽きるほど食べられたのに(「出エジプト記」16：3)と託つ、あの「肉鍋」の「肉」は"basar"で、ここでは、むしろ魚肉です。「レビ記」十一章十一節でも、この言葉はその意味で使われています。この関連で、ユダヤ人が木曜日の夜に食べるカレイのフライは「われらがラビ、モーセの魚」(dag moshe rabbeinu)と呼ばれています。

古代ユダヤ暦のアダル(Adar)、教暦の第十二月(太陽暦の二、三月)はユダヤ人にとって縁起の良い月で、その黄道帯(zodiac)のシンボルマークは"mezal dagim"といって「魚」です。ダゴンなどの魚神が豊穣の神として、ときにガザのマルナと重なるのは、魚が繁殖力が盛んだからです。たとえば、「創世記」四十八章十六節の最後にある「彼ら(ヨセフの子たち)が地の上にふえひろがりますように」と、ヤコブが祝福するときの言葉のニュアンスは翻訳にはあらわれませんが、原語では「魚のようにふえひろがりますように」となっています。

また、モーセの後を継いで、カナンの地に入るヨシュアの父はヌン(Nun)で、これはアラム語で「魚」の意味です。ヌンはエフライム族出身です。エフライムはヨセフの次男で、エフライム族というイスラエル十二支族中の最大勢力の祖になるわけです。ヨシュアについてミドラッシュの註は「魚という名の男の息子がイスラエルの民を陸地に導いた」(Genesis Rabba 97:3)としゃれています。わたしは、一時、ヌンの集団は海洋民族なのかなと想像したこともあります。エフライム族は新約時代のサマリアにあたる地域を嗣業にするのですが、地中海に面し、何よりも、その南境に接して、海洋民族でフェニキアとも縁の深いダン族が暮らしていたので、いろんなことを想像したわけです。少数派の意見ですが、紀元前十三世紀から十二世紀にかけて東地中海を荒らしまわり、ヒッタイト帝国に大打撃を与えた、いわゆる「海の民」は出エジプトと関係があるのではないかといわれています。ペリシテ人は元々「海の民」との関連がいわれてきましたが、イスラエル支族については全くといっていいほど問題にされなかったのも不思議です。とにかく、新約聖書のみならず旧約聖書にも魚に満ち満ちていることを強調しておきます。個人的にいえば、三十年以上前、ニューヨークに行って最初に行ったのがコウシェ（kosher）の表示がある正式なユダヤ・レストランで、今夜のお薦め料理も魚でした。

また、キリスト教徒の魚のシンボルの起源をナジル人やエッセネ派に求める人もいます。しかしながら、そもそもユダヤ教の伝統にも「魚」は律法（Torah）という水の中に生きる「義なるユダヤ人」の象徴として用いられており、パウロの師であるガマリエル（Rabbi Gamaliel the Elder）の弟子が律法の理解度に応じて四種の魚に分類されます。[73] この原典になっているのは、聖所から流れる川の水の浄めと多種、大量の魚について記した「エゼキエル書」四十七章七節〜十二節です。

イエスの弟子たちは「人間を漁る者」（マタイ4：19）にされたが、ユダヤ教信仰者が魚として表現された歴史も見逃せない。ところで、「人間を漁る者」の原型は「エレミヤ書」十六章十六節です。

キリスト教の仏教起源説の唱道者のなかにはキリスト教の魚のシンボルですら仏教からの借り物だという人たちもいます。仏教の八大吉兆のひとつに「黄金の魚」（suvarnamatsya）があり、通常、一対の魚が向かい合わせに縦長の楕円形のような形で描かれます。アショカ王（BC260-218）の法勅（the edicts of Asoka）によれば、ギリシア人による仏教伝道団はアフリカ大陸ではエジプト、ユーラシア大陸ではマケドニアまで行っているらしいのですが、影響がどのくらい残ったか物的証拠がない。初期キリスト教との接点でいうと、メディア、パルティア、バクトリアに二世紀末にはキリスト教徒がいたというから、私の想像も入っていますが、ギリシアまでは自信をもって言えないけれどアルメニアあたりで仏教とキリスト教が出会っている可能性はあるかもしれない。

紀元前三世紀中頃から紀元前百三十年頃まで北インドから北イランにかけて(グレコ・)バクトリア王国がありましたが、紀元前二世紀中頃にメナンドロス一世(Menander I)つまり仏教王で有名なミリンダ(Milinda)王が仏教に帰依しますよね。この後の影響も含め、精一杯広げて考えれば、影響圏の西限がアルメニアかなと思うのです。大谷光瑞による大谷探検隊の遺志を継いで、あちらの方に仏教遺跡を求めて仏教学者が何人もいっていますが、確たる証拠というとアルメニアまではたどりつかない。それらしきものはあっても少し怪しいのです。

しかし、アルメニアには、よく知られている伝説に「黄金の頭の魚」があります。アルメニアは最初のキリスト教国といわれるので、ここらへんが両宗教の合流点なのかなと思ってしまいますね(最初のキリスト教国をアビシニア、即ちエチオピアと考える人々もいる)。

ついでにいえば、話はアルメニアから離れ、先ほどのギリシア語頭字のイクスス(ichthus)ですが、このΙΧΘΥΣを重ねて図案化した八輻輪(the eight-spoked wheel)もキリスト教徒の間で魚マークと同様の意味で使われるようになります。これが、仏教の「法輪」(the Dharma wheel)と全く同じなのですね。仏教の場合は八輻は「八正道」その他をあらわすのだと思います。起源はチャクラムという投擲武器の形らしいのですが。インドの国旗の真ん中にある輪はもっと輻が多いので、あれは糸車ですね。とにかく、仏教学者のなかには、キリスト教の車輪マークも仏教からの借り物だという人がいるわけです。

もう一点、気になるレリーフがアレッポ国立博物館にありまして、「太陽神を持ち上げる二人の有翼人像浮き彫り」[74]というのですが、そこでの太陽がどう見ても八輻輪なのです。車軸のように見える中心(hub)の二重円から八輻のようにみえる八本の火焔がでているのですが、全体が丸い輪っかで囲まれているので八輻輪にみえるのです。アレッポの城郭出土とあるだけで、年代がないのですが、紀元前であることは間違いない。隣に同じモチーフのレリーフがあるのですが、こちらは「太陽神を持ち上げるエンキドゥとギルガメッシュ」で、太陽をあらわす同じ文様が四つ並んでいて、そのどれもが、八輻で、違いといえば、輻が扇風機の羽のような感じなのです。こちらはテル・ハラフ出土で紀元前千三〇〇年頃のものです。仏教の法輪も、その前のバラモン教に起源があるので、アレッポのものとどちらが古いかは調べなくてはわかりません。

東インドのコナラクにある太陽寺院の石の車輪も八輻です。この寺院はヴェーダに出てくる太陽神スーリィアを祀る寺院で、この寺院自体が戦車の形をしています。戦車は太陽神の乗り物ですね。ギリシア神話だと、太陽神ヘリオスの息子のパエトン(Phaeton)が父の戦車を運転させてくれとせがみ、父はしようがなく許すけれども、パエトンは馬を御しきれなくて、太陽が軌道をはずれて暴れまくり、地球に衝突しそうになったので、ゼウスがやむなく雷霆で戦車を撃ち落とすわけです。パエトンの姉妹たちのヘリアデスが彼の死を悼んで流した涙が琥珀になったといいます。

ついでながら、エジプトの戦車の車輪は六幅ですが、アッシリアのは八輻です。戦車の起源は小アジアで、馬と鉄の産地からいえば、アッシリアは起源が古いはずなので、こちらのほうがインドに影響を与えているのではないでしょうか。ブラヴァツキー（Helena Petrovna Blavatsky）のような神智学者や母権論のバーバラ・ウオーカー（Barbara Walker）、それからユング学派の一部はインドというと何でも一番古くて正統だという思いこみがはげしいので、冷静になってもらいたいと思うのです。私もフェニキアになると他人のことは言えないのですが。

インドでは車輪のシンボルの原型は先ほどの投擲武器の形とも、蓮の八枚の花びらとも言われています。また、こういう車輪は象徴的には世界規模で生命や霊魂と関連づけられています。錬金術でもそうですね。車輪というとユング派の元型論者は旧約聖書「エゼキエル書」一章十六節の「輪の中の輪」(wheels within wheels)まで行きますが、あれが今話題にしている八輻であった記述はありません。車輪ということではつながりますが。

いずれにせよ、キリスト教以前から、このシンボルがあったことは間違いない。ユダヤ教には魚のメタファーと(古形がどのようなものか不明ですが)魚のシンボルがあったにせよ、それは車輪の形ではなかったはずです。キリスト教は車輪のシンボルを異教から拝借したというか、柔らかく言えば、それに遅れて相乗りしたわけです。その際に、そのシンボルのお陰で、キリスト教は太陽神信仰の人々からは親しみをもたれた可能性はある。私が言いたいのはそういうことなのです。こういう関連はキリスト教と異教との他の面においても私が言いたいことです。

それから、これは私の奇説ですが、昔のキリスト映画で、迫害されているクリスチャン同士が互いに自分の信仰を相手に伝えるのに地面に上向きと下向きの細い三日月を一筆書きで描く魚マーク、あるいはこちらが上向きの三日月だけを描くとすれば、相手が下向きだけを描く魚マークをみたときに思ったのですが、ギリシア・アルファベットの最初と最後の文字、アルファ(Α／特に小文字α)とオメガ(Ω)とが形が魚に似ているので、魚マークとどこかで重なってシンボル化しているのではないでしょうか。勿論、意味的には「わたしはアルファであり、オメガである。最初の者であり、最後の者である。初めであり、終わりである」(「ヨハネ黙示録22：13」で、その元は「イザヤ書」四十四章六節の「わたしは初めであり、わたしは終わりである。わたしのほかに神はない」です。

毎度、話がそれますが、現実の魚はイエスの時代には、エルサレム城壁北門でフェニキアのツロの魚屋が市をたてていましたので、そこを「魚の門」といいました。イエスの時代にサンヘドリンのすぐ脇にあった門です。終末の日には、「魚の門から叫び声がおこる」と予言されています(「ゼパニヤ書」1：10)。

十八、エルサレムの城壁と門

司会：今はその門はないですね。

波多野：今はありません。現在は七つしか門はありませんし、黄金門は閉ざされています。

司会：黄金門は救世主がそこから入ってくるという予言を恐れて、オスマン・トルコの占領下で閉ざされたのですよね。おまけに入り口に墓を置いたらしい。一五三〇年頃ですか。

波多野：そうです。イエスが驢馬に乗って入城したときに通った門で、「エゼキエル書」四十四章一節～三節の預言で救世主降臨のときにはそこを通って来るということで塞がれたのですが、奇しくも黄金門は丑寅の方角で鬼門です。
司会：えっ、黄金門は東ではないのですか。
波多野：現在はそうですし、聖書でも東と書かれていますが、イエスの生前は城壁が黄金門のすぐ北の「ライオン門」あたりまでで、そこが角で地図でいうと四角の右上隅になっていたはずです。だから、当時、城内の神殿からみればライオン門から黄金門あたりが丑寅の方角(北東)に当たりませんかね。
ライオン門はステファノ門のことで、ステファノの殉教に関係しますし、イエスの「悲しみの道」(via dolorosa)の出発点にもなりますから、いずれをとっても縁起の良い場所ではないですね。主の来臨自体は喜ばしいことでしょうが、それが「終末の日」という意味では、罪深き一般の人々には裁きの日で悲しい日ともいえます。
司会：へえ、丑寅の方角ですか。それは気づきませんでした。調べてみます。現在の城壁しか頭になかったので。
波多野：先ほどおっしゃったように、現在の城壁はオスマン・トルコのスレイマン一世が一五三八年に築いて以降、何度か増築されて、特に北の方に広がっていったと思います。ただし、北への拡張はイエスの死から十年後くらいにヘロデ・アグリッパ一世がすでにおこなっており、現在の壁より四八五メートルほど北に位置していたそうです。
司会：南の方は、イエスの時代は、シオン門よりももっと南に城壁があったのですよね。
波多野：そうですね。現在はシオン門より南に最後の晩餐の部屋がありますから、あれが城壁内にあったということは、そういうことですよね。ダビデ王の墓もあの近くですか。ヘロデ王宮にも驚くほど近かった。王宮のすぐ南が最後の晩餐があった家ですね。

司会：波多野さんは最後の晩餐の部屋に入りましたか。

波多野：入ったかもしれません。外から見上げた記憶はあるのですが、情けないことに、中に入った記憶がないのです。エルサレムの遺跡・遺物のどれを見ても信用できなくって、聖墳墓教会ですら、さめた目で見ていました。地層だってイエスの時代の地層は場所によって数十メートル地下なので。ナザレとガリラヤ湖周辺は感動した場所や経験もありましたが、エルサレムでは不愉快になることが多かったのは、観光地としてのいやらしさのせいですね。

イエスの時代には、最後の晩餐の部屋に行くのに、神殿からみて南西の、城壁の角あたりの、今はない「エッセネの門」から入って行ったらしいですね。日本の都だと裏鬼門にあたります。過ぎ越の食事の準備をさせるのにイエスはペテロとヨハネに「都に入ると、水がめを運んでいる男に出会うので、その人に家までついて行って、家の主人にその旨を言ったら二階に案内してくれるので、そこで準備をしなさいと言います(ルカ22：7—13)。

水や水がめの象徴的意味はさておき、普通、水がめで水を運ぶのは女性の仕事で、男はしないものだけれど、エッセネ派だけは別らしいですね。教父文書で読んだような気がするのですが、この家はマルコ伝の記者ヨハネ・マルコの父の家でフェニキア系の人らしい(ヨハネ・マルコは後にペテロによりフェニキアのビブロスの司教に任命されている)。そこで、イエスの支援者にエッセネ派、あるいはフェニキア人のエッセネ派の人たちがいたのかな、とか、フェニキアのカルメル山に、死海のクムラン教団より格上のエッセネ派教団があったというから、そこから来たのかなとか、色々想像しました。とにかく、エッセネの門のすぐ内側にエッセネ派の人々の居住区があったことと、ヘロデ・アグリッパ一世はエッセネ派を優遇したことは確かです。

司会：説得力がある話ですね。でも波多野さんは不思議にエッセネ派とイエスとの関係はこれまでさほど重視しなかったので、今の話は意外でした。おそらくエッセネ派というと死海文書の「義の教師」と「悪の司祭」の図式に夢中になる人が多いのが嫌なのでしょうね。エッセネ派が白い服を着ていて、そのなかには「天使」と呼ばれる人々がいたということは波多野さんも話題にしたことはありますが、新約聖書の「神の使い」を全部それで片付けるのはお嫌いなようだし。合理的な解釈をなさるわりには、私には測りかねるこだわりがありますね。死海文書やクムラン教団から離れれば、エッセネ派も問題にしないでもない。とりわけ、フェニキアがからんでくるならということですか。

波多野：そういわれると困りますが、死海文書もクムラン教団も、まだそんなによくわかってないのだから、もう少し慎重になりたいですね。困ったら何でもエッセネ派を持ち出して片付けようというのはよくない。自分でも不思議なのですが、死海文書発見のずっと前に、たとえばヴェントゥリーニ(Venturini)がエッセネ派とイエスとの関係を小説風に書いているのには興味があったのですが、死海文書発見後、色んな学者が色んなことを言い出して、私自身は逆に慎重になってしまいました。

自分にもフェニキアというだけで、浮き足立つところがあることは自覚しています。偏らないように気をつけています。

司会：それはそうとして、さきほどの門や神殿の配置を含めて、エルサレムの造りは日本の平城京の元になっているのではないかという説を波多野さんから聞いた記憶があるのだけれど、丑寅の方角なんておっしゃるのはそういう意識もあるのですか。

波多野：丑寅の方角については、私が個人的な実感から言ったことで、これに何か意味があるとしても、日猶同祖論的意味あいはありません。エルサレムと平城京との造りの類似については、以前、日猶同祖論者の考えとして紹介したことで、自分の意見ではありませんし、どちらかというと、私は否定的です。都自体を比較しようとしているのか、神殿と平城宮とを比較しようとしているのかあいまいです。エルサレムに第一神殿時代と第二神殿時代があるように、平城宮も恭仁京《くにきょう》遷都前と、その後に奈良に戻ってきてからとで第一大極殿と第二大極殿がある。それに、確かに都全体の形や、陵墓の位置や、平城京のなかの平城宮の位置は何となくエルサレムでの神殿の位置に似てなくもないけれど、それだって厳密には、エルサレム神殿の位置は興福寺のあたりですよ。あそこからみて東大寺の方角が鬼門になりますか。

大極殿は天皇の住まいだから、神殿ではないので、エルサレム神殿とは較べられない(?)。ヘロデ王宮と較べるにしても、位置が違いすぎます。エルサレム神殿と平城宮とを較べるにしても、前者の拝殿(聖所)と本殿(至聖所)と後者の朝集殿と朝堂院とは機能的に対応しない。そもそも仏教であれ、神道であれ中心になる宗教施設をもたない平城宮は比較しえないのです。道饗の祭や大祓があったといっても神殿にあたるような場所ではなく、大路でなされたわけです。平城京は宗教的には鵺的な都です。城内に興福寺という藤原氏の私寺のような寺がある一方、神道では率川神社がある。それは神仏併存で珍しくはないけれど、どちらも祭祀に中心的な役割は果たしていない。それに代って内裏のどこかが中心になることはない。国家的な祭祀は伊勢神宮にもっていったりするわけです。エルサレム神殿となら伊勢神宮のほうが比較に耐えるくらいです。

ただし、両者同類説に対する反論のなかには首をかしげたくなるものがあります。これらを似ていると言うなら、そんなものは他所にもあるじゃないかという指摘ですが、これは全く反論になっていない。この点についての正しい反論は、偶然に似ているように思われる点はあるが、よく調べてみると、両者は異なると言いきることです。それしかない。たとえば、エルサレムのどの門が羅生門でどの門が朱雀門かと問いつめればいいことです。第一、エルサレムの町は矩形をつなげた形ではなく、碁盤目状にもなっていなかった。平城京は唐の長安をモデルにしているのだから比較は無理ですよ。

また、日猶同祖論者はヨシュアのエリコ攻めは神武東征と同じと言いますが、それをどういう意味で謂うかが問題です。この点に関しては、どちらか一方が元祖で、他方が派生だとか、真似をしているというような問題ではなく、そのような話型の文化圏が広く存在していたという言い方なら賛成します。昔は極端な日本主義者がいて、パレスチナの地図に拡大した日本地図を重ね、両者の地名をこじつけて、旧約聖書は日本の歴史を語っているという荒唐無稽な史観がありました。人間は遠い所を縁づけるのが好きなのですかね。私もバスク人の名前で一番多いのは「ハタノ」だと、ある人から教えられて、色めきたったことがあります。バスクは周辺の文化と一切共通点のない、謎の民といわれてきましたからね。そういう所に親戚がいたら楽しいですよ。

二〇一三年十月九日の『読売新聞』で、ガリラヤの考古学調査で、ローマ時代のユダヤ人の公共建造物が発掘されて、出土品のなかにスキタイ人の青銅製矢じりがあったという記事を読みました。私も(ヨルダン川西では唯一のデカポリスで、スキタイに起源があるといわれている)スキソポリスは前著で扱って以来、興味をもちつづけています。それで、ふと思い出したのが、吉田敦彦や大林太良が一時期、ギリシア神話と日本の記紀との類似について、スキタイ人による(シベリヤ経由)北方ルート伝播説を唱えていました。私はスキタイ人の歴史的役割についてはもっと見直さなくてはならないと思ってはいますが、これも慎重に考えなくてはなりません。なかには古代中国史の異民族を何でもスキタイ人にしてしまう学者もいます。匈奴スキタイ人説ですら最近はかなり批判されているようです。

下草：フェニキア人による伝播なら認めるわけですか。

波多野：環地中海に限っては、植民や文物の流通におけるフェニキア人の大きな役割はほぼ立証されています。そこは自信をもって主張します。しかし彼らがシルクロードでどのくらい東に交流があったかということになれば、証拠がない件については私も断言しません。たとえば、紀元前三世紀半ばから百年間くらいに(グレコ・)バクトリア王国にアラブ商人、ゾグド商人、シリア商人が出入りしていたと歴史書に書いてあって、シリア商人と呼ばれる人々のなかには当然フェニキア商人もいたとは思います。私はフェニキア人は海ばかりでなく、陸の商人でもあるという見方をしていますから。海の方は「スパイス・ロード」かもしれませんが、最古のエリュトゥラー航海路も考えなくてはなりません。私はフェニキア商人が中国にも行っていたと思いますが、特定の件について主張するときは史料的証拠をあげなくてはいけないと思っています。

なにか、今日はみなさん、フェニキアで私に集中砲火を浴びせようとしているのですか。カナン人というとそうでもないのに、フェニキア人というと、同じなのに、とたんにみなさんむきになる。シリア人だって、フェニキア人とどこで区切るのですか、イエス時代は同じ「シリア県」ですよ。見分けはつかないはずです。特にイエスの時代であれば、ユダヤ・イスラエル人とだって宗教以外で区別はできない。違うというのであれば、イエスはガリラヤ人だからユダヤと違うということになりかねませんよ。

イスラエル十二部族とか十二支族とか、そのうちの「失われた十支族」とかいうけれど、時代的地理的にはっきり区別はできません。ダン族とフェニキア人だって混ざりあっているでしょう。そもそも、さかのぼればイスラエルの王国形成以前の十二部族連合(Amphiktyonie)をどう考えるかです。国家、部族、政治というものは、自分たちの都合によって同じものを違うといい、違うものを同じといういいかげんなところがあります。

聖書学をやっているとユダヤ・イスラエル民族(?)をなにか唯一正しい高級な人々であると無意識に考えてしまう。私自身そういう反省に立って異教徒、異邦人を考え直そうとしているのです。これとは逆に、出エジプト前後にはギリシア人からみたらユダヤとかイスラエルというのは民族ではなくてカナンの都市の下層民であったという見方をする人もいます。あれこれ意見を聞くと、そもそも民族とは何かがわからなくなってしまいます。

私には色んなルーツをもった友達がいますが、現代日本社会であれば、まず普段何語で考えているかを訊きますね。それが日本語だったら、たとえ国籍が違っても、私にとってはその人は日本人です。日本人でも、方言で考える人は「ど日本人」ですね。私も十七、八までは「ど日本人」でした。ダナハ嬢のように、一人になって、頭の中で考えるときも、その時々で、色んな言語という人だけが、筋金入りの国際人です。

十九、魚の奇跡

司会：波多野さんのそういう話が聞きたくて、つつきたくなるのです。だんだん話が面白くなってきましたが、私のせいで話がそれたので、どうぞ魚にお戻り下さい。

波多野：では、飽きもせずに、また黄道十二宮の解釈を紹介しますと、イエスは太陽が魚座にあるときに生まれ、モーセの生まれる三年前もそうであったように、木星と土星が魚座で会合したそうです。また(太陽の年周運動にあたる黄道と赤道が春分点と秋分点とで交わるが)、十二星座を示す「獣帯」において、春分点が移行し、紀元前二一〇〇年以後は春の星座の「牡牛座」は「牡羊座」にとって代られました。この頃始まったモーセの教えで、ユダヤ人は春の新月によって始まる新年のしるしに「仔羊」を用い、過ぎ越の祭りに神に供えた「仔羊」を皆で食べました。

この春分点が「魚座」に移行したのが紀元一〇〇年頃で、キリスト教が確立した時期です。計算の仕方が色々あって、人によって意見が異なりますが、この移行の周期は約二一五〇年という説をとれば、我々はまだ「魚座の時代」にいることになります。アメリカのヒッピーの時代、即ち、一九六〇年代や七〇年代には、別の計算法によって、もう「水瓶座の時代」に入ったといわれたこともありました。ミュージカル『ヘアー』(*Hair*, 1967)の主題歌"The Age of Aquarius"ですよね。「水瓶座」はキリスト教徒にとって新しい時代の幕開けで、何か重要なことが起こる時代だと思われていますが、一番遅くなる計算法によると、あと二五〇〇年から六〇〇〇年くらい先になりそうです。

信じているわけではないのですが、ちょっと夢があります。弥勒菩薩の降臨が釈迦の入滅から五十六億七千万年後というから、それに比べれば、ずっと近い。

司会：ゾディアック系の内容にはついてゆけないな。魚からそろそろ離れたいのですが、最後に、聖書には個別の魚名は一回も出てこず、「魚」とあるだけだというのですが、新約聖書に出てくる魚はほとんどがガリラヤ湖の淡水魚でしょうが、塩漬けか干し物にしてローマに輸出され下層民の食べ物になっていたというのですが、どうなのでしょうね。

波多野：その話は聞いたことはあります。キリスト教徒が下層民からなっていて、そういう魚に馴染みがあったことも彼らのシンボルになりやすかったというのは、いかにも考えられそうな説ですね。私はそもそもキリスト教徒が下層民から成っていたというのは嘘だと思います。下層民はいたとは思いますが、主体というほどではない。

その魚はティラピア(tilapia)といって、日本では「チカダイ」のような魚で、俗称「ペテロの魚」と呼ばれています。私は干物ではなく、ガリラヤ湖で、穫れたばかりのを焼き魚で食べたことがありますが、下層民の魚とはいえない上品な味の魚でした。淡白で癖がなく、骨離れがよい、味も姿も鯛に似た大きな魚でした。あちらのレストランでは、何でもすぐオリーブ油をかけるので、ローストだけしてレモンをつけるように頼んで、日本からもっていった醤油をひそかにかけて食べました。イスラエルの食事では一番おいしかったのを覚えています。あれは干し物にしてもいけるはずです。下層民だからというのではなく、美味しい魚だから愛着があったという説明なら呑めますけれど。

下草：その話は面白いな。私も魚の話題を最後にひとつよろしいですか。「マタイ伝」十七章二十四～二十七節で、ペテロがカペナウムで神殿税の徴収係から「あなた方の先生は神殿税を納めないのか」と訊かれて、ペテロは「納めます」と答えるのですが、家に帰ると、イエスの方から先に、その税の話をするわけです。「この世の王たちは税や貢ぎ物を誰からとるのか。自分の子からか、それとも、ほかの人たちからか」と。ペテロが「ほかの人たちからです」と答えると、イエスは「それでは、子は納めなくてもよいわけである」というのですが、「しかし、彼らをつまずかせないために、海に行って、釣り糸をたれなさい。そして最初につれた魚をとって、その口をあけると、銀貨一枚がみつかるであろう。それをとり出して、わたしとあなたのために納めなさい」という、あの奇跡です。波多野さんはこの奇跡をどう解釈しますか。お得意の科学的説明がありますか。

波多野：そう挑発されると答えにくいですね。勿論、これを信仰の面から、神の子であり、父に税を払う必要のないイエスであるが、他の人々に誤解を与えぬように、神殿税を払ったという、イエスの謙虚が要点で、そのために、神がそれを備えてくれるであろうという子の信頼が、そのような奇跡を生んだという当たり前の解釈があります。

次に、奇跡そのものについてですが、ここでの「海」はいうまでもなくガリラヤ湖ですね。「ガリラヤの海」とか「ティベリアの海」とか呼ばれてましたから。象徴的にいうと、この話には魚の王であるキリストが魚を支配して奇跡をおこす意味合いもあるかと思います。

科学的な説明としては、色々言われていまして、先ず第一に、さきほどの「ペテロの魚」は口の中で卵を孵化する性質があって、卵が孵って稚魚になってから、いつまでも口の中においておけないので、適当な時期に、石か何かを呑みこんで、無理やり稚魚を外に出すらしいのです。そのときに魚は貨幣を呑むことがあるというのですが、イエスがその時期を知っていたとしても、そう都合よく貨幣があるわけではないので、ガリラヤ湖のある場所に貨幣を乗せた沈没船があったとか苦しい説明をする人がいます。なかではましな説明として、自分の罪を悔いて、お賽銭みたいに、よく人が貨幣を投げこむ場所が湖にあって、ペテロがその場所を知っていたので、イエスはそう命じたのだというのです。だとしても、本当の奇跡でない限り、「最初」に捕まえる魚の口に（ちょうどイエスとペテロの二人分の税にあたる一シケル）「銀貨」が入っているとまで特定できないですね。私はここは象徴的解釈で、元々漁師であり、今は「人を漁る」ペテロによりイエスの教えに捕えられた人間が魚で、銀貨はその人からの喜捨を意味すると思います。

下草：面白いな。やっぱり、波多野さんは変なことはよく知っている。でも、この話は純粋に奇跡としてとらえるべきじゃないかな。神様が必要なものはちゃんと備えて下さる。イエスは心に浮かんだことを言えばそのとおりになる。

波多野：だといいですね。私もそのほうが好きです。でも、そういうイエスの心を大切にして周りの者たちが、イエスの願うように備えたとしても、それも神の意志が働いたということになりませんか。五千人給食の一解釈のように。あるいは、ペテロが払ったっていいのです。ペテロの実家は土地の網元でお金持ちです。一シケルくらいなんでもありません。私はカペナウムのペテロの実家跡といわれる場所に行きました。本当にそこがそうだか怪しいものですが、同じような格の家だろうなとは思いました。集会所としても使われていたようで、床が色タイルの当時としては立派な家です。

下草：あなたの話は、いつもギルド的秘密結社だかダライ・ラマ選定員だかのような、下支えの集団が出てくるんですね。そういうのはないと思うんですがね。まあ、この場合は、あなたによれば、新しい信者が喜捨するのか、ペテロ自身がお膳立てをするのか知りませんが、それだとイエスは言いっぱなしで、周りが全部それにあわせてやるような、全く有り難みのないことになりませんか。

波多野：周りの人をそういう気にさせるのがイエスのすごいところです。私の真意は先生の言い様とはちょっと違うと思いますが、仮にイエスに、そういう世俗のことはよきに計らえというようなところがあったとしても、病気治癒、またはイエスの名を使った病気治癒や神の国の教えのような、イエスにしかできない一番大切なことがあります。

二十、イエスとヘロデ

下草：そうは言うけれども、あなたのなかではイエスはどこかに行ってしまっていて、何だかわけのわからない集団が中心になっていますよ。あなたは、「使徒行伝」十二章で投獄されたペテロを救出したのも天使ではなく、ツロ、シドンの人たち、即ちフェニキア人だというのでしょう。

波多野：ヘロデ王（ヘロデ・アグリッパ一世）には少なくともそう思えたのではないかと言ったのです。あの箇所の前後をよくお読み下さい。

乙衣：先生はそのヘロデ王とイエスはポジ・ネガの関係にあるとおっしゃっていますね。

波多野：何だか、次々にきますね。挟撃態勢ですか。はい、そのようなことは、書いたか言ったかした記憶はあります。「使徒行伝」によれば、そのペテロ救出の記事に続いてヘロデ王が演説の後、急死しますね（「使徒行伝」12：21–23）。この記述に対応するのが、ヨセフスの『ユダヤ古代誌』（19.8.2.

343-361）で、カイザリアの劇場でローマ皇帝クラディウス一世を祝す行事を催したさいにヘロデ王が銀ラメの服を着て演説するのですが、それが陽光をうけて光り輝き、声も素晴らしかったので、人々が畏れおののき「神の声」だと讃えたとき、ヘロデは頭上の綱の上に梟がとまったことから、これを凶兆と知り、皆さんの今の言葉で自分は死ぬことになると言って倒れ、腹痛で苦しみ五日後に亡くなるのです。ユダヤの民は王の死をひどく嘆き悲しんだといいます。

私は、これを「詩編」百十篇三～四節に重ねて読むのです。「あなたの民は進んであなたを迎える聖なる方の輝きを帯びてあなたの力が現れ曙の胎から若さの露があなたに降るとき。主は誓い、思い返されることはない。『私の言葉に従ってあなたはとこしえの祭司メルキゼデク。』」また、これに呼応してイエスにも山上での光輝く変貌があります（マタイ17：2／マルコ9：3）。

ヘロデ王はキリスト教徒は別にして、ユダヤ教徒には極めて評判の良い王でした。パリサイ派の祭司は同胞でない外国人を王に立ててはならぬという「申命記」十七章十五節の禁止事項にもかかわらず、（おそらくは祖母マリアムネがハスモン家の血筋であるため）ヘロデ王を「同胞」と認め、ヘロデ王は大祭司（メルキゼデク？）のようにトーラを読んだといいます。[75]

ヘロデ王はヘレニズム文化に染まっていたものの、宗教的にはユダヤ教の信仰に篤く、少年の頃、エッセネ派のマナエマス（Manaemus）に「ユダヤの王」になるべく予言を受け、とりわけエッセネ派を神聖視していた。[76]

また三十八年に皇帝カリギュラは、エジプト総督フラッカスに対する抜き打ち調査のためにヘロデをアレキサンドリアに派遣しますが、その際、（土地のユダヤ人とギリシア人は対立していたので）へロデはユダヤ人からは、大変な歓迎を受けましたが、ギリシア人はカラバスという、夏も冬もほとんど裸で路上で暮らし、子供たちの慰み者になっていた、おとなしい狂人に派手な模造衣装を着せて王にしたてて、「マリン」(主)と呼んでからかったといいます。彼らはヘロデ王にシリアの血が入っていると考え、シリアでの王に対する「マリン」という呼び名を使い、この狂人を通してヘロデ王をからかったわけです。(77) これは、ユーゴ・グロティウス(78)が指摘したように、ローマ兵がイエスに王の格好をさせて嘲笑した様子(マタイ27:27–30/マルコ15:16–19/ヨハネ19:2–3)にぴったり符合します。

カラバス(Carabbas)という名前も、過ぎ越しの祭りの特赦として、イエスと秤にかけられたバラバ(Barabbas)(マタイ27:15–26/マルコ15:6–15)と一字違いで酷似しています。一方はおとなしい狂人で、他方は評判の暴徒という点はみごとに対照的です。

ヘロデ王に対してユダヤ教徒は救世主願望を抱いていたようです。「愚弄される」「光輝く」「ユダヤ人の王」にして「とこしえの大祭司」という共通点を以てイエスとヘロデ王は合わせ鏡のような関係にあると思います。これはキリスト教とユダヤ教との鏡像関係としてみるべきかもしれません。

乙衣:ついでといってはなんですが、イエスとバラバについて先生はどう解釈されますか。バラバは本当は「イエス・バラバ」という人物だったといわれていますが。またその問題は、カラバスという狂人とどう関係するのでしょうか。ちょっと複雑で整理しかねるのですが。

波多野:とても難問で、古くは『金枝篇』のフレイザーはじめ、数々の学者が様々な説を唱えていますが、解決されていません。どこかで聖書本文をいじることになるので、うまく説明するには小説イエスの領域に入りますね。

私の考えの概略をお話しすると、結論から言えば、ここは珍しくヨハネ伝に逆って、バラバなる人物は実在しなかったと思います。バラバ、即ちイエス・バラバのバラバはご存知と思いますが、「バル・アッバス」(bar abbas)で「父ちゃんの子」です。アッバ(ス)は、イエスが祈りで、天の父なる神に呼びかけるときの、いつもの形ですね。イエス・バラバは「父ちゃんの子、イエス」で、「父なる神を親しく『父ちゃん』と呼ぶ宗教的なイエス」を意味すると思います。このバラバを聖書では、危険人物としているところが問題をややこしくしている。

ピラトが相手にした「群衆」は祭司長や長老に従う人々(マタイ27:20)で、彼らはイエスを処刑するようにピラトに迫ったのです。ピラトは宗教問題でユダヤ人にはさんざん手を焼いてきたので、宗教問題にかかわりたくなかった。そこで、福音書にはそう書いてはいないけれど、ピラトは「君たちは私にユダヤ人の王としてのイエスを処刑させたいのか、それとも宗教者としてのイエスを処刑させたいのか」と訊きたかったのだと思います。「ユダヤ人の王」は政治的な意味合いがあって、ローマ帝国にとって由々しき問題です。当時のヘロデ・アンテパスのようなローマ帝国の「雇われマダム」のような「雇われキング」の意味合いであればよいけれども、ダビデ直系の王位僭称者となればローマにとっては由々しき問題です。

イエスがラザロを甦らせたことで、ユダヤ人のあいだでイエスへの信仰が増したとき、サンヘドリン(宗議会)で大祭司カヤパが「一人の人間が民の代わりに死に、国民全体が滅びないで済む方が、好都合だ」と言ったのが、「国民のためばかりでなく、散らされている神の子たちを一つに集めるためにも死ぬ」を加え、「預言」として言ったのであれどうであれ、「この日から、彼らはイエスを殺そうとたくらんだ」(「ヨハネによる福音書」11：47—53)のです。

イエスを「ユダヤ人の王」として処刑せよというのが保身的なユダヤ人のピラトへの当然の答えでしょう。サンヘドリン及びそれと心をひとつにする「群衆」の本音が宗教者としてのイエスの抹殺にあったとしても、直接的には、ローマからイエス運動を政治的運動ととられて、宗議会がそれを野放しにした責任を問われるほうが痛いのです。したがって、宗教者イエスの面を放免したというのが、このやりとりの真意です。福音記者がこの事情をバラバという人物を創って伝えようとしたのか、伝承の過程で誤解が生じたのかは私にはわかりません。またイエス・バラバが殺人を犯した強盗というのは実は革命扇動者のことを謂っているでしょうが、宗教的な情熱がゲリラ的実力行使をともなったということだと思います。これは、イエス自身が暴力的であったということを指すのではなく、イエスの周りには熱心党のシモンのような人物もいて、外からはイエスがその指導者にみえたことをあらわしているのだと思います。イエス伝を著わそうとするとき、イエスがこれこれのようにみえたということと、イエスは実際にこれこれであったということとは峻別しなくてはなりません。そのところをあまり熱を入れて書いていると、両方が混在してくるのは、昔からよくある轍です。

さて、そのバラバと、フィロの話に出てくるカラバスとの関係ですが、普通は、フィロの記事の方が福音書成立よりも古いので、フィロが福音書に影響を与えたのだと考える人が多いのですが、これも色々面白い説があって、両方とも歴史的事実なのだと主張する人もいます(この場合、聖書に書いてある通りバラバなる人物が実在したという立場をとるのでしょうが)。三十八年にアレキサンドリアでこの事件の現場にいた人のなかにイエスの一件を(目撃していて)よく覚えていた者がいて、この者が主導して、バラバ(ス)の名を使うつもりが、うろ覚えでカラバスにして再現したというのです。このように、奴隷や底辺の者たちが三月十七日のリベラリア(Liberalia)や十二月二十三日のサチュルナリア(Saturnalia)のような古代ローマの祭りの間、主人や王として扱われる地位転倒のしきたりはみられますが、ヘロデ・アグリッパのアレキサンドリア訪問は初夏だったので、これらの祭りの時期からはずれています。したがって、時期外れではあるけれど、祭りの風習に倣っただけの、突発的なわるふざけだったでしょう。

「カラバス」の意味については、これは固有名詞ではなく、王のまねをする詐欺師のような意味で使われたのだという説もあります。この言葉は王の紋章としてのスカラベ(scarab)をあらわすカラボス(karabos)に由来するということです。

いずれにしても、福音書で王の格好をさせられて玩ばれたのはバラバではなく、イエスですから、カラバスとの類比は微妙にずれを生じています(しかし、イエスとバラバなりカラバスなりを同一視して、王としてからかうという点では、私の見方を補強するかもしれません)。私はカラバスが「王を騙る者」の意味であっても、また、そこにヘロデ・アグリッパへの当てこすりが含まれていたとしても、夏も冬も裸同然で、馬鹿にされながらも子供たちを喜ばせたおとなしい狂人という、実際のその人物像にむしろイエスとの近似をみたくなってしまいます。

乙衣：この問題がずっとひっかかっていたのですが、これからこれを考えるのに良いヒントになりました。有り難うございます。

二十一、イエスと火

下草：最後の質問です。あなたの好きなユスティヌスの『トリュフォンとの対話』に、洗礼のヨハネが座っているところにイエスが洗礼を受けにやって来て川に入ると、ヨルダン川が炎で燃えたという記事があって、あなたは象徴的な「火による洗礼」の具現化かと註をいれていますが、詳しく説明して下さい。科学的な解釈も含めて。

波多野：イエスの「火の洗礼」については、先生の方がお詳しいはずです。バプテスマのヨハネがイエスを指して「わたしは悔い改めのために、水でおまえたちにバプテスマを授けている。しかし、私のあとから来る人はわたしよりも力のあるかたで、わたしはそのくつをぬがせてあげる値打ちもない。このかたは、聖霊と火とによっておまえたちにバプテスマをお授けになるであろう」(マタイ3：11)と言っていますし、この言葉は前後を「よい実を結ばない木はことごとく切られて、火の中に投げ込まれるのだ」と「麦は倉に納め、からは消えない火で焼き捨てるであろう」という裁きの言葉で挟まれています。火は通常、聖霊による焼き浄めの意味にとられていますが、このように裁きの意味も強い。また、異言を語る各々の人の上に舌のようなものが、炎のように分かれて現れ、とどまって」います(「使徒行伝」2：1–4)。聖霊そのものが火のように強烈で言葉に同化するということでしょう。

奄美や沖縄のノロやユタという巫女は火の神を祀り、ときに蛇縄にすがって魂おろしをしますから、火は霊力とつよく結びついていると思います。巫女の神懸かりは、映画の『神々の深き欲望』を思い出してしまいますが。竈神とか荒神さまとか、火に関係ある神は祟りにしても、とりわけ霊力がつよいといわれますよね。民俗学者のなかには、荒神さまは台所の神さまみたいになっているけれど、山の神で、大元は鍛冶集団とつながる炉の神だと主張する人がいて、そこまでは普通なのですが、この話は空海が高野山を拠点に選んだのは水銀の元になる丹砂採掘のためであったとか、またその水銀は中国の不老長寿の煉丹術とか錬金術師空海、さらに空海のルーツである蝦夷《えみし》や佐伯氏に発展するのですが、今日はやめておきます。

ギリシアの竈神ヘスティアは荒神さまのような激しさはないけれども、やはり地下奥深くの火、静かに内に籠る霊力が特徴です。

イシスとデーメテールが愛する者の探索の過程で、それぞれ、幼い王子を火にかざして不死にしようとした話がありますが、イエスの火の洗礼も、象徴的には魂の不死を意図しているのでしょうか。

ユスティヌスの記事ですが、ヨハネが座っていて、そこにイエスが洗礼を受けるために来て、川に入ると、ヨルダン川が炎で燃えたと書いてあるだけで何の説明もありません。したがって、あとはすべて私の解釈です。ヨルダン川が死海に注ぐ場所、即ち、クムラン教団のすぐ近くでヨハネはイエスに洗礼をほどこしたといわれます。このとき、ヨルダン川、これは川岸のことかもしれませんが、それが燃えたことを、私は(ヨハネの水による洗礼に対して)イエスの火による洗礼を象徴しているとみなしたのですが、実際には、同時に、もうひとつ大事なことがあるような気がします。ヨハネを、よくいわれるようにクムラン教団に属していたとみなすならば、クムラン教団のエッセネ派の人々が、ヨハネに対して、ヨハネこそ再臨のエリヤであるという祝儀としていっせいに松明に火を灯すかなにかして、演出したのだと思います(偶然、水面が陽に照り輝いたのだと言う人もいるかもしれませんが)。というのは、この場所こそエリヤがつむじ風のなか「炎の戦車」に乗って昇天した場所ですから(「列王記」下2：6―11)。それで、「見よ、主の大いなる恐るべき日が来る前に、わたしは預言者エリヤをあなたがたにつかわす(「マラキ書」4：5)というメシアの先触れとしてのエリヤ再臨の預言に呼応して「炎の戦車」の火を演出したと思います。

ただし、何故、ヨハネがイエスに洗礼を施すこのときに、この儀式をおこなったのかとなると、イエスを信じる側からは、ヨハネがイエスをメシアと認め、そのことにより同時にヨハネが再臨のエリヤであることが証明されたからと考えたいのです。先ほどと同じ内容の言葉ですが、「見よ、私はわが使者をつかわす。彼はわたしの前に道を備える。またあなたがたが求めるところの主はたちまちその宮に来る。〔…〕彼は金をふきわける者の火のようであり、布さらしの灰汁《あく》のようである」(「マラキ書」3：1―2)。この文言の解釈は微妙です。「わたし」は神でしょうが、これを三位一体の思想からイエス・キリストと同一視するのは、キリスト教側で、対してバプテスマのヨハネこそメシアだと考えるマンダ教徒は当然、ヨハネを中心にこの預言を解釈します。ヨハネこそ神の使者にして救世主なのだと。私はユスティヌスの立場を忖度して、イエスの火だと言いました。これを史実とすると、果たしてイエスの火なのか、ヨハネ(エリヤ)の火なのか、両者の火なのか。

メシアによる神の国到来に武力革命をみる人々(最近のイエス研究には、再び、この傾向が強い)は、このヨルダン河畔の火を、ローマ帝国打倒の革命ののろし火だととる見方をしますが、私は反対です。イエスが武力革命家であったなら、彼の受難と死は宗教的な意味をもちえないと思います。

先生には、よけいな話ですが、我々が用いた一九五四、五年改訳の聖書には、現在の『新共同訳聖書』と違って、旧約聖書のアポクリファ(外典)が入ってなかったので、先ほどの「マラキ書」三、四章の次が新約聖書で、「マタイ伝」の洗礼の場面まで数頁しかないから、続けて読んじゃうわけですね。

下草：有り難うございます。今の解釈は私にとって、とても有意義でした。気持ちよく質問を終わることができて爽快な気分です。波多野さんにいろいろ気に障ることを言ってきましたが、信仰のあり方こそ違え、あなたは話していて実に愉快な人であることは、私も認めます。妙に新しいことを知っていたりするけれど、本質的には私よりも古いところもあって、あなたは生まれてくるのが遅かったのかもしれない。これは信じてほしいのだが、あなたを年下のくせに生意気だと思ったことはありません。あなたは本質的に古い人間です。

波多野：もっと昔に生まれていたら、宮廷道化師に召しかかえられていたでしょうか。そっちのほうが楽しかったかもしれません。

下草：誰か、あなたを持って帰りたいと言った人がいたけれど、誰だったっけかな。あれは、そういう意味でしたっけ。いや、せっかく良い話で終わりそうになっているんだから、冗談はもうやめましょう。お疲れさまでした。

二十二、イエスと異教　補遺

乙衣：私も最後の発言にしたいと思います。先生が異教とイエスについて著書で言い残したことがおありでしたら、お願いします。

波多野：キリスト教と異教(徒)とのつながりはパウロの世界伝道の結果(成果)として扱われることが多く、イエスと異教(徒)という原点は、その意識的つながりを証明しにくいとみなされ、ほとんど重視されてきませんでした。私がそのつながりに着目し始めたのは一九九〇年代で、学際的研究という視点から、イエスの育った環境の国際性を、ガリラヤの地理的位置、ナザレに近い都セフォリス、それからガリラヤ住民の民族的構成を通して考慮し、「当時のユダヤ教、キリスト教(ユダヤ教ナザレ派)、異端、異教間の相関関係及び影響・吸収について我々の想像力をいたく刺激する」と初めて論文に書いたのが二〇〇三年でした。更に「イエスの中ですでに確立していた民族の垣根を越えた普遍的信仰」と明言し、「パウロの異邦人伝道の根はイエスにあった」とはっきり書いたのが二〇〇五年の論文です。これらの論文はともに『異教の完成者』に再録されていますのでご確認下さい。

二〇〇三年の時点で、こんなことを書いてしまって後が大変だなと思いまして、二〇〇五年の断言であとに引けなくなってしまいました。そして結局、フェニキアを軸にイエスをみる本を書くことになりました。

その間ずっと、自分は孤立無援だと思っていましたが、奇しくも二〇〇五年の十一月にオーストラリアのクイーンズランド大学で同様のテーマで博士論文が提出されていたのです。私の論文はその数ヶ月前でしたので、読むことはできませんでしたが、しばらくたってそのことを知ったときは心強く思いました。この博士論文、Michael Bird, *Jesus and the Origins of the Gentile Mission* は加筆改訂されて二〇〇六年に T&T Clark International から出版されていましたが、私がこの本に気づいたのは自著出版後でしたので、返す返す残念でした。

バードの書はイエスと「異教徒」という大きなくくりの先行研究を背景にした研究ですので、私のフェニキアという特定の視点とは重ならないのですが、それでもこういう厚みのある背景は私には必要でした。ここでその内容を詳しく紹介する余裕はありませんが、彼の研究の根底には、イエスは異邦人が福音伝道によらず神の終末の計画で救われることになると思っていた(したがって、異邦人伝道はイエスにとって目的ではない)ととらえるヨアキム・エレミアス[79]への批判があります。私の批判の矛先にはデイヴィッド・フルッサーがいましたが、バードはフルッサーには触れていません。私は次なる標的はゲザ・ヴェルメス[80]だと決めていましたが、こちらの方はバードも扱っています。よい趣味とは言えないかもしれませんが、私のような考え方をする人間にとっては、ユダヤ・イスラエル中心終末史観で聖書を読む学者を標的にするのが、自分自身をはっきりさせる近道になります。

フルッサーとヴェルメスはユダヤ教徒ですので、当然でしょうが、ユダヤ教の側からイエスを研究する人は総じて、ギリシア語ばかりでなく、アラム語とヘブル語がわかり、死海文書にも通じているので、批判の対象にする以前に、著書を読むだけで勉強になります。エレミアスはドイツ・ルター派の牧師である父の任地エルサレムで少年期をすごしています。エレミアスはタルムードに書かれているイエスあるいはイェシュ(Yeshu)あるいはバラムなどはキリスト教のイエスとは別人であるという主張に年月を費やした学者でアラム語とヘブル語に通暁していました。

ユダヤ中心終末史観の立場を取る取らないにかかわらず、聖書研究において原語(ヘブル語、アラム語、ギリシア語)の素養は何にもまさる力です。カトリックのフィッツマイア[81](Joseph Fitzmyer)も彼の強みと信用はそこにありますね。

話をバードに戻します。福音書には、神の国の喩えにおいてユダヤ人を救済の唯一の目的にするような言説と、そこに異教徒を含む言説とが併行してでてきます。これは、穿った見方をすれば、パウロ以降のユダヤ人キリスト教徒と異邦人キリスト教徒との軋轢が後づけで反映されているともいえるかもしれませんが、バードは最初から神の計画としてイスラエルの復興(にむけた努力)のなかに異邦人・異教徒の救いの萌芽が含まれているのだという見方をしています。

極めてバランスのよい正統神学だと思います。私もこれに反論できませんが、実感からすると、結果まで見通した神の不思議な計画により、ある種のタイムリミットが設定されていて、(勿論、それ以前も異邦人の救いへの意図は示されているのですが)、ある時から急に振り子が異教徒の方に傾くような気がするのです。私も場合によって、先ほどの穿った見方に立つことがありますが、実感はそうなのです。いや、それ以前から、イエスは故郷ナザレの会堂で教えを説いたとき、先祖の歴史に触れ、イスラエルが大旱魃と大飢饉とにおそわれたとき、神は預言者エリヤをイスラエルのやもめではなく、(フェニキアの)シドン地方のサレプタにいる一人のやもめのところだけに遣わし(「列王記」上17:8―24)、またイスラエルに癩病が蔓延したとき、ただシリアのナアマンだけが浄められた(「列王記」下5:1―14)という異邦人重視のような話をして、故郷の人々を怒らせ、あやうく殺されかけます(「ルカによる福音書」4:16―30)。これは、預言者は故郷では受け入れられないことを伝えようとするイエスの意図に比重があるのでしょうが、それにしても、それだけではすまない意味が隠されているような気がしてなりません。故郷か否かだけを問題にするのなら、わざわざ神経を逆撫でする異邦までもちださなくともよいと思うのですが。

私は振り子が異教徒の方に決定的に傾くのは、「ヨハネによる福音書」十二章二十節～二十八節で過ぎ越の祭りの礼拝をしにエルサレムに上ってきた数人のギリシア人がピリポを通じてイエスに面会を求め、それを聞いたイエスが「人の子が栄光を受ける時が来た。はっきり言っておく、一粒の麦は、地に落ちて死ななければ、一粒のままである。だが、死ねば、多くの実を結ぶ」と言ったときだと思います。このときイエスは「心を騒がせ、」「父よ、あなたの名の栄光を現して下さい」と言うと、天から神の声が聞こえるのです。

ギリシア人たちの訪問とイエスの「時が来た」確信とのつながりが論理的に説明されないことが却って神秘的に、異邦人との通路が開かれたことを示しているように思われます。このギリシア人たちのイエス訪問は、まるでイエス誕生のさいの東方の博士たちの訪問と繫がり、はじまりとおわりで完結しているように思えます。

強いてこれを旧約聖書の預言にむすびつけようとすれば、この「数人のギリシア人」を当時の国際語であるギリシア語を話す数人の(様々な)外国人たちと解釈し、人数も幅をもたせれば、「ゼカリヤ書」八章二十三節の終末の日の預言が思い出されます。「万軍の主は、こう仰せられる、その日には、もろもろの国ことばの民のなかから十人の者が、ひとりのユダヤ人の衣のすそをつかまえて、『あなたがたと一緒に行こう。神があなたがたと共にいますことを聞いたから』と言う」。私がこのむすびつきに全面的に賛成しかねるのは、「ひとりのユダヤ人」をイエスととるにしても、この箇所の主体がユダヤ人全般に響くからです。やはり、ここに預言がからんでいて、某《なにがし》かの集団の力が働いているにせよ、イエスが「その時が来た」ことを確信したことを神秘として重んじたい気持ちが私にはあります。

「一粒の麦地に落ちて死なずば」は直接的にはイエスの受難の死をあらわしているのでしょうが、イエスがユダヤ人に見放され捨てられた意味合いを含み、ユダヤ人に対して死ぬことが、（ユダヤ人のみならず）異邦人への実を結ぶことになるという関係を示しています。民族宗教はそのままでは世界宗教になりえない。イエス自身と同様、一度その民族に捨てられなくては実を結ばないのです。

重ねて言いますが、勿論、異邦人の救いの予兆はあらゆるところにみられます。イエスの活動の初めから、イエスのもとには、ガリラヤ、ユダヤ、エルサレムのみならず、イドマヤ、ヨルダン川の向こう側、ツロ、シドンという異教の地からも群衆が押し寄せたのです（マルコ3：7−8）。いや、ユダヤ的特徴が濃いマタイですら、イエスの伝道のはじめから（地理的に当然であるとはいえ）、シリヤ全土で評判が広まったことを述べています（マタイ4：23）。当時はフェニキアも行政的にはシリヤ県に入っていました。この記事に先だってマタイは神が「異邦人のガリラヤに栄光を与えられる」（「イザヤ書」9：1）ことを宣言します（マタイ4：15−16）。

「霊とまこととをもって神を礼拝する」（「ヨハネによる福音書」4：24）のが信仰の本質です。イエスがこの基準を示すとき彼の認知はユダヤ人よりも、むしろサマリアの女のような異邦人に与えられています。イエスが力あるわざを示したにもかかわらず、悔い改めなかった町々をフェニキア人を引き合いに出して責めます。「わざわいだ、コラジンよ。わざわいだ、ベッサイダよ。おまえたちのうちでなされた力あるわざが、もしツロとシドンでなされたなら、彼らはとうの昔に、荒布をまとい灰をかぶって、悔い改めたであろう」（マタイ11：21）。異邦人救済は神のイスラエルへの約束に確かに示されています。「わたしはあなたを、もろもろの国びとの光となして、わが救いを地の果てにまでいたらせよう」(「イザヤ書」49：6)。

このような証言をならべていくと、まるで神の救いの計画の中心が異邦人にあるかのような錯覚を覚えます。イエスが弟子派遣にさいして言った「異邦人の道に行ってはならない、またサマリア人の町に入ってはならない。むしろ、イスラエルの家の失われた羊のところへ行きなさい」(マタイ10：5−6)ですら、反語的に聞こえてしまうことがあります。重病人から先にみてあげなさいというような。あるいは、こんなことを注意しなければならないほど、当時イエスやその弟子たちと異邦人とのつながりは深かったのかと。

バードの考えを紹介するつもりが、結局、自説を述べることになってしまいました。こういう私の考えと比べれば、イスラエルの救いと異邦人の救いは種子のなかの胚胎のように一体化しているというバードの考えは優等生的正統性がありますね。皮肉じゃないです。一般論ばかりでつまらないでしょうから、バードの考えを示す一例を紹介します。しゃれではないのですが、バードがバード(鳥)の喩えを解説するくだりです。

バードはイエスの喩えで、異教徒が主役になることはないが、その喩えには神の国との関係で異教徒の将来(の救い)を暗示する主題が含まれると指摘します。イエスはユダヤ人と対決する異教徒の役割を神の国との関係では意図的に転倒させて、神の救いの受容者としての異教徒の役割を擁護するというわけです。この主題ですぐ思い浮かべるのが「大宴会」の喩え(ルカ14：15−24／マタイ22：1−14)です。神の国への参列という主題を宴会に喩えています。ある人が盛大な宴会を催そうとして、大勢の人を招いたのだけれども、宴会の時刻になると、皆、様々な言いわけをして次々に断ったので、家の主人は怒って、町の広場や路地に行って、貧しい人や体の不自由な人を連れてこさせ、さらに席があまったので、通りや小道に行って無理にでも人をひっぱってこさせる話ですね。最初に招かれて断った人たちは、本来救いにあずかるはずのユダヤ人で、貧しい人たちや体の不自由な人たちは異教徒を指している、わかりやすい話です。

バードはこれに加えて、「マルコによる福音書」四章の「種を蒔く人」、「成長する種」。「からし種」の喩え(マルコ4：1―32)に同様の主題をみます。彼によれば、マルコ伝で「喩え」(parables)という言葉が用いられている箇所は必ず対決や衝突が扱われているということです。

マルコ伝四章のなかの「イザヤ書」からの引用「彼らは見るには見るが、認めず、聞くには聞くが、悟らず、悔い改めてゆるされることがない」(「イザヤ書」6：9―10)は、イエスの自分に反対する人々への対決であり、そこには、彼の使命や使信への誤解を突き崩す意図がこめられているということです。この章には、表面的にはイエスの対決姿勢は読みとれないが、ここには元々は、武力により神の国を到来させようとする考えに対し、イエスが自身の神の国論を以て対決するという「生活の座」(**Sitz im Leben**)に根ざした言説が含まれているとバードは言います。

従って、種の喩えに挟まれて、一見、前後関係がないようにみえる「ますの下や寝台の下に置くためにあかりを持ってくることがあろうか。燭台の上に置くためではないか。なんでも、隠されているもので、現れないものはなく、秘密にされているもので、明るみに出ないものはない」という言葉にも、異邦人の光となるべきイスラエルがその明かりをますの下に置くようなことをしているという非難がこめられている。すきま風のきびしいパレスチナの地で、明かりを消されないように気をつけるあまり、明かりの本来の目的を忘れてはいないかというイエスの挑発ですね。

神の国は人が地に種をまくようなもので、本人はどうしてそれが芽吹いて育っていくのかわからないが、地はおのずから実を結ばせるというイエスの言葉も、神の国は武力で無理やり到来させるものではない、神の御言葉という種がまかれて自然に育つのだということを意味しています。

最後の「からし種」の喩えは、神の国は「一粒のからし種のようなもので、」「地上のどんな種より小さいが、まかれると、成長してどんな野菜よりも大きくなり、大きな枝を張り、その陰に空の鳥が宿るほどになる」というものですが、これについてバードはマルコのこの箇所と併行記事のQ（ルカ13：18―19／マタイ13：31―32）と外典の「トマス福音書」二十という三者の関係を検討し、マルコとQとの二重証言、初期キリスト教において「鳥」が「異教徒」の比喩としてめずらしいことを以て、イエスの真正の言葉である可能性が高いと言っています。

日本だと一番小さなものは「芥子粒《けし》ほどの」と喩えますが、芥子《からし》と字は同じでも、「けし」の方は大木にはなりませんし、阿片を連想して印象もよくない。バードは大プリニウスを引いて、からし種というのはいったん庭に根づくとたちの悪い雑草の様にはびこって除去できない厄介者である（『博物誌』19：170―171）と言って、イエスの教えはいったん根づくと厄介でローマ帝国のような為政者には脅威になることを示唆しています。

私が知るところでは、イエスが言う「からし種」は「クロガラシ」という種類らしいのですが、商品としても貴重だったらしいのです。聖書に書いてない常識をつけ加えるなら、鳥はその木に巣をつくるばかりでなく、その実を食べ、糞に混じった種を他所に運んで、実を結ばせたのではないでしょうか。鳥(異教徒)だって、ねぐらを借りるばかりでなく、神の国の拡散に重要な役割をはたすと思うのですが。これも私の個人的意見ですが、ガリラヤには渡り鳥が多くみられたことから、異教徒のなかでも渡りの商人がイエスの念頭にあったのではと思います。フェニキアの商人と言ってしまってはまた顰蹙をかうでしょうが。

バードは「鳥」が何を指すかは不明であるが、取税人、罪人、地の民(アムハーレツ)である可能性をあげながらも、同時に、「巣をつくる鳥」となるとユダヤ教の文脈では通常「異教徒」を指すことを旧約聖書、旧約外典・偽典から次々に例示します(「詩編」104:12、16–17/「ダニエル書」4:12、14、21/「エゼキエル書」17:22–23、31:6/第一「エノク書」90:30、37–39/第四「エズラ記」5:26)。「木」はその時々で、イスラエルやバビロニア帝国やエジプト王国などを指すわけです。また「中に住まう」(κατασκηνόω)というギリシア語が異教徒を組み入れるという文脈で使われている例をあげています(「ゼカリヤ書」2:15/『ヨセフとアセネト』*Joseph and Aseneth,15:6*)。

バードが一貫して主張するのは、イエスはこの喩えで、からし種の可能性を語るのみならず、からし種が「すでに」成長しはじめており、鳥が「すでに」巣をつくりはじめていることです。イエスとその集団がからし種のごとく取るにたらぬ存在に見えながらも、「すでに」神の国、イスラエルの復興と、それにともなう異教徒の救いを実現しはじめているということです[82]。

神の国の民はイエスの言葉から推し量る限り、国籍や民族の垣根を越えているのは当然です。サンヘドリン(宗議会)がイエスを殺す決意を固める場面で、カヤパの預言として、イエスが「ただ国民のためだけではなく、また散在している神の子らを一つに集めるために、死ぬことになっている」（「ヨハネによる福音書」11：52）という「神の子」はディアスポラのユダヤ人ばかりでなく、民族を越えて、異教徒をも含んでいるのではないかと思うのです。

乙衣：先生は「異教徒」と「異邦人」とは使い分けていらっしゃるのですか、それとも同じ意味ですか。

波多野：「異邦人・異教徒」というのもくどいと思いまして、だいたい同じ意味で使っています。質問の意味はわかります。異邦人は単に地理的民族的別を謂っているようにとられるでしょうね。「異教徒」はユダヤ・キリスト教徒の対立項として言う場合、キリスト教徒予備群としての異教徒を指す場合、（ユダヤ教徒ではないが、）すでに「霊と誠とをもって神を拝する」信仰の本質に目覚めている異教徒を指す場合があります。特に後者をどう考えるべきか難しいですね。これを百パーセント認めてしまうと、キリスト教という枠を越えて宗教を見直すべきかと問われそうで困ります。キリスト教というからには、何ごともイエス・キリストが中心にいなければ意味がないわけですから。自分が「異教徒」と言うときには、確かにいろんな状況にある異教徒を念頭においていますね。

二十三、結語

乙衣：有り難うございました。久しぶりに先生の真面目なお話をうかがいました。私も下草先生と同意見で、先生は愉快な人だと思います。愉快すぎることもあるので大丈夫かなと思うくらいです。私を先生に引きあわせてくれた祖母からの伝言で、くれぐれも飲みすぎと電信柱には注意して下さいとのことです。

波多野：有り難うございます。最近めっきり酒量が減りました。酒飲みに悪人はいないという私の持論からすると、最近の私は昔ほど善人ではありません。それから東京オリンピックにあわせて都内の電線を地下に埋めるという噂を聞きました。帰ったら、美しいGranny(おばあちゃん)に、「直人の酒も、電柱も、われわれの寿命もますます減ってゆく」とお伝え下さい。「the 比較級」を三回使って、手短な格言風の英語で。

司会：途中から、司会役を忘れて、話に入りこんでしまいました。私も最後の質問です。波多野さんが最近読まれ印象に残る本があれば、おしえてください。それから、今日ここに来ている若い人たちは私の聖書集会の生徒さんです。彼らにイエス伝、イエス研究に興味をもってもらうのに良い本があったら、それもおしえてください。

波多野：数年前に出た本ですが、最近読んで面白かったのは、Colin J. Humphreys, *The Mystery of the Last Supper, Reconstructing the Final Days of Jesus*, Cambridge University Press, 2011です。この本は一九八三年の『ネイチャー』誌に掲載された、イエス磔刑の日付を天文学で明らかにした科学論文を元にしたものです。これは、(ニュートンもこれを試みたそうですが)グレゴリオ暦を考慮しつつ、ユリウス暦を換算してユダヤ暦を復原し、膨大な天文学的データー、とりわけ新月観測事例を調べ(一世紀のユダヤ暦は毎月は、新月が最初に「肉眼で」確認される夜から始まる)、新月が雲に隠れ見えなかった可能性や閏年も考慮し立てた計算法で、歴史的にすでに確認されている日付との照合を試みた後に、到達した日付です。

ユダヤ暦は太陰暦で一日は日没から日没までです。太陽暦のユリウス暦は勿論、真夜中から真夜中までが一日です。慣例的には、ユリウス暦の一日を六時間早めてユダヤ暦に変換します。ユダヤ暦では、夜中に「肉眼で」新月が確認されない場合は最大限一日延ばします。著者は基本資料として、福音書以外に、『神殿参考文書』等ユダヤ教の記録を含め、ヨセフスの著書や同時代の史料を渉猟し、互いにつき合わせています。著者は、おまけに、イエスの時代に失われていたといわれる「捕囚前のユダヤ暦」をサマリア暦と比較して、両者を同一のものとみなし、「公式のユダヤ暦」より平均一日早いことも考慮しています。その他クムラン暦によれば、西暦三十年と三十三年の過ぎ越の祭りはユダヤ暦のそれの翌週に当たり、イエスの最後の晩餐が過ぎ越の食事になりえないことで、イエスがクムラン暦を用いた可能性を退けています。

著者の計算結果は、イエスの磔刑は西暦三十三年四月三日、金曜日の午前九時、死亡は午後三時で、この日は(元はバビロニア系の)ユダヤ暦の第一月ニサン十四日に当たるということです。著者はこの日の午後三時から五時に過ぎ越の祭りの小羊が屠られるので、パウロは象徴的にイエスを「過ぎ越の小羊」と言ったと考えています。磔刑の日に「月が血のように赤くなった」(「使徒行伝」2：20)というのも、オックスフォード大学の天文学者グレアム・ワディントン(Graham Waddington)によって、三十三年四月三日に月食があった事実と符合して、これもワディントンとハンフリーズとで一九八三年の『ネイチャー』誌に発表されました。

この書は暦による日付の確定以外の聖書解釈も面白いのですが、第一に暦という観点から見れば、いいかげんと考えられてきた福音書に驚くほどの整合性がみられる、わけても「ヨハネによる福音書」の史的正確さが強調されています。これは私にとって本当に嬉しいことです。自慢ではないのですが(といって、結局、自慢ですが)、ヨハネ伝の史実性は私自身、記憶にないくらい昔から、授業中に聖書に関する話で必ずといってよいほど、言及してきました。聖書学会の大勢が正反対のことを言っていた頃から、私はヨハネ伝の史実性を信じていました。そのうち学界も気づくから、私が言ったことを覚えておくようになどと冗談まじりに強調してきました。つけ加えますと、ハンフリーズによれば、イエスの誕生は紀元前五年四月で、宣教活動は三年半から二年半になります。イエスの亡くなったのは三十七歳になった直後か、そのちょっと前だったことになります。

最近の本ではないのですが、わたしの興味からもう一点だけ紹介します。リチャード・ノル『アーリア的キリスト　カール・ユングの秘められた人生』(Richard Noll, *The Aryan Christ The Secret Life of Carl Jung*, Random House Inc., 1997)で、新曜社からの老松克博訳では『ユングという名の〈神〉秘められた生と教義』となっています。邦訳の帯封おもて面には「ユングは異教のキリストたらんとした！ロックフェラーの財力がユングを世界的にひろめた！ハーヴァードの科学史家が明かす公式の伝記の背後に隠されたユングの真実」とセンセーショナルな惹句があります。

ユングの異教的秘儀への関心は私にはとても興味深く、心理学への興味からではなく、宗教そのものとして学んでいました。自分と見方が異なる点においても彼の学識は一級だと認めざるをえません。告白すれば、私はユングの学識を神のようだと思った一時期があります。

この書のなかで「夢」が介在する内容は例の「集合的無意識」をどのように考えるかによって受け入れ方に幅があると思いますが、「夢」への信頼を無条件に前提にされると、いささか拒否反応がでます（いわゆる、「引いてしまいます」）。ノルのユング観を受け入れようとする過程で、自分との違いもはっきりしてきました。自分は霊界やシャーマニズムを無前提に受け入れているわけではないこともわかりました。やはり、自分の中心的関心はナザレのイエスにあって、イエスの本質的信仰を異教から帰納類推はするが、演繹的に広がって、（ノルのいうユングがそのとおりだとして）独自の異教を拓こうとするような方向には関心がないことがはっきりしました。でも、だからもうユングには用がないということは全くない。むしろ、もっと学んで、何が真実なのかをはっきりさせたいという気になっています。

若い方々へ勧めたいイエス伝入門書ですが、あなたがたは今、吾子田先生のもとで聖書という一番のイエス伝を読んでいらっしゃるので、当分はそれで十分だと思います。そのうち改めてイエス伝に興味を持つようになったら、William Barclay, *A New People's Life of Jesus* (SCM Press Ltd., 1965) をお読みになるのがよいと思います。スコットランドのＢＢＣテレビで放映された六話の講義が元になっているので、話し言葉の易しく、でも正確な英語で書かれています。日本語訳もありますが、是非原書で読んでいただきたい。

この本は百ページ足らずの簡潔な入門書でありながら、巧みな語り口で重要な点はしっかり押さえています。多少聖書を読んだことがあり、キリスト教のことを少しは知っている人も、この本を読んで、初めて知ることもかなりあるかもしれません。でも、それに感心するばかりでなく、同時に、是非とも疑問をもち、それをきっかけにして、自分で調べ考えていただきたい。一種の叩き台として、この本を活用していただきたいのです。といっても、この本に間違いが多いという意味ではありません。

バークレイ(1907-1978)はグラスゴー大学の新約学の教授で「スコットランド教会」の牧師でした。長老派教会系は堅苦しい感じがするかもしれませんが、なかには進歩的な牧師もいます。彼もトゥリニティー・チャーチの牧師でありながら、三位一体を信じない自由な神学者でした。万人救済、絶対非戦論を説く愛の神学者でした。一般の人々にキリスト教をわかってもらう啓蒙的な活動が彼の持ち味でしたが、十七巻から成る新約聖書注解 Daily Study Bible(現在は New Daily Study Bible)という専門的な業績でも認められています。私は彼にカトリック作家のチェスタートンのユーモラスな語り口を少し感じます。

バークレイのイエス伝はイエスの「失われた十七年」についても、何か刺激的な活動を想像するでもなく、イエスはナザレから離れず、村の学校で普通に勉強して、お父さんのヨセフから大工仕事を習って、お父さんが大好きな子であり、時々山に登って、そこから色んな所に通じる道路や海港を眺めたなどと言います。ほのぼのとしてほっとするようなイエス伝です。

この本は、史的イエス研究の専門書ではなく啓蒙書の部類に入るでしょうが、とても大事な問題に我々を誘ってくれる良書です。この問題は標準的にはこう考えるものなのだということをよくわからせてくれる本です。

私なりに史的イエス研究について解説すると、合理主義的イエス伝はライマールス(Hermann Samuel Reimarus)が書いて、彼の死後、レッシング(Ephraim Gotthold Lessing)が匿名作者による『断片』(*Fragmentenstreit*, 1774-1778)として発表した一連の研究がはしりとされています。啓示宗教であるキリスト教から超自然的要素を払拭して、合理的な自然宗教を唱える動きは、その前からあり、トーランド（John Toland）の『秘義なきキリスト教』（*Christianity Not Mysterious*, 1696）が代表的な著作です。執筆時に発表されなかった「地下文書」としては、十七世紀から十八世紀にかけてフランスのシャンパーニュ地方に暮らした田舎司祭ジャン・メリエ（Jean Meslier, 1664-1729）による『覚え書き』があり、フランス革命の思想的起爆剤になったと言う人もいます。二〇〇五年に法政大学出版局から『ジャン・メリエ遺言集』の題で訳出されていますが、過激な書なので、クリスチャンはこれに対する反論を練るには良い材料でしょう。

十九世紀にはいると、皆さんご存知のアメリカ第三代大統領トマス・ジェファーソンがマタイ伝から奇跡的な記事を取り除いた、いわゆる「ジェファーソン聖書」なるものを編纂して回し読みをしていました。我々が手にするのは、死後出版されたものです。「史的イエス」という概念は、そういう理神論者や啓蒙主義者の動きのなかから生まれたものです。

最も狭い意味での「史的イエス」をいえば、そういうキリスト教批判のなかに「イエス非在論」があって、それに対して「イエス実在論」を説くやりとりのなかで使われたこともありますが、普通はもっと広く、主として聖書の信仰告白的イエス伝を洗いなおして、イエスの歴史的実像を探るような試みを指すと考えられます。その最も広い意味では、信仰がなければわからないイエスではなく、我々の実生活に近づけて、クリスチャンでない人にも伝わる生身の人間イエスを探ろうとする一面もあります。といっても、イエスを宗教から解放するのが史的イエス研究の目的ではありません。むしろ聖書の歴史的跡づけですね。キリスト教をイエス自身に遡る原点研究です。やはり、研究者の大半はクリスチャンなので、本当のイエスがどういう人で、何を考えていたかを知りたい一心で調べ考えます。その結果、それが教会が教えるイエスとどのように一致し、また一致しないのかを知ることになるかもしれませんが、最終的には、最も望ましい形、自分が納得する形で、信仰を深めるのが目的だと思います。

現在の史的イエス(伝)研究はイエスが生きた時代を多角的に知ることによって聖書解釈の幅を広げる方向に向かっているので、考古学、歴史学、民俗学、社会学、経済学などと連結した学際的研究が重んじられています。

そうやってイエスのことが少しずつわかってくると、そのうちに、調べて考えることが楽しくてやめられなくなります。そうなったら皆さんは私たちの仲間です。世界中にイエスを研究している人たちが沢山いることを知り、それもまた心強く、嬉しくなるでしょう。

信仰と学問の分離ということが問題になりますが、どういう意味でこれを考えるかによります。イエスを学問的に研究するから、信仰のない人間だという偏見というか、風当たりを私も感じることがあります。でも、私は逆にイエスが好きなら、何故その人のことをもっと知ろうとしないのかなと思います。日常の人間関係であれば、それが普通ですよね。イエスは神だから学んでもわかるはずがない、学ぶなどとは畏れおおくふとどきだということですか。はたして、そうなのでしょうか。学問は二重の意味で愛だと思うのですが。対象に対する愛と学ぼうとする営み自体への愛と。

学問というのは小難しいことを隠れてしんねりむっつりやることでも、その成果を誇ることでもなくて、それ自体が楽しくてたまらない営みです。それがわかれば、学問は人生の大きな財産です。そのことはまた後でゆっくり話しましょう。今日は長い間、退屈な話を聴かされて、お疲れさまでした。

これから河岸を変えて、吾子田先生が用意してくださった食事を共に楽しみましょう。

司会：波多野さん、今日は本当に色々教えていただいて有り難う。大変刺激になりました。最後のお話はうちの学生たちにも参考になったでしょう。

でも、最後にきつい一言を手向けたい。あなたは力の出し惜しみのところがあります。下草さんの苦言もひとつには、それがあるでしょう。もうそろそろ本気を出す時期ではないかな。でないと人生インプットだけで終わってしまいますよ。私が言っているのは学者としての業績づくりではなく、社会への貢献です。キリスト教の右から左まで経験してきたあなたにしかできないこと、とりわけ内村鑑三の精神の遺産として、あなたがなすべきことを果たしていただきたい。いくら自分には真実がみえると自負しても、それだけでは自己満足です。男カッサンドラに甘んじていては駄目です。

それから、あなたは優等生なのに、どこで悪い影響を受けたのか、学問に偽悪的で斜に構えたところがある。平手造酒の邪剣のようです。どこかで舵取りの方向がずれている。小説家くずれのような人たちとつきあって、まあ、小説の読み方は鍛えられたかもしれないが、逆説的にしかものを言えなくなってしまってはだめです。反権力、反権威も、それを笠に着るようになれば、不健全です。

ただし、あなたが考えていることはご自分が懸念なさるほどには混乱していない。逸脱しているようでも、ちゃんとつながっていて、常に一定方向を向いていて、一貫性がある。異説・奇説もすぐに切りすてないで、楽しそうに話題にする。でも、そのわりには結構辛い検証をする。イエスのことを考えるのにユダヤばかりでなく、常に周辺の文化を射程に入れていますね。ちょっと前までは、バクトリアとかパルティアで、それからパルミラ、ペラとだんだんガリラヤ近くまで戻ってきているのが面白い。そしてやっとフェニキアに落ち着いたわけですね。キリスト教史におけるフェニキアの役割は今後、再評価される可能性はあります。イエス不具説とかイエスとベスなんかは勘弁してほしいけれど、あなたは我々をいつも我々の気づかない方面に案内してくれます。

しかし、とにかく今のあなたは山奥にひっこんだ隠者みたいだ。聖書研究会や文化フォーラムや社会事業をおこして、積極的に社会とつながりをもって下さい。内村鑑三の『後世への最大遺物』の英訳だって、あなただったら、あの中の幾つもの引用もつきとめて、原文のまきちんと示し、かつ鑑三自身の言葉も真意をくんだ名訳ができるはずです。あれは、あなたと神さまとの約束です。

注文の多い料理店ですみません。あなたにおおいに期待する先輩からの忠告として、ご寛容のほどを。それでは、皆さん長時間にわたるお話とご清聴、どうも有り難うございます。御一人御一人の上に神の祝福がありますように。

第Ⅰ章　註

（1）Alexander Roberts, James Donaldson, and A. Cleveland Coxe eds. tr. by Marcus Dods & George Reith from *Ante-Nicene Fathers* vol. I , Justin Martyr, *The Dialogue with Trypho* , circa 165, Buffalo, NY: Christian Literature Publishing Co., 1885 cf. George T. Purves, D.D., *The Testimony of Justin Martyr to Early Christianity*, London: James Nisbet & Co., 1888

（2）Sholomo Sand, tr. by Yael Lotan, *The Invention of the Jewish People*, New York: Verso Books, 2009 originally published in Hebrew *Mataive'ekh humtza ha'am hayehudi?* [*When and How was the Jewish People Invented?*] Tel Aviv, Resling, 2008

（3）David Flusser, "Paganism in Palestine," chapter 23 in S. Safrai and M. Stern eds., *The Jewish People in the First Century* volume 2 ,Philadelphia PA: Fortress Press, 1976

（4）Ivan Bloch , *Handbuch der Gesamten Sexualwissenschaft in Einseldarstellungen*. Band I-III, Berlin: Louis Marcus, 1912-25

（5）Annemarie und Werner Leibbrand, *Formen Des Eros Kultur- und Geistesgeschichte der Liebe* Bänd I *Vom antiken Mythos bis zum Hexenglauben*, Karl Alber Verlag Freiburg/ München, 1972

（6）Ulrich Luz, tr. by James E. Crouch, *Hermaneia and Continental Commentaries Mathew 1-7; Mathew 8-20; Mathew 21-28* 3 vols. based on *Evangelisch-Katholischer Kommentar zum Neuen Testament* 4 vols., Hermaneia Series, Minneapolis: Fortress, 2001, 2005,2007

（7）D. H. Lawrence, Paul Eggert ed.,"The Crucifix Across the Mountains"in *Twilight in Italy and Other Essays*, Cambridge University Press, 1994 (first published in 1926)

（8）Robert Muchembled, *La sorcière au village (XVe-XVIIIe siècle)*, Paris, Gallimard-Julliard, 1979 reed, Gallimard=Folio, 1991

（9）Edward Gibbon, *The Decline and Fall of the Roman Empire*, volume I, New York: Random House, Inc., (the Modern Library), no publishing date provided Chapter 16 "The Conduct of the Roman Government towards the Christians, from the

Reign of Nero to that of Constantine"p.450 The Polytheists were disposed to adopt every article of faith which seemed to offer any resemblance, however distant or imperfect, with the popular mythology; and the legends of Bacchus, of Hercules, and of Aesculapius had, in some measure, prepared their imagination for the appearance of the Son of God under a human form. But they were astonished that the Christians should abandon the temples of those ancient heroes who, in the infancy of the world, had invented arts, instituted laws, and vanquished the tyrants or monsters who infested the earth; in order to choose, for the exclusive object of their religious worship, an obscure teacher who, in a recent age, and among a barbarous people , had fallen a sacrifice either to the malice of his own countrymen or to the jealousy of the Roman government.

（10）筆者はこの引用を二〇一二年七月十日『読売新聞』の「編集手帳」で読んだのだが、この言葉どおりには出典を確認できなかった。しかし大元になったのは次の記事であることは間違いあるまい。Lafcadio Hearn, "New Orleans Superstitions," from *An American Miscellany* vol. II (1924) originally published in *Harper's Weekly* December 25 th, 1886

> [...] if anything of it [=an under side of New Orleans life] manages to push up to the surface, the curious growth makes itself visible only by some really pretty blossoms of feminine superstition in regard to weddings or betrothal rings, or by some dainty sprigs of child-lore, cultivated by those nurses who tell us that the little chickens throw up their heads while they drink to thank the good God for giving them water.

（11）Peter Gay, The Enlightenment: *The Rise of Modern Paganism* (*The Enlightenment: An Interpretation* vol.I) W. W. Norton & Company, 1995 (first published 1966)　especially chapter 5

（12）「解放の神学」は一九五〇年代に社会正義に根ざし、貧者の立場からキリスト教を理解しょうとする南米、中南米を中心にした運動でキリスト教社会主義の一形態とみなされた。とりわけ、ニカラグアにおいてアメリカに支えられていたソモサ独裁政権をサンダニスタ民族解放戦線が倒して一九七九年に革命を成功させたときの思想的後ろ盾になったのが、解放の神学を奉じる修道士であった。このような進歩的司祭はカトリックの第二バチカン公会議（一九六二―六五）以降の進歩的方向の推進力になったが、バチカンとの確執はいまだに続いており、これまでも断続的にカトリックから破門される司祭がでている。当時、解放の神学を奉じる司祭たちに対し最も強行な処罰を以て臨んだのが「ヴァチカンの番犬」ラッチンガー、即ち後の第二六五代ローマ教皇ベネディクト一六世であった。アメリカ、ニューヨーク州のメアリノル修道会の出版局「オービス」が中心になって解放の神学の思想を広めてきた。次の二書を参考にされたい。Gustavo Gutierres, tr. by Caridad Inda & John Eagleson, *A Theology of Liberation*, Maryknoll, NY: Orbis Books, 1973 (original Spanish edition 1971) Leonard Boff, tr. by Patrick Hughes, *Jesus Christ Liberator: a critical Christology for our time*, Maryknoll Books, NY: 1978 (original Portuguese edition 1972)

(13) Lafcadio Hearn, "Horai," in *Kwaidan*, Tuttle, 1972 (first published in1904), pp. 176-178

ハーンは家の掛け軸の山水画風の絵から着想を得て、この短編を書いた。ここには日本の祖霊崇拝に基づいた彼の神道観と日本の理想が凝縮されている。しかしながら、この作品は、これまで彼が日本に抱きつづけてきた理想の終焉を暗示する猫写で終わる。西洋からの不吉な文明化の風により、日本を覆っていた素晴らしい魔法の大気が吹き払われ、蓬萊の国がいまや蜃気楼のように消えつつあることへのハーンの嘆きで終わっている。ハーンのやさしい心と日本への愛情が存分に発揮された名篇である。

This atmosphere is not of our human period: It is enormously old,—so old that I feel afraid when I try to think how old it is;—and it is not a mixture of nitrogen and oxygen. It is not made of air at all, but of ghost,—the substance of quintillions of quintillions of generations of souls blended into one immense translucency,—souls of people who thought in ways never resembling our ways. Whatever mortal man inhales that atmosphere, he takes into his blood the thrilling of these spirits; and they change the sense within him,—reshaping his notions of Space and Time,—so that he can see only as they used to see, and feel only as they used to feel, and think only as they used to think. [...]

Because in Horai there is no knowledge of great evil, the hearts of the people never grow old. And, by reason of being always young in heart, the people of Horai smile from birth until death—except when the Gods send sorrow among them; and faces then are veiled until the sorrow goes away. [...]

Much of this seeming would be due to the inhalation of the ghostly atmosphere—but not all. For the spell wrought by the dead is only the charm of an ideal, the glamour of an ancient hope;—and something of that hope has found fulfillment in many hearts,—in the simple beauty of unselfish lives,—in the sweetness of Woman […]

Evil winds from the West are blowing over Horai; and the magical atmosphere, alas! is shrinking away before them. It lingers now in patches only, and bands,—like those long bright bands of cloud that train across the landscapes of Japanese painters. […]

Remember that Horai is also called Shinkiro, which signifies Mirage,—the Vision of the Intangible. And the Vision is fading,—never again to appear save in pictures and poems and dreams […]

（14）朱鷺田祐介『酒の伝説』（新紀元社、二〇一二）p.189「パンと魚の奇蹟はビールだった?」

（15）Charles Nodier, *La Fée Aux Miettes*, Paris, Librairie D'eugène Renduel, 1832

（16）Theodore Ziolkowski, *The Fictional Transfigurations of Jesus: images of Jesus in literature*, Princeton University Press, 1972

ジオルコウスキーは「文学的イエス伝」あるいは「文学の中のイエス像」を五つに分類する。

①「小説的伝記」（fictionalizing biographies）は福音書の記事に、作者自身の視点や現代的に捉えなおした内面心理以外の何ものもつけ加えない作品である。彼は過去四半世紀でこの種の最も優れた作品として、ロバート・グレイヴズ『王イエス』（Robert Graves, *King Jesus*, London & Tront: Cassell,1946）とニコス・カザンツァキス『キリスト最後の誘惑』（Nikos Kazantzakis tr. by Peter A. Bien, T*he Last Temptation of Christ,* New York: Simon and Schuster,1960/original Greek edition 1948）を挙げる（実例として挙げる作品と、このジャンルの定義とにずれがあるのが少々気になるが）。

②「甦りのイエス」（Jesus redivivus）はイエス・キリストが現代の世に奇跡的に現れる物語である。最も有名な例はドストエフスキー『カラマーゾフの兄弟』のなかでイワンが弟のアリョーシャに頭の中にある長編叙事詩として語る「大審問官」の話である。アメリカ文学では、教会のステンドグラスから飛び出したイエスがハリウッドの街で現代文明の病を経験する、アプトン・シンクレア『人、吾を大工と呼ぶ』（Upton Sinclair, *They Call Me Carpenter*, London: T. W. Laurie; New York: Boni & Liveright, 1922）が異彩を放っている。

③「キリストのまねび」(Imitatio Christi) はトマス・ア・ケンピス『キリストに倣いて』に通じる信仰修養的内容をもつ小説で、現代の主人公が、もしイエス・キリストがこの時代にいたならば、どう行動し生きたであろうかと考え、キリストに倣って、多くの場合、因習を打破して真の信仰を生きようとする小説である。イギリスの典型的ヴィクトリア朝小説、ハンフリー・ウォード夫人の『ロバート・エルズミア』(Mrs. Humphry Ward, *Robert Elsmere*, London & New York, Macmillan and Co., 1888)、アメリカではチャールズ・シェルダンの『主の歩みに従いて』(Charles M. Sheldon, *In His Steps: What Would Jesus Do?*, New York: Grosset and Dunlap, 1935) がこの類である。

④「擬似キリスト」(pseudonyms of Christ) はジオルコウスキーのいう「小説的変容」と最も紛らわしいので注意するように再三注意をしている。後者は福音書に記されているできごとを暗示するように筋書きがしつらえられた原形遵守型であるのに対し、擬似キリストは主人公が何となくキリストを思わせるといった以外は、それをはっきりさせる特定の標は何もなく、強いて言えば作者のキリスト教理解・解釈に左右される極めて相対的なキリスト像が提示される、はるかに茫漠たるジャンルということになる。

⑤小説的変容 (fictional transfiguration) は上記の如くであるが、ジオルコウスキー自身は、このジャンルに史的イエス小説を期待しているようである。信仰告白的 (devotional) 作品を③に分類するということは、その意図が読みとれる。彼自身、これら五つの特徴の複数が同一作品に重なってあらわれる可能性を認めているように、学問的な史的イエス研究も、歴史のイエスと信仰のキリストとが簡単には切り離せないことを認識している。

ジオルコウスキーは文学の中のイエス像を扱う批評家が④に偏りすぎていることに業を煮やして、より厳密な⑤を設定したと思われる。しかしながら、④と⑤との区別が福音書に記される事項のみという標識は、自ずと⑤を狭いジャンルにしてはいないだろうか。

ジオルコウスキーの prefiguration と postfiguration とを繰り返し区別すれば、前者は主人公が改革者、受難死、贖いなどの特徴をもち、精神的、思想的に何となくイエス・キリストを思わせる登場人物の造型で④に属し、後者は福音書に記されるイエス・キリストの主たる経験、特徴をはっきりと有する登場人物の造型で⑤に属するということになる。当然、ここには領域のあいまいさがあり、史的、神学的解釈もかかわってくるので、このような概念は形式的な区別に終わるおそれもある。

ジオルコウスキーがこの区別を設けた理由は、「文学のなかのイエス像」に前者まで含めると際限がなくなるので、どこかで区切りをつけるための目安を求めたことと、先述の④への偏り故であろうが、postfiguration のほうが④本物の（史的）イエス文学であるという格付けに聞こえてしまうのは問題である。いくつかの標識さえクリアすれば認定されるようなふるいわけは不健全である一方で、解釈をもって作品を判断するのは当然であるから、本来ならば、④と⑤とを区別せず、そのなかで、読者に対して問題意識を刺激する優れた作品を俎上に挙げるべきではなかろうか。具体的にいえば、筆者にはナサニエル・ウェストの『ミス・ロンリーハーツ』（Nathanael West, *Miss Lonelyhearts*, New Yok: Avon, 1933）のような優れた作品が④に分類されるが故に、その主題がジオルコウスキーの著書において十分討議されないことに納得がいかないのである。

（17）Charles de Brosses, *Du Culte des dieux fétiches*, 1760 Broché, Fayard, 1989

（18）新教出版社編『聖書辞典』、新教出版社、一九六八年、pp.178-179「五旬節」

（19）E. B. Cowell ed., *The Jataka or the Stories of the Buddah's Former Births*, 3 vols., Munshiram Manoharlal Publishers Pvt. Ltd., 2002

（20）Pieter F. Craffert, *The Life of a Galilean Shaman: Jesus of Nazareth in Anthropological-Historical Perspective*, Eugene: Cascade, 2008

（21）Mircea Eliade, tr. by Willard R. Trask, *Shamanism: Archaic Techniques of Ecstasy*, Princeton University Press, 1964 original French edition 1951

（22）R. Firth, "Problem and Assumption in an Anthropological Study of Religion," *JRAI*, LXXXIX,1959

（23）I. Paulson, "Die Religionen der nordeurasischen Volker," in I. Paulson, A. Hultkrantz, K. Jettmar, *Die Religionen Nordeurasiens und der amerikanischen Arktis*,1962, Kohlhammer, Stuttgart

（24）『現代思想』（青土社、一九八四年、vol. 12-4）特集シャーマニズム pp.136-148 久米博「ことばの霊能者イエス」

（25）Jan Swyngedouw,《Chamanisme au Japon》, in *Dictionnaire des Religions*, 1984, P.U.F., p.266

（26）堀一郎『シャマニズムその他』（『堀一郎著作集』第八巻）未来社、一九八二年、pp.244-245, p.377
（27）Gerd Theissen, *Soziologie der Jesusbewegung: Ein Beitrag zur Entstehungsgeschichte des Urchristentums*, 7. Aufl. Chr. Kaiser, Gutersloh 1977
（28）Susan Sontag, *Illness as Metaphors*, Farrar, Straus & Giroux. 1978
（29）Adolph Harnack, *Das Wesen des Christentums*, J. C. Hinrichs, 1900
（30）Jean Starobinski, "The Gerasene Demoniac" in Roland Barthes et al, eds, *Structural Analysis and Biblical Exegesis*, Pittsburgh: Pickwick, 1974, pp.57-84
（31）『臨床精神医学』第九号第七号、国際医療出版、一九八〇年
（32）荒井献『イエスとその時代』岩波書店（岩波新書）一九七四年
（33）Origen(es) Adamantius, tr. by Henry Chadwick, *Contra Celsum*, Cambridge University Press, 1965 (originally written in c. 248 in Greek)
（34）Robert Eisler tr. by Alexander Haggerty Krappe, *The Messiah Jesus and John the Baptist according to Flavius Josephus' recently rediscovered 'Capture of Jerusalem' and other Jewish and Christian sources*, Methuen, 1931 (originally published in Grerman in 1929) p.467

Josephus in his *Halosis* II described Jesus as follows: "a man of simple appearance, mature age, small stature, three cubits high [4ft 6in; 137cm], hunchbacked, with a long face, long nose, and meeting eyebrows, so that they who see him might be affrighted, with scanty hair (but) with a parting in the middle of his head, after the manner of Nazarites, and with an undeveloped beard."

ヨセフスは（スラヴ語版）『エルサレム陥落第二巻』においてイエスを次のように描いている。「さえない風貌の、身長一三七センチくらいの小柄な傴僂《くぐせ》の大人である。おまけに、馬づら、デカ鼻で左右の眉がつながっているので、彼を見た人はひょっとして怖いかもしれない。わずかな髪をナジル人の流儀にしたがって真ん中で別けており、まばらな顎髭を生やしている」

（35）ルネ・ジラールは当初は文化人類学的視点から、自身の欲望は他者の欲望の模倣であるという欲望のミメー

シスを基に、主体と鑑（他者）と対象との間の欲望の三角形を示し、また人間社会の暴力システムを、「身代わりの山羊」（scapegoat）を中心に解説していたが、『世の初めから隠されていること』（一九七八）からは、スケープゴートとしてのイエスがまるで否定されるように、このような暴力の連鎖のシステムを断ち切るために、イエスは犠牲の死から復活したのであると、力点を移し、自身のカトリックとしての立場を鮮明にうちだすようになった。学者としての分析も信仰者としての解釈もどちらも正しいといえるが、この転換は文化人類学から聖書学への視点の転換といえよう。
René Girard, *Mesonge romantique et vérité Romanesque*, Paris: Grasset, 1961 and *La Violence et le sacre*, Paris: Grasset, 1972 and *Des choses cachées depuis la fondation du monde*, Paris: Grasset, 1978

（36）柳田國男、『柳田國男全集』第六巻所収『一目小僧その他』、ちくま文庫、一九九一年（「一目小僧」初版、昭和九年）

（37）宇川絵理「ドイツ語圏のツヴェルク伝承―異人的性格と媒介者としての役割―」『説話・伝承学』vol. 4、説話・伝承学会、一九九六年、pp.53-68

（38）James Frazer, *The Golden Bough　A Study in Comparative Religion*, Macmillan Press, 1976 (two-volume first edition 1890; three-volume second edition re-subtitled *A Study in Magic and Religion* 1900: twelve-volume third edition 1906-15; thirteen-volume definitive edition 1936)

（39）貝塚茂樹『神々の誕生　中国史Ⅰ』筑摩書房、昭和三八年

（40）同書37頁

（41）同書122頁

（42）同書124頁

（43）日野西眞定『高野山民俗誌　奥の院編』佼成出版社、一九九〇年

（44）貝塚、前書15頁

（45）同書41頁

（46）山本史也『図解雑学　漢字のしくみ』、ナツメ社、二〇〇八年（「民」pp.112-113,「狂」pp.162-163）

（47）Mircea Eliade, tr. by Stephen Corrin, *The Forge and the Crucible: The Origins and Structure of Alchemy*, University of

Chicago Press, 1978 (first published in 1956)

(48) 一九八五年にロバート・ファンクを中心に始まった史的イエス研究会。九〇年代までは勢いがあった。一五〇人ほどの会員がおり、ファンクの他、クロッサン(John Dominic Crossan)やボルグ(Marcus Borg)が活躍した。教会からは極めて過激な集団にみられたが、たとえばイエスの終末論など重要な点で必ずしも一枚岩ではなかった。福音書のイエスの言動の史実性を判定するのに、赤（三点）、桃（二点）、灰（一点）、黒色（零点）の四つの珠で投票することが話題になった。二〇〇八年にジョゼフ・ホフマン（R. Joseph Hoffmann）が興し、ブルース・チルトン（Bruce Chilton）やロバート・アイゼンマン（Robert Eisenman）が属した「ジーザス・プロジェクト」は五年計画の研究のはずであったが、スポンサーの撤退で翌年解散した。イエス実在説と非在説を問題にする研究会であったので、展望が無い点が弱みであった。Robert Walter Funk et al, *The Five Gospels: What Did Jesus Really Say?*, Macmillan, 1993 and *The Acts of Jesus: What Did Jesus Really Do?* Polebridge Press; Salem, Oregon: 1998

(49) John Dominic Crossan, *The Historical Jesus: The Life of a Mediterranean Jewish Peasant*, HarperCollins, 1991

(50) アンセルムス(St. Anselm of Canterbury 1033-1109)は*Proslogion*(1077-78)の第二章で有名な「知解を求める信仰」というテーゼを展開しているが、本文では「より深く神を知ろうとする神への活発な愛」ほどの意味合いで言われた言葉が、後に拡大解釈されて、信仰に取って代わる悟性までが考えられた。この本の原題は「神の存在をめぐる講話」だったので、神のオントロジーが出発点であった。Brian Davies & G. R. Evans eds., *Anselm of Canterbury: The Major works*, Oxford: Oxford University Press, 1998

(51) Flavius Josephus tr. by H. St. J. Thackery, *The Lfe. Against Apion* (*Contra Apionem*), Harvard University Press, Loeb Classical Library 186, 1926, (originally written in the early second century), Book I, sec. 14

(52) Eusebius, tr. by E. H.Gifford, *Preparation for the Gospel* (*Praeparatio Evangelica*), Eugene, OR: Grand Rapids, 1981, (originally written in the early fourth century), Book I, chap. IX-X

(53) William Johnston (1925-2010) はアイルランド生まれのイエズス会士で上智大学教授。神との対話、祈りを重んじる神秘思想家で、キリスト教と禅との架け橋となった。国内外に多くの熱烈な読者を持つ。遠藤周作『沈黙』

の英訳者としても知られる。

ジョンストン師がよく口にされていた「キリスト教とはキリストです」という言葉が筆者には印象深く、誰が最初に言った言葉だろうと思い続けている。最初に言った人はわからないが、師の頭のなかにはウエールズ人の英国国教会牧師 W. H. Griffin Thomas, *Christianity is Christ*, London: Longmans, Green, and Co., 1909 があったに違いない。

ジョンストン師の著書としては *Zen and Christianity* がよく挙げられるが、次の書も好評である。特に自伝はあまりにあけすけに周りの人々のことを書いたので、原稿段階で意見を容れて書き直さざるをえなかったという。筆者は壮年のジョンストン師の生徒であり、個人的な読書会でも御指導を得たが、晩年の師とは疎遠であったので、この話が信じられず困惑している。今思えば、実は燃えたぎるような情熱を秘めた男性的な人物であったのだろうが、当時の筆者には、実に誠実で温かい、祈る聖人のような御方であった。William Johnston, *The Inner Eye of Love: Mysticism of Religion*, Fordham University Press, 1997 (first published in 1975) ; *Mystical Journey: An Autobiography*, Orbis Books, 2006

（54）Gerald Massey, *The Natural Genesis*, Cosimo Classics, 2007 (first published in 1883)

（55）ジャック・ラカンは有名な「鏡像段階」と並んで、自我を構成する「現実界」、「象徴界」、「想像界」という、どれ一つを切っても三者がばらばらになる「ボロメオの輪」がよく話題にされるが、筆者の管見によれば、このうちの「現実界」が未生以前の生の問題に深くかかわると思われる。「現実界」は適訳はないような気がする。仏語で "le reel" 英語で "the real" であるが、胎児が母胎に安らぐ世界をいうときは「実存界」であり、西田流に「純粋経験」とでも呼びたい。胎内以来の母との結びつきが切れかかったときに幼児ははじめて言語活動を始めるが、言語は象徴界に属するもので、父の世界ということになるらしい。ラカンはすでに一九三六年に「現実界」の問題にとりくみ、一時離れて五十年代にこの問題に戻り、再び取り組んでいたが、究極的な未生前の生の問題はオカルトに向かう危険な領域であるとして、最終的にはこれを放棄した。これが、カトリックとも無神論者ともいわれるラカンの限界ではなかろうか。この問題に取り組んだユングが一部の人々には現代のキリストたらんとしたと思われたのとは対照的である。フロイトの親しい同僚のなかにはサンドール・フェレンチ

（Sandor Ferenczi）のようにこの問題に固執した心理学者もいた。 Jacques-Alain Miller ed.,. *The Seminar of Jacques Lacan*, 3vols. New York: Norton, 1988/1993 (seminars 1954-56)

（56）Martin Bernal, *Black Athena The Afroasiatic Roots of Classical Civilization Volume I: The Fabrication of Ancient Greece 1785-1985*, Rutgers University Press, New Brunswick, NJ, 1987, and V*olume II: The Archaeological and Documentary Evidence*, Rutgers University Press, New Brunswick, NJ, 1991 and *Black Athena Writes Back*, Duke Universuty Press, 2001

（57）Robert Graves, *The White Goddess*, Faber & Faber, 1988 (first published in 1948) p.162 Elias Levita, the fifteenth-century Hebrew commentators, records the tradition that the teraphim which Rachael stole from her father Leban were mummified oracular heads and that the head of Adam was among them. If he was right, the *Genesis* narrative refers to a seizure of the oracular shrine of Hebron by Saul's Benjamites from the Calebites. Caleb was an Edomite clan; which suggests the identification of Edom with Adam: they are the same word, meaning 'red.' But if Adam was really Edom, one would expect to find a tradition that the head of Esau, the ancestor of the Edomites, was also buried at Hebron; and this is, in fact, supplied by the *Talmud*.

（58）John Noel Shonfield, *The Historical Backgrounds of the Bible*, T. Nelson, 1938 cf. Robert Graves, White Goddess, pp.161-162 cf.「詩編」76：2

（59）Kamal Suleiman Salibi, *The Bible Came from Arabia*, London: Jonathan Cape, 1985

（60）Lionel Carson ed., *The Periplus Maris Erythraei: Text with Introduction, Translation, and Commentary*, Princeton University Press, 1989

（61）Kamal Suleiman Salibi, *Conspiracy in Jerusalem: The Hidden Origins of Jesus*, I.B.Tauris and Co., Ltd., 1988 (reprinted as Who was Jesus: Conspiracy in Jerusalem, 2002)

（62）Emmanuel Swedenborg, tr. by George F. Dole, *The Universal Human; and, Soul-Body Interaction*, Paulist Press, 1984 (originally published in Latin in 1761)

（63）Myra Shackley, *Rocks and Man*, George Allen & Unwin Ltd., 1977 chapter 7, figure 34

(64) Judith M. Hadley, *The Cult of Asherah in Ancient Israel and Judah Evidence for a Hebrew Goddess*, Cambridge University Press, 2000, pp. 115-119, figures 3-7 Pithos A,B

(65) Yigael Yadin, *Hazor; The Rediscovery of a Great Citadel of the Bible*, Weidenfeld and Nicolson, London, 1974 第三章掲載写真三点。

(66) David Flusser, "Paganism in Palestine," Chapter Twenty Three in S. Safrai and M. Stern eds., *The Jewish People in the First Century* Volume Two, Fortress Press, 1978 p.1065"At no time in history was Judaism the only religion of Palestine."

(67) Praenestinus Claudius Aelianus (c. 170-235), tr. by A. F. Scholfield, *De Natura Animalium, On the Characteristics of Animals*, 3 volumes, Loeb Classical Library, 1958-9 17.9

(68) Babylonia Talmud, Sanhedrin, 63a

(69) Flavius Josephus, *Contra Apionem* (*Against Apion*), II: 7 & 10

(70) Mishna, Pirkei Avot 5: 6

(71) Bill Darilson, *Gospel and the Zodiac: The Secret Truth about Jesus*, Overlook Books, 2008

(72) cf. Louis Jacobs, "Jewish Cosmology," in Carmen Blacker and Michael Loewe eds., *Ancient Cosmologies*, George Allen & Unwin Ltd,. 1975 pp.66-81

(73) *'Aboth d'Rabbi Nathan*, tr. by Eli Cashdan, (chapter 40) in *The Minor Tractates of the Talmud*, Socinno, 1965

(74) 東京大学イラク・イラン遺跡調査団編『オリエント　遺跡調査の記録』朝日新聞社、昭和三十三年「アレッポ国立博物館」写真 162, 163

(75) Mishna Sotah 7:8; Babylonia Talmud Sotah 41a

(76) ヨセフス『ユダヤ古代誌』15: 373-379

(77) Philo, *Adversus Flaccum*, VI 25-46

(78) Hugo Grotius (1583-1645), *Annotationes in Novum Testamentum*, (ed. Groningen, 1837) II, p.356 (ad Mtt.27:28-29)

(79) Joachim Jeremias, tr. by S. H. Hooke, *Jesus' Promise to the Nations*, Studies in Biblical Theology, 24; London: SCM Press, 1958

（80）Geza Vermes, *Jesus the Jew*, London: Collins, 1973

（81）Joseph Fitzmyer coed., *The Semitic Backgrounds of the New Testament*, Grand Rapids, Michigan: Eerdmans, 1997

（82）Michael F. Bird, *op.cit.*, p.77　cf. Chapter 4 'A Kingdom for Birds': Sayings about Gentiles (pp.58-94)

第二章　武田泰淳「わが子キリスト」にみる史的イエス

一

小説家が描くイエスは蓋し主観的である。他の題材ならば、主観的で感動的なるできばえもありえよう。しかし、イエスを題材あるいはモチーフにした小説は蓋し主観的にして退屈である。いや、「少なくとも史的イエスを学んだ者にとっては」と言い添えるべきであろうが。

日本に限っていえば、芥川竜之介『西方の人』、山岸外史『人間キリスト記』、太宰治「駆け込み訴へ」、石川淳「焼け跡のイエス」、塚本邦雄『荊冠伝説　小説イエス・キリスト』、小川国夫『或る聖書』はいずれも小説家・詩人のひとりよがりである。石川淳のこの作品などは、長さも内容も、初めから印象主義に基づいた一発芸のような作品なので、他の作品と同列におくべきではないのかもしれない。戦後の焼け跡に生きる浮浪児にイエスの面影をみたというような話であるが、そもそも、そのイエスからして石川の主観である。（主観は多かれ少なかれ、どの作品にもあるのでしかたはないが、程度問題ということである）。石川淳に同情的なクリスチャン批評家が、この芥子種から精いっぱい敷衍して「イエスの受難と生の悲哀」なる批評をものしたと仮定して、それと対にして、石川の作品もやっと俎上にのせられようかという程度である。石川淳の才能を常々敬愛する筆者にとって、ここまで言うのは辛いが、イエス(にかかわる)小説がいかに難しいかということである。主観の蔓延ということでは、すでに意味不明に陥っている小川国夫のイエス小説はさらに始末におえないので、論評を控えたい。この問題は小説のジャンルに限られない。

いや、ひょっとすると、イエスなる人物に、あるいはそのイメージに、これらの作品を通じて初めて触れる人にとっては、それはそれで、ある種の手引きになりうるやもしれぬ。しかしながら、イエスのある言葉、イエスが置かれたある状況にたいする思いこみと感動のみで、それをいくら拡張したところで、イエスについて優れた全体像が描けるものではない。他方、福音書をいくら丁寧になぞったところで、本人に新約聖書のより深い理解をもたらしはしても、それが即、優れたイエス伝、あるいは深い史的イエス理解になりうる保証はない。単なる信仰表明とは異なるイエス小説を目指すなら、それは史的イエス研究の上に構築されなくてはならない。小説であろうが、研究であろうが、イエス時代の歴史、政治、経済、宗教状況についての知識に裏打ちされたイエスの原像が背景になくてはならない。さらに、聖書、聖書・キリスト教学の教養を基礎として、解釈に解釈を対抗させる訓練を根気強く経なければ、イエス小説に挑むべきではない。

では多少なりとも史的イエスを意識した遠藤周作『イエスの生涯』、『キリストの誕生』、『死海のほとり』はどうかといえば、上記作家の作品と比べれば、印象主義的拡散は小さく、(史的認識にいくつかの誤謬があるとはいえ)全体を描いて伝達内容は一貫している。しかしながら、その一貫性は一本調子であるともいえる。遠藤がイエスについて言いたいことは、すでに『わたしが・棄てた・女』で言い尽くされている。しかも、相当巧みに、効率的に、言い尽くされている。

内部にイエス伝のひとこまをかかえこみ、古典作品に通ずるスケールと風格とをそなえた小説の場合、小説としての高質が読者を引き寄せ、それが少々の批判をもはねつける勢いを持ちうるようである。マトリョーシカ風入れ子状態に仕組まれた物語を現実と幻想とを交錯させ、あるいは、現実と幻想のあわいでつなげ、全体として、禁断の体制批判をにおわせる作品であれば、幕間狂言のイエス伝もひときわ引き立とうというものである。ミハイル・ブルガーコフ『巨匠とマルガリータ』(1)はそのような作品である。イエスの裁きの場に居合わせたという悪魔は、この物語の狂言回しを冒頭に登場する詩人から奪いとるばかりか、まるで主役に踊り出るが如くに、現実においてブルガーコフ本人の作品をことあるごとに潰していった検閲当局の面々とおぼしき人物たちを次々に抹殺する八面六臂の活躍をしつつ、本来の主役である「巨匠」を真実のピラトとやらに導くのである。イエスに死刑を宣告したユダヤ総督ポンテオ・ピラトのその後の苦悩と救いを知るに至る巨匠の魂の旅はマグダラのマリアならぬマルガリータなる女性の愛に支えられて美しい。筆者とて、魔力によって甦る「イエス伝」に興味がわかぬはずはない。マルガリータまでは望みえずとも、自分にも(抹殺したい敵はいぬものの)このような悪魔の導きはありがたいし、「原稿は決して燃えない」ものであってほしい。

しかしながら、史的イエスという観点からこの小説を評価することが許されるならば、この珠なる名作に巣食う瑕は、少なくとも筆者には、全体の無秩序からなる魅力を潰してあまりある。現実のピラトが決してこのように苦悩する誠実な魂の持ち主ではなかったことを確信する研究者からすれば、ゲーテ『ファウスト』の結末を思わせるこの小説の荘厳なる結末にもかかわらず、その前提への不信が感動を決定的に妨げるのである。かくのごときピラト像は護教的精神から古代にすでに描かれており、パロディーとしてならまだしも、これに大団円を委ねるには、あまりに陳腐といわざるをえない。この作品のマジカル・リアリズムの魔力を一挙にふきとばす、まことに陳腐なピラトである。苦悩する良心をもつピラトとして更なる例をあげるなら、もしピラトがイエスを釈放していたらというロジェ・カイヨワの幻想小説『ポンス・ピラト』[2]のほうがまだしも問題提起になりえている(その結果、数百年にしてキリスト教はついえるのである)。

新約外典「ニコデモ福音書(ピラト行伝)」が語る、ピラトの回心は、キリスト処刑の責任をローマから逸らすためであろう。この伝承に基づいた、東方正教会によるピラト列聖からも政治性が感じられる。ピラトが解任後ガイウス・カエサル(カリグラ帝)から自殺を強いられたというエウセビオスの証言(『教会史』第二巻七章)のほうが史実として、はるかに信用がおける。

使徒とほぼ同時代の歴史家ヨセフスによるピラトについての否定的証言、重ねて、三六年に聖地ゲリジム山へ向かうサマリア教徒を怪しみ大虐殺を指揮したピラト、それについてサマリア人から訴えられたシリア総督ルキウス・ウィテリウスからの報告を受けての皇帝ティベリウスによるピラト更迭と本国帰還命令とを考えあわせれば、人間的なピラトはどうしても像を結びえない。しかも、ピラトはその帰還命令への服従を、(舟が使えなかった時期だったので、陸路の旅が困難だったせいもあろうが、)最大限先延ばしにし、ティベリウスはピラトの裁判を待たず死去するのであるが、それまでもがピラトの計算に入れられていたのではないかと勘ぐりたくなる(さすがに、そこまではない)。

それでもなお、百歩譲って、福音書におけるイエス処刑へのピラトの消極性を史実として認めることを求められるなら、ピラトのユダヤ総督任命の影の力ともいわれ、少なくともピラトに影響力をもっていた、反ユダヤ主義者(anti-Semitist)セヤヌス(Lucius Aelius Sejanus)の運命から解き明かさねばならない。権力濫用の故に、セヤヌスは皇帝ティベリウスにより三十一年に処刑されるのであるが、翌年、皇帝により反ユダヤ主義禁止の勅令が布告される。これが、ピラトに影響を与えなかったはずはない。あるいは、それでもなお反ユダヤ主義が抜けきれないピラトが、ユダヤ人指導部と対決していたイエスに肩入れしたともとれる。あるいは、狡猾なピラトがアリマタヤのヨセフのようなサンヘドリン内部のイエス支持者からの賄賂(まがいの画策)でイエスに好意を示した可能性、あるいは、妻の不吉な夢(マタイ27:19)から、ピラトが祟りを恐れた可能性をあげるしかない。いずれにせよ、ピラトは本質的に残忍で狡猾な人間であり、彼からは人間的暖かみを認めえない。彼の苦悩として考えうるのは、我が身を危ぶむ苦悩のみである。

ピラト評価の如何にかかわらず、『巨匠とマルガリータ』の価値は揺るがないとすれば、史的イエスという観点からの作品評価は意味をなさないことになるが、あえてこのような観点基準に固執した場合、はたしてどのような作品が評価されるかを知ることは、一般読者にとって無益ではなかろう。

二

筆者が固執する基準は、「調べて書く小説」から想像力を排除することにはなるまい。しかし、この基準はその種の小説に想像力を働かせるべき領域の選別を求めることにはなろう。

それでも、視点の設定、内的独白の内容にまで立ち入るような基準ならば、それだけで表現の自由を侵害しているという批判は当然ありえよう。従って、この基準なるものを総論化することは危険で、あくまで各論に限定すべきである。

特定のジャンル小説のありようについての提議は、新しい格闘技を創出する提議に似てなくもない。たとえば、この新格闘技の性質をルールから語り始めるならば、話題は反則に集中し、設立準備委員会パネリスト各人の思惑が働いて、極めて制約の多い、あるいは極めて曖昧なグレーゾーンが支配する格闘技が生まれることが予想される。したがって、それがいかに抽象的なテーゼであろうとも、すべてはこの新格闘技の目的から始めなくてはならない。

仮に、その目的が、真剣勝負にして、真の実力者が不利をこうむることのない、誰しもが納得する公平なルールの下での格闘技の実現ということならば、現時点でそれに最も近いと思われる格闘技についての検討、反省から議論が始められるべきであろう。

現在のところ真剣勝負に最も近いとされる、オクタゴンなる金網内で闘われるＵＦＣ（Ultimate Fighting Championship）をそのような格闘技であるとするなら、このＵＦＣに対する不満、ＵＦＣがかかえる矛盾が検討されることになる。しかし、その前にはっきりさせておかねばならぬ前提がある。格闘家の安全と、この格闘技の観客は誰かということである。格闘家はグラディエーターではないのだから、勝者も敗者もできるだけ健康をそこなわずに試合を終えてほしい。つぎに、新格闘技を、ただただ強い者を見たいというコアな格闘技ファンから、格闘技のことなど何も知らないお年寄りや子供まで、どの観客層にあわせるかという問題である。この格闘技をメジャーな存在に育て上げようとする設立準備委員会なら、テレビ放映権を視野に入れて、中間層よりやや上を対象にし、（グラウンドでの停止状態を長引かせず）試合内容をわかりやすくする一方で、凄惨な試合を防止する手だてを考慮する。(急所攻撃、噛みつきはいうまでもないが)頭突き禁止等のルールが問題になるのはその時点で必至である。ノックダウンにさいしても、中断カウント無しの試合続行と、迅速なノックアウト裁定のレフリー一任も選手の身を守る防御策になる。

ある程度の技量に達している者同士ならば、試合のルールを聞いただけで勝敗の予想がつくという。このことを最初に明言したのは「格闘技世界漫遊」なる構想をもって誰よりも早く異種格闘技をこころみたコンデ・コマこと柔道家前田光世である。胴衣着用試合千勝無敗伝説を誇る格闘技家の言葉にして重みがある。

表現の世界では、検閲におよぶ危険性を常にはらむ出版倫理協議会のような存在がそのルール作りに腐心するのであるが、誰をも納得させる絶対公平な規則など幻想である。反則にしたところで、格闘技の場合、流れを重視してイエロー・カード提示のクッションを置けばたちまちにして灰色地獄に突入するように、文学でも同様の曖昧さはおこりうる。

結局のところ、このような新格闘技には前例がないわけだから、それ自体が試合をつうじての観客教育という啓蒙的役割を担うことになる。即ち、プロレス等の既存格闘技に、「真剣なる偽闘か、抑制した真剣か」などと批判の矛先を向けるのではなく、自ら、より優れた格闘技を提示することで、賛同を得、新しいジャンルを創りあげていく他ない。また、その新ジャンル自体も常に内部改革し、進化し続ける他ないのである。

宗教小説において、教祖への誹謗中傷禁止等の反則規定をもうけるならば、必然的に表現の自由と抵触することになる。暗黙の不可侵領域ですら、それが作家に自己規制を強いるならば、検閲と何ら変わりはあるまい。しかしながら、それらを認めたうえで、健全な批判は別として、やはり、特定の宗教・教祖への誹謗中傷は慎むべきであろう。逆に、誹謗中傷の意図さえなければ、禁域に踏みこむ行為を潔しとしたい（書き手に悪意がなくとも、悪意ととられる可能性は覚悟したうえで）。

ところで、筆者がこれまで比喩的に述べてきた規則あるいは基準とは、自由を縛るものであるよりは、より有意義な方向へ向かわせるための提案である。そこでの目的は、真剣勝負ではなく、史的イエスである。比喩を逆からたどれば、プロレスが敬虔（devotional）小説であるとするなら、新格闘技は史的（historical）イエス小説である。しかも、その歴史性にＵＦＣを越えるレベルの真剣勝負（セメント）を期待しようというのである。「史的」イエスの名に恥じぬ作品である以上、史的解明への志向は絶対条件であり、これを当然としたうえで、文学としての高質を目指さねばならない。

しかしながら史実と称されるものも流動的で、歴史こそフィクションではないかという反論がすぐ聞こえてきそうである。しかも重要な論点にかぎってどれも「ただいま審議中」なのであると。そのとおりであり、目指すのは、まさに、そういったものを含めての史的志向なのであるから、そのためには何が審議中なのか、斯界における問題の実情を知っておくことを筆者は勧めたい。

三

次なる独語は基準としてではなく、あくまで有意義な方向へ誘うための忠告としてお聞き願いたい。

イエス小説において、語り手あるいは視点をイエス自身に据えるのは最も危険な賭けである。よほどの信念か勝算がなければ、そのような危ない橋を渡るべきではない。そのような手法は、イエス伝を志す者にとって、一世一代の大勝負で、遺書のつもりで挑むような雄図である。単なる人間ですら、人間はおおいなる謎である。現代に接する時代に生きた、内村鑑三ですら、本人の手になる膨大な著書にもかかわらず、その内面の真実は永遠の謎である。「グレートX」はまさに彼の通り名である。いわんや、イエスなる対象についてはできうる限り直接を避け、第三者の目を通した間接的語りに徹すべきである。

同時に、この間接性は文学的効果のうえでも有効である。葉山嘉樹の短編小説「セメント樽の中の手紙」(3)はこの間接性に徹した成功例である。

ダム建設現場で働く、子沢山でうだつのあがらぬ男、松戸与三はコンクリート・ミキサーにセメントを入れる作業中、セメント樽のなかから木箱に入った手紙をみつける。手紙の主はセメント袋を縫う女工で、近頃、砕石機に巻き込まれる事故でセメントになってしまった恋人について訴える手紙であった。そこには、彼(セメント)が使われる場所は劇場のようなところであってほしくない、彼には似つかわしくない、という彼女の希望、思いなおして、生前他人さまの役にたっていた人だから、役にたつなら何処でもよいのではなかろうかという心境の変化が述べられている。木箱には事故に遭った恋人が身につけていた服の切れ端が同封されており、最後に、このセメントが何処に使われたのかを知らせてほしいという彼女の切々たる願いが綴られていた。それにしても恋人が使われる場所がダムであるとは、人身御供の「人柱」を連想させる巧妙な造りである。やりきれぬ思いで帰宅した与三は、せめてもの憂さ晴らしに、彼にとってはたまの贅沢である焼酎を女房に求めるが、女房からは、身のほどをわきまえよとばかりに、どやされるという何とも救いようのない苦さがこの小説の結末である。

この小説は史的イエスとは何ら関係がないと断言できる。砕石機の犠牲者である男にイエスを読むよう促す者など、勿論なかろう。「石（ギリシア語でペトロス）」はペテロ（による教会）であるという読みも無茶読みである。ダムは（洗礼に用いられる、命の）水を貯える器という読みはさらに無茶読みである。しかし、この作品は当時のプロレタリアートの現実を実感させるにはうってつけの史的状況をそなえている点で小林多喜二『蟹工船』にも劣るまい。

さらに、なにより、この作品は我々が創作者の側に身を置いて、間接性に徹した成立手順を想像するに格好の素材である。作者、葉山嘉樹は名古屋のセメント工場に勤務した経験があり、そこである工員の事故に遭遇する。この事故は葉山を労働運動に駆り立てるきっかけとなり、結局挫折を味わうものの、彼にとっては人生の転機になる事件であった。現実の工員の死は砕石機によるものではなく、廃棄場での転落死であった。

創作家の発想として、もし彼の死が砕石機によるものであったらどうであろう、彼に恋人がいたとしたらどうであろうかという仮定に進むのは至極当然である。人間が砕かれてセメントになるというきわめてグロテスクな可能性は現場の人間以外は思いつくまい。

恋人がこのセメントの行く末を気にするのは当然である。けれども、セメントについて行くわけにはいかない。そこで手紙に望みを託す。これも当然である。しかし、それより先に、葉山はこの悲劇を直接、生身の人間の口から語らせることに抵抗を覚えたに違いない。間接的な視点と語りこそが読者の想像力に働き場を与える。発想の順番として、葉山は表題どおり「セメント樽の中の手紙」を最初に思いつき、同時に、自動的に逆算して、職場恋愛、手紙を入れることができる袋縫いの女工とつながったはずである。何より、この物語は、手紙の受けとり手以外、生身の人間を登場させないことにより、効果をあげうることを葉山は直観したにちがいない。そして、その受けとり手はかの工員以上に悲惨な状況に身をおく労働者でなければならないことも。

四

間接性に次いでイエス小説に求められる姿勢は未知あるいは未踏のイエス像の小説的肉づけである。「ただいま審議中」の論点に踏み込む勇気も評価されよう(ただし、筆者は異説・奇説のみを素材に据えることに価値をおいているわけではないことを、信じられまいが、言い添えておく)。『巨匠とマルガリータ』ですらUFCになりえないとすれば、史的イエス像の未踏の領域と格闘しえた作品など日本文学にあったであろうか。筆者は、この点で、武田泰淳『わが子キリスト』[4]を措いて、分析欲をそそる作品を知らない。

泰淳もイエスに直接自分を語らせようとはしなかった。一般読者の驚きは、泰淳が語り手として、これ以上奇抜な人物はないと思われる者を探り当てたことである。語り手はイエスの実父たるローマ兵士である。

柄谷行人の批評「わが子キリスト」[5]も、「武田氏の福音書解釈は、現代聖書学の実証的研究の水準からみれば、荒唐無稽の説といえなくはない」としたうえで、この作品における泰淳の特異性を『史記』と同様に、「世界全体の空間的構成」を考えている点にあるととらえる。しかしながら、泰淳が挑んだ領域は未踏ではあっても、未知ではない。柄谷は福音書解釈と実証研究という、当該作品批評として、二領域に別けるべき概念を以て、意図的ではないにせよ、読者を混乱させている。そもそも「福音書解釈」という言葉があいまいである。

この小説が伝える「歴史の意味」という結論において柄谷の評は誤ってはいないが、上記の論点は明確に二点に別け、福音書解釈については、ローマ帝国支配に安定をもたらすパックス・ロマーナ的目的と、そのために手強いユダヤ教と対抗するための新宗教(キリスト教)を創出するために、帝国の思惑で新約聖書が書かれたとする、一例として、「ピソ説」を、また(現代聖書学というよりもイエス伝研究の)実証的研究については、「タルムード」以来ユダヤ教側から言いふらされ、中世のイエス伝『トレドス　イエス』(6)(*Toledoth Jeschu*)に引き継がれている「ローマ兵士パンテラ(パンデラ)の子イエス」の噂を先ずあげるべきである。したがって、この筋に関心がある者の間ではともに陳腐なる説を、泰淳が何らかのきっかけで知り、その小説的素材の魅力に惹かれ、作品化したということであろう。あるいは、泰淳はピソ説については具体的に知らず、何となく、福音書のイエスの言葉に、為政者であるローマ側にとって都合のよい思想があることを自ら読みとるか、そういう解釈を知るに至ったのであろうか。

「ローマ兵士パンテラの子イエス」伝承について、あらましを述べれば、ユダヤ教の「タルムード」、及びその補遺の「トセフタ」で、イェシュ・ベン・パンテラ、ベン・スタダ、バラム、イェシュ・ハ・ノズリという四人の人物が描かれているが、これらが、我々の知るイエスを指しているのではないかと言われてきた。たとえば、イェシュ・ハ・ノズリ(英語版では「ナザレのイエス」におきかえられることもある)は奇跡行者で、扇動者であり、弁護人も得られぬまま、過ぎ越の祭りの前日に木に架けられ処刑された（「バビロニアン・タルムード、サンヘドリン」43a-b）ように、そのいずれもが、なんらかの点でイエスとの類似点を有しているが、特にその出生においてイエスと結びつけるのが憚られるような中傷が含まれている。なかでも一番問題にされるイェシュ・ベン・パンテラはイエスより八十年ほど前の人物であり、ベン・スタダ（「夫から離ればなれになった女」あるいは「妻から離ればなれになった男」）は逆にイエスより八十年ほど後の人物である。このことを根拠にイエスとの同一人物説を否定する学者もいる。

「トセフタ」（Tosefta Chullin 2:22-23）ではラビのエリエゼル・ベン・ダンマが蛇に噛まれたというので、ヤコブなる人物がイェシュ・ベン・パンテラの名でこれを癒そうとする話と、その件でエリエゼルが裁判にかけられる話が語られている。このヤコブをイエスの兄弟、義人ヤコブであるとする説もあるが、とにかく、イエスの弟子がイエスの名で病を癒す話を思いおこさせる。

「バビロニアン・タルムード、シャバット」104bでは「彼はスタダの息子でパンテラの息子ではないというのか」と書いてあり、「スタダ」を「出稼ぎに行った、あるいは別居するヨセフ」ととれば、ヨセフの子なのかパンテラの子なのかを問いただしているように読める。マリアとパンテラというローマ兵との姦淫により、あるいはマリアがローマ兵に（半ば）犯されて、イエスが生まれたというような話は、「タルムード」や「トセフタ」等の端々をつなぎあわせてできあがったのであるが、一般には二五〇年頃のオリゲネスの『ケルソス駁論』六九章によって知られるところとなり、先述のごとく、中世の『トレドス　イエス』に引き継がれることになる。これをドイツでナチス時代にエマニュエル・ヒルシュが『キリスト教世界の本質』(7)で再び持ち出し、イエス時代のガリラヤ地方の異邦性を強調し、おかげでヒットラーには金髪碧眼のアーリア系イエスしか思い浮かばなかったという。ヒルシュは「ヨハネによる福音書」四章二十二節「救いはユダヤ人から来る」を後からの加筆として削除するというような、時代に迎合した神学者であった。

豹(pantera)はディオニュソスの戦車を牽く動物で、ローマ兵の通り名として特に人気があったことから、「パンテラの子」はローマ兵の子を連想させるのだが、キリスト教側からの反論として、四世紀にエピファニウスはヨセフの父ヤコブがパンテラス(Pantheras)という名をもっていたことを挙げ(*Panarion*, 78: 7: 5)、六三四年の書『ヤコブの教え』では、マリアの祖父の名をパンテラとしている。しかし、それでも、イエスの先祖にローマ系の人物がいたか、ローマの傭兵がいたという疑いは払拭されない。おまけに、**pantera** には **panthenos**(処女)、**pan theos**(万神)、**Pandia**(月の女神の三姉妹の一人)、**Pandora**(「パンドラの箱」のパンドラ)等、紛らわしい語が多く、解釈も紛糾している。ここに **pornos**(売春婦)まで持ちこむ者もいる(「バビロニアン・タルムード、サンヘドリン」106a の「王族・総督の子孫であるマリアが大工たちを相手に売春をおこなった」という記述からの影響か)。

一八五九年にドイツのビンゲルブルックで、「ティベリウス・ユリウス・アブデス・パンテラ(Tiberius Julius Abdes Pantera)なる人物の墓が発見され、墓碑銘から紀元前二二年から紀元四〇年頃に生きた(フェニキアの)シドン出身のローマ兵で、弓兵第一コホルス(この時期では五百名から成る隊)に四十年間所属していたこともわかった。この隊は紀元六年にパレスチナからダルマチアに移動した部隊であったので、パンテラ伝承に符合し、これこそイエスの父の墓だと一時は騒がれたのである。

また、この移動に先立ち紀元六年ガリラヤのユダが蜂起し、一時はセフォリスを占拠したのだが、結局ローマ軍に敗れてしまう。想像を逞しくする輩は、イエスのもう一人の父ヨセフはこのときユダの一団に加わって、パンテラ(たちの部隊)と敵味方にわかれて戦い命をおとしたのではないかとまで考えた。とにかく、皆がこの墓のことを忘れた頃、定期的にといってもよいほど、この墓が繰り返しマスコミにとりあげられたので、そのうち新聞か雑誌で泰淳の目にとまった可能性はおおいにある。我々は泰淳が上海において終戦を迎えて以来、聖書に深い関心を寄せていたことまでは知っているが、それ以上は知らない。彼がそれ以前から聖書を読んでいたとしても全く不思議はない。ただし、彼がユダヤ教の文献まで読んでいたかどうかまで確信がもてない。あるいは、筆者は泰淳の学識をみくびっているのかもしれない。上海には、戦中、戦前、多くのユダヤ人が暮らしていた。彼が『タルムード』を読んでいたとするなら、先の「サンヘドリン」43a末尾にはイェシュ・ハ・ノズリは(他の受刑者からは)例外で、「政府と近い関係にあった」という一節がある。泰淳がここからあの小説を紡ぎだしたとするなら、泰淳恐るべしである。

イエスが姦淫の子、マムゼル(mamzer)であるという考えはユダヤ教徒の間で結構根強く、「ヨハネによる福音書」八章四十一節で、イエスから、イエスを殺そうとしていると指摘され「あなたたちは(預言者を殺した)自分の父と同じ業をしている」と言われたユダヤ人が、「わたしたちは姦淫によって生まれたのではありません」と答えるくだりは、暗にイエスのことを指しているのだという見方もある。

イギリスで人気バラエティーTV番組だったモンティー・パイソンシリーズのひとつ、テリー・ジョーンズ監督による『ブライアンの生涯』(8)は同様の問題にからんで抗議運動を含め大変な物議をかもした映画であった。

イエス・キリストの誕生と同じ日に、隣の家で生まれたブライアンに東方の三博士が間違って贈り物をもってやって来たときから、この男とイエスは何度も取り違えられてしまう。ブライアンは実の父がローマ兵であることを知り、長じて、父への復讐から「ユダヤ解放戦線」に加入する。ピラトの妻誘拐作戦に失敗し、一人生き残ったブライアンはお尋ね者として追いつめられるが、教祖を装い説教をして危機的状況を乗り越える。それ以来、彼は民衆から救世主と勘違いされ、あげくのはてに捕まり、磔刑に処せられる。彼が受刑者皆と歌う「いつも明るく」("Always Look on the Bright Side of Life")が話題になった喜劇である。途中、同性愛を助長する詩や、言語障害者を愚弄するような箇所があり、全体的に冒涜であると非難されたが、関係者は、この話ではイエス・キリストは別にいて、ブライアンは間違われたということなので、キリストの冒涜にはあたらないと反論した。

筆者自身は「イエスの父パンテラ」の史実性について疑問視しているが、それは、伝承の指す時代とイエスの時代とのずれの故ではない。「パレスチニアン・タルムード」の成立は紀元四世紀であるし、「バビロニアン・タルムード」は五世紀である事情を考慮すれば、内容的にはイエス時代より古い伝承は勿論あるが、我々が日本の歴史書で時代を判断するようには判断できない。また、かつては、差し障りのある内容に言及するさいに、軋轢を避けるために、発信者が意図的に時代設定をずらす処置はよくあったことである。事情は異なるが、歌舞伎の『仮名手本忠臣蔵』などは実際の赤穂浪士討ち入りよりも、三百五十年ほど前に時代設定し、登場人物の名前も大石内蔵之介ではなく大星由良之助というふうに変えられている。観客にはこの話が何を指すかは勿論十二分に伝わっている。ただし、

「イエスの父パンテラ」の噂は、イエスとローマ兵士とのなんらかのつながりが、もともとあった他者の伝承と結びついた結果、一部で信じられるようになったのではなかろうか。

イエスの家系にローマ傭兵になった者がいた可能性はある。また血縁ではないにしても、ローマ軍兵士のなかにイエスへの同調者がいたからこそ、百卒長の僕の癒し(マタイ8：5−13)や百卒長の「神の子」証言(ルカ23：47)がありえたのである。「使徒行伝」十章のコルネリウスや二十七章のユリウスという百卒長たちも、イエスへのローマ兵の同様の共感が生き続けていたことを示してはいまいか。イエスより前の時代から傭兵は通常化しており、一世紀にはローマ帝国で軍隊の属州化は着々と進められていた。軍隊の国際化と軍人がかかえる矛盾に強く訴えかけたのがイエスの教えではなかったろうか。イエスとローマ兵との間の物語はなんらかの形で語られるべきであるし、それが泰淳の小説のような過激な形をとるとしても意味がないとはいえない。

五

かつては人間的なイエスにふれるだけでも、異端視されたものであるが、それは論外として、シュヴァイツァーの『イエス伝研究史』に従い、「ライマールス(Hermann Samuel Reimarus 1694-1768)からウレーデ(William Wrede 1859-1906)まで」というあたりを史的イエス研究の第一期として、それ以後を問題にしたい。ウレーデの『福音書におけるメシア秘密』[9](一九〇一)は文献批判により、それまで最古の福音書であるがゆえの歴史的信憑性を以て聖域であった「マルコによる福音書」にメスをいれた点で画期的であり、後にこの学説が力を失ったとしても、先駆者としてのウレーデの学問的誠実と勇気とは不朽の栄誉に値する。

いわゆる「メシア秘密」(das Messiasgeheimnis)は、自分が救世主であることを秘密にするようにというイエスの命令(マルコ1：24—25、3：11—12、8：29—30)の歴史性をウレーデが疑い、元来の伝承にはイエスのメシア意識はなかったが、イエスをメシアとする後の原始キリスト教団がこれを創作加筆したという説である。あるいは生前のイエスの活動があまり知られなかった理由として、それはイエスが自分のなした奇跡、あるいは自分が救世主であることを内密にするようにと命じたせいであるとする「メシア秘密」にウレーデは疑義を呈したのである。

史的イエス研究の思わぬ副産物として、イエスにまつわる多くの異説・奇説が生み出された。それらの説は史的イエスとのかかわりのあるなしを含め、伝承集、研究書の形で実に多彩であり、それらを下敷きにした小説だけでもいまだに完全な書誌はなく、これにSFを加えると収拾がつかない。「イエス非在説」に始まり、「エッセネ派イエス」、「犬儒派イエス」[10]、「新ピュタゴラス派イエス」[11]、「仏教徒イエス」[12]、「ドルイド僧イエス」[13]、「悪魔払い師イエス」、「社会主義者イエス」、「無政府主義者イエス」[14]、「ヒッピーイエス」[15]、「同性愛者イエス」[16]、「聖なる道化師(トリックスター)イエス」[17]、「エジプト最後のファラオ、イエス」[18]、「黒人イエス」[19]…いやはやきりがない。

さらに部分や周辺にかかわって、マンダ教徒が唱える磔刑における「イエス、トマス双子替え玉説」、バシリデス派が唱える「クレネ人シモン替え玉説」更に、イスラム教徒が推す「バルナバによる福音書」にある「ユダ替え玉説」を基にした作品群がみられる。

新約聖書にかかわって「新約聖書執筆者、あるいは起源としてのアレキサンドリアのフィロ」や

「天文学・占星術の天体擬人化としての新約聖書」も幾つかの作品を生んでいる。

よく知られた作品としては、イエスの復活を現代の受難劇のイエス役の男の死と臓器移植にとってかえた映画『モントリオールのジーザス』(*Jesus De Montreal*, 1989)、教団による教祖抹殺と乗っとりとを、現代の新宗教 Cavism に仮托して、暗殺の予感を前にした、真の聖典(原典)執筆者の視点から描いたゴア・ヴィダールの『救世主』[20]、(イエスの血脈こそが「聖杯」であり、フランク王国メロビング朝がイエスの末裔であったとする『レンヌ・ル・シャトーの謎』[21]を元にした、いわゆる)『ダ・ヴィンチ・コード』[22]、死海文書をペシャール(pesher)という奥義解読法で読めば、イエス磔刑は死海文書のクムラン教団内のミニ・エルサレムで起きたできごとで、イエスはマグダラのマリアその他を妻として六十歳まで生きたというバーバラ・シーリングの研究『イエスのミステリー』[23]がある。

さらに、タイム・スリップものは、すでに八三〇年頃に作者不明の頭韻叙事詩『救い主』(*Heliand*)が古サクソン語で書かれているが、SFでは、「タイム・トラヴェラー・イエス」として、(グロガウアーがタイムマシンに乗ってイエスに会いにいったらイエスは白痴だし、マリアは淫乱だったので、頭をかかえるが、まわりからの突き上げで自分がイエスになって処刑されるという)マイケル・ムアコック『この人を見よ』[24]、また映画化されたタイム・トラヴェラー作品としてリチャード・サピア『キリストの遺骸』(*The Body*, 1983)、アンドレアス・エッシュバッハ『イエスのビデオ』(*Das Jesus Video*, 1998)等がある。

このジャンルで小説として話題になったのが、ジョシュア(Joshua)即ちイエスの少年時代からの親友ビフをとおしてイエスの波瀾万丈の一生を語る、クリストファー・ムアー『子羊』[25]である。宗教ネタを得意としたコメディアン、ジョージ・カーリン(George Carlin)が著者だといえば信じてもらえそうなこのスタンダップ・コミック宗教小説は福音書にミドラシュ(ユダヤ教聖書注解書)が存在すると仮定するなら、このような時空を越えた解説になりえようという作品である。ジョシュアとビフは青年時代のいわゆる「失われた十七年」に、ジョシュア誕生のさい彼を訪れた東方の三博士に学ぶべく、東洋に赴き、魔術、仏教、道教、儒教、カンフー等を学びながら、インドや中国を経巡る。途中、ジョシュアがイェティー(雪男)から好意をもたれる話まである。

現実的で人間的欲望に満ち、皮肉屋のビフと、禁欲的で救世主の使命を自覚するジョシュアとは正反対の性格ながら終始親友として性的逸話も挿入した弥次喜多珍道中を経験する。ナザレに帰って来たジョシュアは東洋の旅で身につけた様々な技術を駆使して奇跡的現象をおこす。しかし、カナの婚礼での、水をワインに変える奇跡は、粉末ジュースのようなものを使用したわざであった。イエスとピラトとの関係については『巨匠とマルガリータ』からの本歌取り《アルージョン》がみられる。

ジョシュアは十字架上で処刑され、裏で彼を復活させるべく画策したビフの計画にも思わぬ手違いがあったが、最終的に仮死状態にする毒を用い死後ペテロの癒しで、あるいは神秘的な力によりジョシュアは復活する。ビフは心からは彼の復活の可能性を信じておらず、飽くまで人間的な手だてによって蘇生を実現しようとしていた。ジョシュアの磔刑死でビフは、彼の復活を待つことなく、絶望、逆上し、ユダを呪い、ベン・ヒンノムの谷で彼を追いつめて首に帯を巻いて突き落とし殺してしまう。ビフ自身も直後に谷に飛び込んで自殺するが、二千年後に(「遅すぎる」とビフは罵るが)天使ラジエルによって現代のアメリカで甦らされ、ホテル(セントルイスのハイアット・リージェンシー)でビフしか知らぬジョシュアの生涯の空白を埋める福音書を書かされる。ビフはホテルの引き出しに入っていた聖書をぬすみ見て、ジョシュアの復活を知る。ジョシュアも弟子たちもユダまで殺したビフの勝手な行動を怒っており、故にビフが福音書の記述からはずされたことを、ビフは、同じく甦らされホテルで福音書を書かされているマギー(マグダラのマリア)から知らされる。

ジョシュアの生涯についての語りの合間に、ビフとラジエルの現代アメリカの文明・文化を揶揄するどたばた喜劇が展開する。ラジエルはテレビに釘づけになり、スパイダーマンに憧れるというような埒もない笑いである。

長い間ジョシュアから離れていたマギーはビフほど書くことがなく、ビフよりも数週間早く福音書を書きあげていた。ジョシュアに恋していたマギーではあるが、使命を終えた二人は、ジョシュアのはからいで、結ばれるというハッピー・エンディングが用意される。

「あとがき」ではムアーが本書のイエス伝の成り立ちにふれ、歴史的事実にしばられず書いた箇所や、用いた資料を示し、自説の舞台裏を明かしている。二〇〇七年版では、ムアーが取材のために訪れたイスラエル聖地巡りの記事が付加されている。

このようなごった煮のイエス伝小説としてはフロリゼル・フォン・ロイター『遠国からの王』[26]がこれに先んじる。ヒッタイトの血を引くパンデラはローマ兵の使用人として、主人の任地ナザレにやって来、そこでマリアと恋仲になる。ところが折悪しく、主人にローマへの帰還命令がでる。パンデラにはマリアと結ばれるには脱走の道しか残されていなかった。マリアの両親に認められ、二人は形ばかりの婚礼をとりおこなう。その夜パンデラが先にエジプトに逃れ、頃合いを見計らってマリアが後を追う手はずになっていたが、パンデラは国境でローマ兵ともみあい、相手を殺した末、捕まって処刑されてしまう。すでに新しい命を宿しているマリアは悲嘆にくれるが、両親は目立ちはじめた娘のおなかについて周囲でささやかれる噂に悩む。そこに、母親がエジプト人であるためナザレでは少々浮いた存在であるヨセフがお手伝いを募集し…と、まるでテレビのメロドラマのような展開で話が進む。

この後、十六歳から船乗りになって広く外国を見聞し開かれた心をもつようになるイエスが描かれる。ただし、小説の大半は旅からナザレに戻ってきたイエスがローマ帝国に対し民族解放闘争を組織し、夢破れるまでの事情に集中している。

その間のイエスは霊的存在としての人間を説き、人々から崇拝されながらも、自身は極めて人間的で、自らの神性も否定する。たとえば、大祭司アンナスの尋問を受けるイエスは、自身の神秘的誕生の噂について問いただされると、仏陀が生まれて、すぐ七歩歩いて天地を指差し「天上天下唯我独尊」と言ったとか、老子が母の胎内に六十年間もいて白髪で生まれでたなどということは全くの迷信で、自分についての噂もそれと同様だと答える。

カナの婚礼でのワインの奇跡についても、酒が足りないという不平が参列者の一部から出かかったときに、イエスが招待への返礼として弟子たちを酒屋に遣り水差しにワインを入れて運ばせたという話になっている。

磔刑後の復活についても、処刑時に大雨になり落雷で一兵士が死んだため、兵士たちが祟りを恐れてイエスを早めに十字架から降ろしたせいであると合理的に解釈される。

ところが、これがこの作品のごった煮たる所以であるが、終章近くで、ダマスカスで商品価値がなくなった老売春婦たちのための慈善保護施設を営むマグダラのマリアの前に、これから天界に向かおうとするイエスが霊体となって現れるのである。合理主義と神秘主義を同時に満足させようとする欲張りな作品であるが、これが多くのキリスト教作家が望むところなのかもしれない。

ムアーの作品はロイターの作品に強烈な笑いと風刺を織り交ぜたようなタイム・トラベラーもので、一部の信仰者を怒らせたものの、現代アメリカの読者を喜ばせる要素をほぼすべて備えていた。

イエス青年期の「失われた十七年」がイエス漂泊伝説としてエジプト、アラビア、ペルシャ、インド、チベット、日本、ポリネシア、南北アメリカ、フランス、イギリス等と実に様々な地に残っており、なかにはこれが異教とタイポロジー的歴史観とに結びついて、時間を超越した内容もみられる。ノトヴィッチ[27]、プロフィット[28]、ボーモント[29]、L・テイラー・ハンセン[30]をはじめ幾人かによる、この問題に特化した記録、研究がみられる。

これらの話にほぼ共通してあらわれる、イエスへの仏教からの影響については、紀元前二世紀にエジプトのアレキサンドリアに存在したとされる仏教徒的共同体として、イエス時代にアレキサンドリアのフィロ(ン)が『観想的生活』(*De Vita Contemplativa*)の中でユダヤ教の一派として伝えているテラペウタイ派(Therapeutae)がサンスクリット語のテーラヴァーダ(Theravada,「上座部」)と一致するのか否かを検証しなくてはならない。テラペウタイ派は祈りのさいの讃歌の共通性を含め、クムラン教団とも極めて近い集団だと考えられているので、死海文書までまきこむ壮大な関連が予想されよう。

"Therapeutae"と"therapy"との同語源は立証されたようだが、その結果、この語の概念の最古例が紀元前七〇〇年頃のホメロスまで遡ることになり、テーラヴァーダとの同語源、影響説は否定されることになった。ただし、アショカ王が派遣した仏教伝道団は紀元前二五〇年頃アレキサンドリアで活動していたということで、中村元をはじめとしてテラペウタイ派への仏教の影響を常識と考える学者は何人かいる。

一時期話題になったカルト系イエス映画としては、レズビアンを標的にするバンパイアからレズビアンを護るために再臨したキリストがカンフーで対決する『ヴァンパイア・ハンター、キリスト』(*Jesus Christ Vampire Hunter*, 2001)、再臨したキリストが若者たちの心をかちえるためにスーパーマンのようなヒーローに変身する『超人キリスト』(*Ultra Christ!*, 2003)という二本のコメディー映画がマニアックなファンの間で話題になった。

さらには、竹内文書にかかわる「青森のイエス」(山根キク『光は東方より』1937、ジョン・アップダイクの短評 "Jesus on Honshu" 1971　等々)、またUFOや地球空洞説がらみの「宇宙人イエス」、「地底人イエス」等々がとりとめもなく雑誌『ムー』の特集になったり、大陸書房やたま出版から(翻訳)出版されている。

奇説を誘発する文書としては二十世紀半ばに発見された「死海文書」や「ナグ・ハマディ文書」が最後と信じる人々が多いが、これらとは同列に論じることのできない怪しげな文書がその後も発見(?)されている。一九六三年にエルサレムで発見されたとされる「タルムード・インマヌエル」(31)や、翌年にマサダの砦の発掘調査で発見され、盗まれた後に国外に持ち去られたと主張される「イエス文書」(32)が新聞雑誌で紹介されている。両者とも肝心の原物が残されていないので、もっぱら証言と翻訳を通しての内容紹介のみがとりあげられ、前者は発見者のマイアーが元々UFOや宇宙人とのコンタクティーとして有名なスイス人であり、案の定、この文書がUFOがらみの新興宗教で正典のように扱われ、後者は原物がロシアに売られ、バチカンに対する、キリスト教起源についての秘密暴露の奥の手になっているというスパイ小説もどきの話に発展している。前者は著者がイスカリオテのユダとなっているが、イエスを売ったユダとは別人ということであり、この文書ではイエスは磔刑後インド人医師の手で蘇生され、インドに渡りカシミールで没するという、これもよくあるイッサ(Issa/Isa)伝承に結びつけられている。通常、イエスと同定されるイッサのインド遊行はイエスが十二歳から三十歳までの、いわゆる「失われた十七年」の間の話とされるが、ここでは磔刑後の話になっている。後者においては、イエスはハスモン(マカベア)家の嫡子で王位継承権を有し、十字架で処刑されるも生き延び、エッセネ派として死海付近のクムラン教団で暮らし、マグダラのマリアと結婚するが、ユダヤ人がローマ帝国に対し蜂起したマサダの砦で討ち死にする。

これらに比べれば、原物があるだけまだましというのが、二〇〇〇年にジェセルソーン(David Jeselsohn)がヨルダンの骨董商から手にいれたという「ガブリエルの啓示」[33](Gabriel's Revelation)で、八十七行にわたるヘブル語の文がインクで記された一メートルほどの高さの石板であるが、その内容は紀元前四年にローマ軍に殺された叛徒シモンに対し、天使ガブリエルが三日後に甦れと命令を下すものである。これがイエスの死と復活の先駆だというので、『タイム』に紹介記事「イエスの復活は二番煎じ?」が掲載された[34]。ユダヤ教で救世主的人物の死と復活が語られる例は他にないので、論議を呼ぶのであるが、果たしてシモンがそのような人物であるのか、また、これが現世での復活をあらわしているのかについて解釈の決着がついていない。復活の問題を別にして、名前だけを問題にするなら、すでにタルムードに「ヨセフの子、マシア（メシア）」（Talmud Sukkah 52a）という人物が預言のなかで挙げられているのだが、ユダヤ教はこれをイエスとの関係でとりあげることはない。

一九七八年に発掘され、二〇〇〇年頃に再び陽のめを見た『ユダ福音書』は、その存在自体はそれよりずっと以前に知られていたので、やっと見つかったかという受けとめ方をされ、後はそこに示されるグノーシス思想の分析云々や、キリスト教史と史実の問題にすんなりと移行するのだが、前三者は内容の検討に先んじて、真贋論争や詐欺がらみのスキャンダルのほうが注目され、それに比例してスピン・オフ的作品・記事なども下品になってゆきがちであった。売らんかなの思惑で、奇説は更にそのうえをいく奇説に取って代わられるのが常である。それでもいちおう文書に依拠しているので、「地底人イエス」や「海底人イエス」までには堕ちないのが救いである（いや、マイヤーに関しては文書の内容以前に、がらくたを組み合わせてＵＦＯ写真を捏造する本人の人格に問題がある）。

仁義なき奇説争いに終始すれば、この上をいく想像となると、ほとんど妄想の世界である。イエスにまつわる話はすべてその幼年期、少年期の思い出であり、現実のイエスは夭折し、イエスの教えは彼のミイラから巫女が得たお告げだったという「イエスミイラ説」や、イエスは「メリーさんの（不思議な）羊」だったという「イエス動物説」くらいしか思いつかない（村上春樹『羊をめぐる冒険』をイエス小説として読む輩もお調子者である）。「女人武蔵」はあったが、「女人イエス」はまだか（もっともそうなると、「女人」の意味は違ってくるが、）とか、「二人の武蔵」はあったが、「二人のイエス」は…となると、剣豪小説もイエス小説も区別がつかなくなり、もはや狂気の沙汰である。

SF、UFOものは別としても、これらに比べれば、ヘロデ大王の長男ヘロデ・アンティパテルの庶子イエスが現実の王位継承権の渦中にありながら、当時、パレスチナの信仰を牛耳っていたヘカテあるいはアスタルテ太母信仰に対抗して、父なる神を奉じる預言者、奇跡行者として活動し、処刑され、仮死状態のまま十字架から降ろされ復活したことになるロバート・グレイヴズの『王イエス』(35)は発表時、あれほどの物議をかもしながら、今となっては、研究の厚みからして、まともなイエス小説に思えてくるから不思議である。彼とジョシュア・ポドゥロとの共作『ナザレ福音書』(36)はユダヤ教一色ではあるが、見解を異にする者にも一読の価値がある。

『王イエス』にみる「太母神信仰」から「父神信仰」への推移の問題は近年、フェミニストらによって再度重視され反論されている。太古、女性は女神であったという悠久の歴史からすれば、男は男性社会の台頭によって、やっと神の座を女から勝ち得たのであるが、神学的には、神は男性でも女性でもない存在(androgyne)のはずである。にもかかわらず、ヨーロッパのキリスト教圏では古代より信仰の奇跡には殆どマリアの顕現がかかわっている。母性への憧れは人間の深層心理を支配する現実なのであろうか。

異説を盛った作品のうち良質なものは、各々の時代思潮の映し鏡であると同時に、教会からのイエス解放、あるいはイエスおよび神にたいするオマージュになる。これだけいじっても本質的に変わらないイエス、あるいは異説によって本質の輝きを増すイエスがそこにみられる。いうまでもなく、上記作品の大半は史的イエス研究とはかかわりがないが、なかには部分的にその研究成果を拝借して、読者、観客をたぶらかすものもある。

史的イエス研究が奇説との結びつきを必然とせずに成立していることを知るには、その成果として、人間イエスを描きながらも評価の高いイエス伝、イエス小説を数点読めばよかろう。エルネスト・ルナン『イエス伝』（一八六三）、ジョージ・ムア『ケリテ川』[37]、ショーレム・アッシュ『ナザレ人』[38]、アプトン・シンクレア『人間イエス』[39]あたりが中庸であろう。

六

武田泰淳「わが子キリスト」にみる異説は、イエスの復活がローマ兵である実父の身代わりにより果たされる点を除いては、陳腐な異説である。この異説に目を奪われて、これを小説の中身と考えてしまう読者にとって、この小説は、十把一からげの作品である。しかし、異説はこの小説の衣であって中身ではない。イエス研究者にして文学者ならば、このような史的イエス伝を器とした小説と小説を器とした史的イエス伝との違いを的確にとらええよう。筆者はこの違いを十分承知した上で、「わが子キリスト」における史的イエスの要素を指摘しつつも、フィクションという真偽の埒外で創られる世界の質を鑑賞しようと思う。

母性が過剰に充満する日本文学において、「わが子キリスト」は史的イエスの異説を器にした父性の文学ということもできよう、しかし、この小説の結末に思いをいたすならば、特定の宗教の域を超えた、神秘小説ということができる。

この作品には文学作品からの影響はみられるが、柄谷がいうユダの役割における、太宰治「駆け込み訴へ」の徹底化というような部分的影響ではなく、もっと広い、人間の体臭がする思想、たとえば

D・H・ロレンスの（といっても、「死んだ男」よりもは）、「大審問官」[40]（『翼ある蛇』所収）にみられるような極めて人間臭い思想の影響である。

「わが子キリスト」には（間接的にせよ）人間イエスはほとんど描かれてはいない。その意味で、たびたびイエスへの言及があるにもかかわらず、イエスは登場人物ですらないともいえよう。イエスは「白鯨」のように白いどころではない、終始、無色透明である。イエスをリトマス紙とするまわりの人間はまことに人間である。「無かった者」に徹しようとするかにみえる父ヨセフですら人間である。この作品からは全体に今村昌平の映画のような人間の体臭がする。

柄谷はこの小説に登場する人物はすべて「政治的人間」であると言っているが、彼にそう思わせたとすれば、この作品は成功している。柄谷は、この「政治的」を、自らの思惟や行為をローマ帝国という「世界」からかたときも切りはなすことができない意味と解説し、それと切り離されたところで「生」について考えるイエスは抽象的な宗教家にすぎず、彼を背後で支える「政治的人間」たちが「一切の重荷を背負っている」と彼お得意の議論に読者の目を向ける。これは後続する柄谷のユダ評価へのお膳だてになっているのだが、イエス研究者たちの言葉でこれを言い換えれば、この状況にあっては、人のいかなる発言も行為も政治的、経済的、宗教的などと区分できない総合的意味合いを負うことになるのだ。それにしても、柄谷の「世界全体の空間的構成」は実にまどろっこしい表現である。学生運動以来、思想家の言葉へのひとりよがりと怠慢が一般読者の離反をひきおこし、そういう言辞をありがたがるいびつな読者を引きつけてきた。

福音書で裏切者の汚名を着せられたユダに対しては、同情論、弁護論はかなり昔から寄せられている。ユダの名はイエスを死に追いやったユダヤ民族の代名詞として用いられ、anti-Semitism を煽ってきたのであるが、彼らこそが同情すべきスケープ・ゴートである。泰淳の小説は預言をあまり問題にしないが、ユダは預言を成就する役割を果たすために裏切者になるという貧乏くじを引いたのである。

渡邊一民は『武田泰淳と竹内好　近代日本にとっての中国』[41]のなかで、(ユダこそがイエスから教えの真義を授けられた、イエスの唯一真の理解者であったとする)コプト語で書かれた「ユダによる福音書」がエジプトの砂漠で発見されたのが、一九七八年で、「わが子キリスト」がそれより十年前に書かれたことを以て、泰淳の先見の明を称えている。単に発表の後先によって影響の可能性をあげるならば、当時話題になったションフィールドの『過ぎ越しの祭の陰謀』[42]は最有力候補であろう。ここでは、旧約聖書にあるメシア預言を成就するためにユダは重要な役割を果たすのである。「わたしの信頼した親しい友、わたしのパンを食べた親しい友さえもわたしにそむいてくびすをあげた」(「詩編」41：9)。「主はわたしに言われた『彼らによって、わたしが値積られたその尊い価を、宮のさいせん箱に投げ入れよ』。わたしは銀三十シケルを取って、これを主の宮のさいせん箱に投げ入れた」(「ゼカリヤ書」11：13／cf. マタイ27：3―5)。

「わが子キリスト」の特質を歴史的観点からあげるならば、歴史に埋もれた者たちへの哀悼である。彼らの衷なる苦しみは、歴史家の慧眼にめぐまれた武田泰淳にして、的確に捉えうるところである。イエス研究では仮説中の仮説、あるいは問題にもされないローマ兵パンデラ、汚名を着せられてうかばれぬイスカリオテのユダ、有って無きが如きヨセフを束の間の間だけでも歴史の闇から掬いあげたのは、泰淳の愛である。イスカリオテのユダへの弁護はこれまで文学作品、研究の形ですでに十二分になされてきた。いまさら、闇から掬い上げる要もなかろうと思われるが、やはり、これはこれで、泰淳流の供養である。

筆者には、この作品から、(イエスは「人はパンのみにより生きるにあらず」などと言わずに)飢えている人間には実際にパンをやればよかったのだというロレンスのエコーが聞こえてくるのだが、この響きは、ロレンスという本質的には神秘的な人間の口を通すので、ポリフォニックな響きになる。ニーチェを引き合いに出す要もなく、上っ面な信仰を喝破して突き抜ける響きである。仏教者武田泰淳にもある種の神秘を期待し、そこから同様の響きを聞くのは筆者の思いこみであろうか。神秘を造り出すのは泰淳が描くような人間、人間臭い人間なのである。聖は俗により生み出され、俗によって輝きを放つ。

仏教のなかでは親鸞の浄土真宗がもっともキリスト教に近いといわれるが、そこに拘泥するのは、いかにも堅苦しい。なるほど、泰淳は浄土宗の僧侶であったが、実父大島泰信の菩提寺は浄土真宗であった。しかし、そのことを抜きにしても、従軍して戦地で人間のなまの姿に接し、人間に開眼した泰淳は「悪人正機」を理屈抜きで会得したであろう。「悪人正機」は逆説でも理屈でもない、現実である。悪人こそ自身のあさましさに通暁した、人間通であるがゆえに、いやおうなく救われる機に始終取り巻かれることになる。

柄谷の批評は、本筋からの逸脱と思われる点はあるものの、結論において、歴史を動かしているつもりでいる人間を動かす歴史の不思議という、この小説の根っこは押さえている。ただし、柄谷が冒頭部で繰り返す「相対化」は、泰淳の『司馬遷』(一九四三)に発する、見る者が見られる者、批判する者が批判される者になる相対化であれ、『ひかりごけ』(一九五三)の船長のように、難破の飢餓状態に際し、自らすすんで死者の人肉を口にすることにより、殺し、あるいは人肉を食べながらも責めを逃れようとする他者の悪を赦そうとする相対化であれ、それ以上の相対化であれ、いわずもがなの相対化と強引な相対化とを意図的に一緒くたにして、最も重い罪を無化しようとする試みにはならないだろうか。この作品にみる異説による「聖なる書の相対化」は自明であり、(ユダが罪悪を一身に背負うことによる)「罪悪の相対化」は、柄谷が「ユダこそキリストではないか」と言うほどには重い意味をもちえない。ユダとイエスとでは、「罪悪を背負う」意味が異なるからである。さらに、「文藝」批評家たりといえども、歴史の不思議という結論にとどまってはならず、この歴史の不思議の彼方に読者を誘わなくてはならない。「神」、「信仰」という言葉があまりに抹香臭いお題目に聞こえるとすれば、そのような言葉なしにでも、読者を、果たして、その彼方には絶対的な何かがあるのか否か、という人生最大の謎に対峙させるべく誘わなくてはならないのである。柄谷は船長が裁判で何を考えているかを問われ、「我慢しています」と言う、その言葉をユダにも言わせようとする。「生きていること全体の恥ずかしさを我慢している」と。これは同時に、泰淳自身が口にしたがる告白である。

筆者はある時期からの柄谷の森敦への興味をとおして、仏教への、また人間存在の神秘への傾倒を(間接的に聞き)知っているだけに、氏による現時点での当作品の論評を改めてうかがいたいと思う。さもなければ、この小説の神秘的な結末を無視することになる。

ところで、先の柄谷による『ひかりごけ』における船長のユダのみならずキリストとの等式化であるが、裁判の席において、これまで人肉を食べたことのある者の首の後ろに後光のような光の輪がともる象徴性は、キリストの聖性の印ではなく、罪の象徴性として用いられ、裁判長や傍聴席の人々の背後にすら、互いには見えない光の輪がともるのである。ここでは、人を殺す、あるいは人肉を食べる行為が罪の象徴性として表現されているが、聖書のイエスに関する限り、イエスは食べるのではなく食べられるのである。イエスこそが、マナのごとく天から降って来た命のパンであり、自分を食べないでは、（永遠の）命を得ることはできないとユダヤ人に語りかける。我々はこの言葉を、パンをキリストの肉とし、葡萄酒をキリストの血とする後の「聖餐式」の先取りとして聞くことができるが、これを言うときのイエスには象徴性を飛び超えた、まるで異教的なディオニュソスの秘儀を思わせる真に迫る迫力があったに違いない。「人の子の肉を食べ、その血を飲まなければ、あなたたちの内に命はない。わたしの肉を食べ、わたしの血を飲む者は、いつもわたしの内におり、わたしもまたいつもその人の内にいる」（「ヨハネによる福音書」6：53—54）という言葉の異教性に驚き、多くの弟子がイエスを去ったのである（同6：66）

「わが子キリスト」の復活について自身の考えを申し添えておけば、筆者は肉体の復活のみでひとつの宗教が生まれるなどとは信じない。真に奇跡と呼ぶべきは、イエスの死によって聖霊が充満し、あちこちでイエスの憑依らしきものが発生したことである。それこそ復活の奇跡である。その意味で上記の象徴性は霊化されなければ、宗教になりえない。先の「ヨハネによる福音書」引用箇所のすぐ後で、イエスは言う「命を与えるのは霊である。肉は何の役にも立たない。わたしがあなたがたに話した言葉は霊であり、命である」（同、6：63）。

「わが子キリスト」が読者の興味をそそる傑作であることは言を俟たない。よしんば、この作品が単に異説に踏みこんだだけで、「史的イエス」小説とはいいがたく、異説を衣あるいは器として、ローマ帝国支配下にあった当時の属州の人間心理を明らかにしただけだとしても、人間を描くという小説本来の目的は十分果たしている。だが、すくなくとも、この作品が創作における「史的イエス」の考察に風穴を開けた功績は大きい。とりわけ「イエスとローマ兵」、「復活」という、人が避けて通る主題に突入した泰淳の勇気を買いたい。

この物語は民衆の指導者イエスをローマ帝国が自分たちの意のままに動かし、それによってユダヤ人を自分たちの意志どおりに支配することが、反乱を未然に防ぎ、双方のためにもなるという、功利的発想ながら、そこに「精神性」をこめた「顧問官殿」の「夢想の情熱」が全体を動かす動力になっている。イエスの父なるローマ兵は顧問官の目にとまり、自らもなかば私欲に駆られ、またなかば顧問官の夢想の情熱に感染して、彼の手足となる。

語り手であるこのローマ兵の私小説的な煩悶の独白が小説の大半を占めているが、血縁の桎梏など歯牙にもかけそうにない、本質的に、本能に従って何ら臆することのない、この図太い男を、顧問官の動力もそれに従う者らの意志をも越えた力が思いもかけぬ方向へと牽引する様は、イエスの死を究明するために派遣されたローマ調査官がイエスがのりうつった如き働きをする、映画『インクワイアリー審問』[43]と部分的に重なる。

これほど重要な役割を果たす「顧問官」が権力組織においてどういう位置にあるのかが今ひとつ判然としない。奴隷からの成り上がり者で今は「奴隷をこき使う上層部」にいるという、「総督の政治顧問」にそれだけの力があるのだろうか。シリア総督ルキウス・ウィテリウスあるいはユダヤ総督ピラトの頭越しに、このような計画を推進しようというのか。泰淳の権力機構のメカニズムについての理解が不明のため、顧問官が計画に成功して本国で枢密顧問官にとりたてられることを夢見る根拠が乏しく、一番低い位の隊長であるイエスの父が大役に抜擢された理由が、「自分と同じ才能をもつ」「経験豊富な勇者」という顧問官の見立てのみによるとすれば安易である(ここはすべてを調べきった顧問官の周到な準備を読者に想像させようという狙いであろう)。顧問官が、時々、「最高」顧問官になるのも、死の床では「長官」になるのも曖昧である。まさか泰淳さん久しぶりに原稿用紙に向かって、いつもの呼び名を忘れたわけじゃああるまいが。

全体が裏で糸を引く隠れたネットワークによる壮大な計画であるのなら、ピソ一族のような存在がＣＩＡさながらに連携、暗躍しなくてはならないのだが、そのような組織については全く語られない。

この小説には言語についての解説がほとんどない。異民族間の折衝が問題になる話なので、小説上の約束ごととして素通りするのは荒っぽい。主人公の内的独白はラテン語でなされているのだろう。彼はユダヤ通という設定だから、多少のアラム語やヘブル語は解するとしても、部下どもはどうなのであろうか。「子供狩り」のときのユダヤ人への説明はアラム語のはずである。マリアやヨセフとのやりとりで男が部下たちに通訳をしている様子はない。顧問官殿は奴隷上がりでのしあがってきた男だから、戦争捕虜の奴隷だったとすれば、複数言語につうじているのも想像できる。(大商人であるユダが複数言語に通じている可能性も考えられなくはないが)、ユダとの会話もユダの人物評価もアラム語の力によった可能性が高い。言葉がわかるということは、その土地の文化もわかるということで、それにしては主人公ローマ兵のユダヤ人に対する無理解は甚だしい。

この小説に難癖をつけようとすれば、他にもいろいろあるのだが、泰淳の思惑に、背景に力をいれると話の速度が鈍り、物語の迫力が鈍るというおそれがあったかもしれない。あるいは、この程度の粗い理解力をもつ男の目からこの世界が語られていると考えたほうがよかろう。この小説の不思議な迫力は細部の意識的な省略が支えているのかもしれない。

この小説からは太宰の語りそのものの巧さとは全く異質の、骨太の雄勁が感じられる。史的イエスの観点から辛口の批評を意図していた評者をして、全ての言葉を引用したいという気にさせる対象への肉迫がここにはある。そこからの響きが、ときにロレンス風に聞こえるのは筆者の幻聴であるとしても、野太い読経のような呻が奥底から確実に聞こえてくる。

七

この小説は、終始、老いたローマ兵の視点から語られており、「おれの眼」が、（イバラの冠をかぶせられ、十字架をかついで、処刑の丘である）「最期の場所に向って、よろめきながら歩きつづけている」「あの男」の眼と一度だけ見つめあったと思われる光景から始まる。イエスについて最低の常識さえあれば、「最期の場所」と「よろめき」のみで、これを丸括弧で補えるほど、「悲しみの道」（via dolorosa）は我々の脳裏に焼きついている。

「息もたえだえによろめいていたのは、あの男の方で」あるのに、「しっかりと二本の足で立っていた」はずのおれは、その男の「全身のよろめきにつれて、よろめいていたと言ってもよかろう」という心の共振、体の共振が、最終的な二人の一体化を暗示している（「伏線」となっている、などと計算めいた言葉は憚られる)。「おれ」が心のなかで語りかける相手は直接的な接触はないものの、たいていは息子である「お前」である。

自分以外の視点を頑に拒否するかのように、これに続けて「おれ」は自身を「ローマ製の甲冑に身をかためて」、戦いで「さまざまな」「男たちの血を吸った自慢の刀を腰にさげ」る、(まわりの貧民に比べ)「はるかに長身の」男として描く。

そして早くも冒頭から四段落目に、この男は「叫んでやってもよかった」言葉として、「えらそうな顔をするな。お前は、このおれの子供なんだ。神の子なんかじゃ、ありゃしない」と最も重大な秘密を暴露し、まるで哀切をこめて神と親権を争うように、裡なる独白を続ける。冒頭でのこの独白は読者をいきなり話にひきずりこむ強引さはあるが、ここから徐々に過去へとフラッシュバックする手法は映画的である。

イエスをみつめる「おれ」は、おまえの母のマリアから、本当の父親の話を一度でも聞いたことがあるのかを訝る。「いちどもなかったんだって? そうだろう。そうにちがいない。」これもすべて男の心のなかでの自問自答である。

「捕虜や奴隷の労働能力を検査する監視役のように」「あの男の体力を観察」するおれは、それがすでに「体力の限界にきていることを見ぬく。」この第三者的なわが子への観察と愛情が寄せては返す波のように繰り返される。「お前の感じている苦痛は、おれ自身の苦痛」であり、「一瞬だって、おまえに対して意地わるくなろうはずがなかったのだ。」

したがって、「おれ」が、男を神の子として否定する気持ちは薄情ではなく、神から息子をとり返そうとする、自分でも気づかぬ父の執念であったといえよう。

「どんなカミだか、わかるはずもないし、わかったところで疑わしい奴隷の神であるにちがいない」という否定も「おれ」の真の親権主張である。「おれ」の相手が「いくじなしの大工ヨゼフ」と「疑わしい奴隷の神」であることのわずかな優越を自らに言い聞かせようとするおれだが、そのヨセフにはおれには不可解な諦観と信仰があり、また、どのような神であれ、その神の預言者として「お前」が殉教しようとしていることに、どうしようもない忌々しさを覚えるのだ。

「おれ」は、お前が悲しみの道行きの「途中で、チラリとおれの方を見やった」ことを一瞬確信する。「おれが、他の連中とはちがった眼のひかり、目のくもりでお前をみつめていたことを、お前のすばやい眼が、つかまえなかったはずはなかったろうからな」。真に見ようとする者の視線を、見られる者は必ずとらえる。そして見る者は見られる者となる。

「おれ」は、それを言下に否定する。お前はおれを「数学上の一点」として見たのだし、「ぜんぜん見てくれもしなかったにしても、それがどうだと言うのか」。「神ならともかく」「人間すべての者を見つくし見おわる」わけがないと。

「おれとお前の肉親関係だって、」「大ローマ皇帝陛下のあのするどい大きな両眼でさえ見ていられはしないのだからな。シッ」

ここには、森川達也[44]が、決闘を前に加行僧が大殿内陣で金色の阿弥陀如来像と対座する、小説「異形の者」(一九五二)の最終部から見抜いた武田泰淳の文学の原構図の片鱗が見られる。筆者流にいいかえれば、見る者と見られる者は、その行為において「結ばれる」のだが、真に見続けることによって、

述語ではなく、主語になりうるのは絶対者のみである。人間を見つくす絶対者は人間の「身と魂を地獄(ゲヘナ)で滅ぼすことができる」(マタイ10:28)のである。武田泰淳はその絶対者を「見て」しまった、いや、その絶対者に「見られて」しまった。

椎名麟三が、ある席上で「武田泰淳という作家は実にこわい人だ」と言った、その「こわさ」を森川は「神あるいは絶対者」がもっているこわさと解釈した。「武田泰淳が神あるいは絶対者であろうとしている、などというのではない。事態は全くその逆である」(45)と森川は言う。

「わが子キリスト」は徹底して「おれ」の視点から見られ語られる。それは「私小説」を御家芸とする日本の作家が最も落ち着ける手法である。この視点から、人間の卑小さを語ることなら、泰淳に劣らず巧みな作家は何人もいるだろう。しかし、この視点から、絶対者と人間の、見る者と見られる者の位置、見る者が見られる者になり、語る者が語られる者になる構図をよどみなく構築できる作家はそう多くはあるまい。この小説における真に「見る」行為は、筆者が引用する「見る」という言葉が実際に使われている箇所に中心的にあるのではないことは、まことに明らかである。この小説全体の見る行為、語る行為そのものが、この小説を成立させ、最終数行は、もの言わざる神が見、かつ語っているかのような錯覚を覚えさせるのである。

この小説には「結びつき」「つながり」という言葉が、異常なる頻度とまではいかないが、はっきりと意識的に何度も使われている。最初にふれられる結びつきは、捕虜や奴隷のなかで重労働に耐え、それを続けて行く、おれの好きな奴らとおれとの結びつきである。「あっぱれな奴、可愛い奴と想いながらも、なんとなくそいつが憎らしくなってくるほど、おれとそいつは、そのことのおかげで結びつけられる」のだ。これと同じ結びつきを、「おれ」は、神とお前との間に見る。そして、それこそが、神がお前を救おうとしなかった理由だと「おれ」は考える。

それは、お前の「神」が、たまらないほどの重労働の苦痛に打ちひしがれながら、なおも耐え忍んでいるお前をよくよく眺め、あっぱれな奴、可愛い奴と想いながらも、なんとなしお前を憎らしくなってくるほど、そのことのおかげで、お前とむすびつけられていたからなのだ。（124）

この独白は神観としては極めて人間臭いが、人間の心理をみごとに剔抉している。「憎らしくなるほどの」感情を内包する結びつきの強靭さは、我々が肉親の情にみる、可愛さあまって何とやらに近い執着の強靭である。

泰淳は、この「憎らしさ」を「出エジプト記」二十章五節の「妬む神」を念頭においてあらわしたことであろう。その妬みは熱情であると同時に、「妬むほどに深く愛しておられる」（「ヤコブの手紙」4：5）神の愛である。

「それほどまでに、お前と「神」とは固くむすびつけられ、離れがたくなっていたので、」神はお前が十字架上で「息絶えるまで、お前を手ばなそうとしなかったのだ」と考える「おれ」は、お前の処刑者を「ローマの皇帝でもなく、総督ピラトでもなく、パリサイ人でもサドカイ人でもなくして、」「「神」そのもの」であると結論づける。

お前の父親であるより、お前の「主」「主人」である、その神と、「お前が一言も話をかわしたことのない無縁のローマ老兵士」の「おれ」との「勝負は、はじめからきまりきっていた」と「おれ」は悟る。「おれ」は「お前の「父親」に背いた、お前の「父親」から罰せられる、ある別箇の父親なのだ。」

「おれ」は「このきたならしい」「みじめったらしい土地」にきて「酔ったあげくに」「行きあたりばったりに、出っくわした」マリアを抱いた昔を思い出す。マリアは「とびぬけておとなしい女性だった。」「女好き、女あさりの名人であるおれ」は、論理法則に反して「男好きではない女」であるマリアと馬小屋か牛小屋かのくらやみの中でのはかない接触によって結ばれた。」「いささか神秘的な」あの女は一度だけ「ああ、神さま。おお、神さま」と「口走ったような記憶がある」のだが、(「ニセの記憶かもしれないんだが」)その声が「おれの耳の奥にこびりついて、こだまのように鳴りひびく」。

男の欲望と女の欲望との等式にしか男女のつながりを見いだせなかった「おれ」の常識を初めて崩したのがマリアだった。

「おれ」はマリアが「あたりまえの男の子(女の子だったら、もっと簡単なんだが)を生んでくれたのなら」、あるいは「子供なんぞ生んだことを、おれが知らなきゃよかった」のにと悔いる。こうこうであれば、互いに「何のつながり」もなかったのにという悔いである。すべての原因を「おれ」が知ってしまったこと、「忘れなかった」ことに求める。

思えば、人と人とのつながり、人と神とのつながりは、人知を超えた因縁により生じる。すべてのつながりの根底に神が介在するという認識こそ宗教的世界へのとば口である。もともと人は神とつながれていたはずである。宗教、“**Religion**”とはその絆が「再びつながれる」ことである。

マリアとの出会いから三年後に「おれ」は「子供狩り」のために再びユダヤの地に戻ってきて、偶然、マリア、ヨゼフ、幼児イエスの三人が住む小屋に踏みこむことになる。「子供狩り」は被征服蕃族の抵抗精神を潰すために、彼らの将来の希望である子供を、それも優秀な子供をローマに連れて行って文明人にするというローマ化政策なのである。抵抗精神は被征服者の間に必ずといってよいほど芽を吹く「伝説」や「予言」である。

「もっともみじめな目にあっている者のあいだから、もっとも尊い方がおうまれになる。そして、おごりたかぶっている地上の支配者をうちたおしてくださるであろう」(129)

征服民族が被征服民族の中から優秀な人材を抜擢するのは古来の習わしであろうが、ユダヤの場合、そこに救世主待望の芽を摘むローマの思惑があったというのは穿った見方である。ただし、ローマ主義でこり固まった老兵士の目から見た「平和的で寛大きわまる」「子供狩り」は史実としては割り引いてとらえたほうがよかろう。ローマの寛容政策は、アメリカン・ドリームならぬローマン・ドリームの可能性を秘めていたことはあながち否定できまいが。ローマ植民都市へのユダヤ人移住は、イエスの時代、すでに方々でユダヤ人共同体を形成するほどの勢いであったが、それはローマ時代に先んじて、何度も他国からの侵略、征服を味わってきた民族のディアスポラの歴史である。むろん、ローマ為政者の目的が寛容そのものであったはずはない。「子供狩り」は「奴隷狩り」であり、兵士の早期徴用であったろう。その過程で、ローマ市民権を餌にしたローマ化という洗脳教育が施されるのである。属州ユダヤの、幼児はともかくも、少年にとっては、シリア植民都市に暮らす軍人は、それがとりわけセム同族の者ならば、敵意に多少の憧れが混じっていたとしても不思議はあるまい。

駐屯軍司令官の命により「子供さがし」に派遣された「ユダヤ通のおれ」は、はじめは「それがあの女だと」気づかなかった。「おれ」は女に三歳の男の子の父親を尋ねるが、無言で答えようとしないので、「お前は一体、誰の女房なんだ」と問いただし、「大工ヨゼフの妻」という答えを得る。ここは、不義の子を生んだマリアの肩身の狭さを巧く表現している。ものかげに隠れている夫をおもんばかって、マリアは父親はヨゼフであると言えないのである。

事実に気づかぬ「おれ」が父親のことでマリアを、そして後から姿をあらわしたヨゼフをからかうのは、読者に対する dramatic irony を狙っている(と言えば、あまりに三文小説的ではあるが)。

この貧民窟のような環境にはそぐわぬ立琴の「ものうい」「妙に訴えるような」音が遠くから聞こえてくる。「おれ」はこの音色に「このおろかな女の意志」を感じる。小さめで持ち運びのできる琴「キンノール」はヘブライ人にとって民族最古の楽器であり、少年ダビデの楽器でもあった。ダビデの末裔とされるメシアを彩るには最適の楽器であろう。あるいは、主として祭祀、礼拝用に弾かれる立琴(ネベル)ならば、その音はマリアの心の祈りをあらわしているともとれる。「ヨハネ黙示録」五章八節の「立琴」は、九節の救世主讃歌のために奏でられるのである。

この琴の音が、囚われの身にある者の悲しみを象徴する「キンノール」の音であったならば、「われらはバビロンの川のほとりにすわり、シオンを思い出して涙を流した。われらはそのなかのやなぎにわれらの琴をかけた」(「詩編」137:1–2)の一節が思い出されよう。バビロン捕囚のおりには、支配者から求められた歌が歌えずに、琴を柳にかけるのであるが、同様の状況で、どこからともなく聞こえてくる琴の音の意味が活かされている。この琴は民族の心に根づいている。ガリラヤ湖もその形から「キンネレテ(立琴)の海」と呼ばれることがあった(「民数記」34：11)。「おれの手から女が身をよじらせた」ときに「子供をくるんでいた」「古布がはずれ、」「おれ」はその首に「ローマ貨幣がぶらさがって」いるのを目にする。「おれ」は「どこの女でも、抱いたあとでよくローマ貨幣をくれてやったものだ。」これは「ほかの兵士や商人だって」よくやることだから、ローマ貨幣を子供の「装身具か魔よけの徽章」にするのは「めずらしくない」ことだと「おれ」は決めつける。(ローマ兵よ、いいかげん気づいてくれ！)

この幼児は「とびぬけて愛らしい顔立」をしていた。「光りかがやく宝物」のような赤子であった。「おれ」が「宝物の正体をたしかめようとして抱きとろうと」したとき、女の肩から肩掛けがはずれ、女の首筋があらわになる。そこには「星の形に先が五つに分かれた」濃い紫色のアザ」があり、そのひとつの先端が「腫物か切傷」か肌の変色かで消され、アザは「十字架の形そっくりになっている。」五芒星(pentagram)は両手両足をひろげた人間の姿であり、ピュタゴラス学派の魔術師が魔よけに用いる印でもある。(「かごめ紋」とも呼ばれる「ダビデの星」は六芒星である。)ここらへんは泰淳の小説にちょくちょく顔を出す三文小説すれすれの「あざとさ」がある。(まるで『紅孔雀』級の東映映画！)

「おれ」はどこかでこれと同じようなアザを見たことを思い出すのだが、この時点ではまだ「その女が、おれの抱いたことのある女マリアだとは考えても」みない。そのアザをもっとよく見ようと「女の背中にのしかかる姿勢に」なり、女が「アッ」と声をあげると、女を護ろうと、背後の干し草の山のなかから貧弱なヨゼフが姿をあらわす。「おれ」から子供の父親のことで、冷笑、罵倒されるこの男にマリアがすり寄ると、「共に悲しげな、せっぱつまった顔つき」の二人は「まるで双生児のように似通って」いた。

「運命の河のたまり場」で「洪水に流された枯木の幹か枝のように」しっかり抱き合った「三人は、あきらかに家族として団結しているように見うけられた。」

「おれ」はこの三人を前に意地悪い気持ちに駆られ、ローマ貨幣をたねに、さらに追い討ちをかける。「この子は、ローマ進駐軍兵士とユダヤ女の混血児じゃないのかい」と。二人の恥ずかしさが「どろどろと煮つめた濃汁みたい」にからみつき「おれの舌まで動きがにぶるようであった。」「濃汁」はいかにも泰淳風であるが、ひょっとして、これも彼がよくやる誤字ではあるまいか。「膿汁」のほうが慣例であるし、より泰淳らしい。間違いに気づいても再版で訂正しないことは本人が認めている。まるで書家のような潔さ。

「この子にさわってはいけない」「この子は混血児じゃない。神の子供です」とヨゼフは「おれ」の前に両腕をひろげて、たちふさがる。

さわるなといわれれば、ますます意地悪な気持ちが募り、相手の傷口の、それも一番敏感な部分にさわりたがる残酷さが人間にはある。しかし、それは畢竟、相手に対する興味であり、それがいかに歪んだ興味であれ、いじりを通じて、「おれ」はこの三人に結びつけられてゆくのである。

「神様だって？　その神様は一人だけなのかい」「おお、神様はおひとりですとも。おひとりだから神様なんです」「そうかな。お前の女房の身体をいじくりまわした『神様』は、一人や二人じゃなかったんじゃないのかい。」

人は人の存在のあわれさを見せつけられると、残酷な気持ちを刺激され、ますます相手をいたぶりたくなる。「おれ」のサディズムは何の抵抗もできない、このあわれな一家を通じて、ユダヤ民族を、そして彼らをこのような悲惨な状況に留めおく彼らの神へ向かう。

「お前は私生児を生んだ女を女房にした。だから、世間ていと弁解のために、見えもしない神とかいうオトコをもちだすんだ」「わしらにはもはや、世間ていも弁解も要りましねえだ。ただ神様さえいて下さりゃあ、それですみますです」(135)

「おれ」にはこの負け犬のヨゼフの信仰がいまいましくてしようがない。人はこのような自分とは全く異質の論理、いや、論理などでは全くない不思議な信念と組み合ううちに、自らがその不思議な信念にとりこまれてゆくのだ。

「あなたには、神様のことも人間のことも何一つわかるはずがありましねえだ」と、大工は、まるでこのおれを気の毒がるようにして言う。(136)

「神様の子供を、かならず神様がわしらの誰かにつかわして下さるだ。そのほかのことは、あなた方が好きなように考え、好きなようになさるがいいよ。あなたの心は乱れていなさるのだ。わしらの心はみだれてなどいませんのだ。それこそ、神様の御心がもはや疑いようもなく、わ

しらの上にはたらいている何よりの証拠ですじゃ」(136)

二人の部下が小屋に入ってきて、「おれ」は部下の手前、荒々しく悪ぶろうとする。

「こいつらユダヤ人は、誰かにいじめられるようにできているんだ。俺たちがいじめなければ、ほかの蕃族にいじめられるようにできているんだ。こいつらの男は腰抜けで、こいつらの女はだらしない。だから、こいつらは武器も穀物も宝物も、何一つ貯えることができないんだ。だからこいつらは，神様なんぞ持ち出してきて、自分たちの腰抜けとだらしなさの言いわけにして、責任のがれをしようとしているんだ」(136-137)

これは、ユダヤ人に対する反感、蔑視のみならず、征服者からみた被征服者の最大公約数を語って、何ら目新しさはない。人類の闘争史は徹底して力の論理であり、喧嘩は負ける方が悪いのである。ただし、通常のアンチ・セミティズムには、これに加えて、ユダヤ人が負け犬の態を装い、征服者の機構中枢、わけても金融機構中枢の内部にもぐりこみ、白蟻のように巣食い、本体を空洞・弱体化させるという神話がある。ローマ帝国のこの時代すでにディアスポラのユダヤ人は本国の人口をはるかに越え、そのなかの有力者は征服者の機構中枢に入りこんでいたのだが、泰淳はその事実には触れない。この小説の主旨からすれば不要の詳細であろう。

「おれ」のいたぶりに対し、大工は、言う「神様はおそろしいぞ」。その言葉を逆手にとって「おれ」はさらに毒づく。「くやしかったら、お前たちの方から、ローマ帝国の都へ攻めこんでくるのがいいのさ」「そうやってお前たち全部が滅ぼされてしまえば、お前たちは骨身にしみて、神様のおそろしさ」(137)がわかろうというものだと。

二人の部下が喜んでその演説を聞くなか、「おれは次第に、自分の言葉がよそよそしく」自分から「離れて行く感じにおち入」る。

「残念ながら、ヨゼフ、マリアの一家、および彼らの同族をはげしくののしるにつれて、かえってこの一家とその同族が人間として、おれに近しいものとして、おれと結びついてくるのだ。奴らをバカにして奴らを見下せば見下すほど、奴らが高みへのしあがってくるような気がしたのだ。」(137)

泰淳がこの心理変化の次第をやや過剰ないたぶりをとおして語るのは、この「結びつき」をドラマタイズするためのこまやかさであろう。ここに中国大陸での泰淳の兵士としての経験の反映を読もうとするのもやむをえまい。中国文学を専攻した人間の中国大陸での戦争体験は、残虐行為をとおして、敵とどのような結びつきを造りだしたのであろうか。筆者の記憶違いであって欲しいが、泰淳は家族を失って狂乱する中国人老婆を(苦しみから救ってやろうと)殺めたと聞く。

相手を卑しめることによって戦争での残虐を自らに正当化しようとする人の常、しかし心のどこかで、その虚偽を告発する声が聞こえる。どのように歪んだ形であれ、他者に関係すれば、関係するほ

ど、他者は自己化されてゆくのだという理は経験せぬかぎりわからない。他者の揺るぎない信念を

「神」が支えている場合、捕捉力は倍加する。「父」を争っても、力を争っても、そのような輩との勝負は目にみえている。

それから二十年以上もたっての「お前」との再会。「おれ」はこの二十年の間のいつ「お前をおれの子として認めるようになったのか」を思い出そうとするが、さだかではない。「つい最近のことかも知れ」ず、「お前の評判が高まるにつれ」「確認が強まったのかも知れ」ぬと考える。

「おれ」は、「征服された人間どもの心を自由自在にあやつれる手くだをこころえていることで有名な」顧問官殿から役所に呼び出された日のことを振り返る。彼は才能と経験豊かなユダヤ通の「おれ」を重要な計画のために選んだのである。

ユダヤ人の中の「たよりになる指導者」を「我らの意志どおり動かし、ユダヤ人どもをわれらの意志どおりに支配」しようとする計画である。そのためには通常の指導者では役に立たない。これまでにない「ざん新な指導者」を発見せねばならず、「発見するということは、つまるところ、育て上げ製造するということ」だと最高顧問官殿は考える。顧問官殿は計画の成功がもたらす双方の栄達で「おれ」を釣る。

「いまだ独身で、絶対の禁欲主義者」、「精神の研究の方に没頭されている」この御仁が「われらの目的に、ふさわしい男。そいつを，ユダヤ通のお前が、まだ見いだしていないとでも言うのか」と主人公に迫ったとき、すでに彼は、主人公とイエスとの関係を含め、すべてを見抜いていたと思える。しかる故の、男の抜擢であったのだろう。

この難題に対して、「おれ」は一種の閃きで、イエスを指す。「おれの子を推薦したわけではない」、「まだまだおれはお前をおれの子なぞと信じていたわけではないのだから」(140)という心のつぶやきは、うしろめたさの払拭にすぎまい。だからこそ、「おれ」は嘔吐の様な「気持ちの悪さ、暗い熱さで」その言葉を「吐き出」したのだ。

「よくぞ申した。わしもその男を胸の奥で、すでに選んでおいたのだ」という顧問官は、すでに先の先まで網をはりめぐらしている黒幕の深謀遠慮というよりは、質の悪い時代劇を思わせて鋭敏なる読者をげんなりさせそうである。

だが、おめでたい「おれ」は、この言葉で「その男を決めた」責任を顧問官殿に押しつけて、「責任のがれ」をはたしつつ「同罪の意識」を抱き、一蓮托生の一体感を楽観的にながめる。

打ちこむ杭は一本にかぎる。顧問官殿は「あの男」だけを残して、他の予言者は抹殺する決断をくだす(「予言者」ではなく「預言者」と表記してもらいたかった)。「杭をしっかりと立てるには、まず地面が堅固でなければならぬ」、その地面とはイエスの「説教をききにくる」「愚鈍な貧民」と「その男の乳房にすがりつ」く「腹をすかせた子豚の如き弟子ども」である。

「おれ」には顧問官殿自身が「地面から足がはなれ、宙にうかん」だ夢想家、「まぼろしの指導者」にみえてくる。「夢想の情熱は伝染しやす」く、「おれたちがあの男をえら」び出した「快感と不安」が「おれ」に性的な刺激を与える(141)。

「他のニセ予言者ども」は「抹殺され」「自分自身でなくなってもら」い、イエスのほうも本人が「なぜ生かされているのか全然推察できないようにして、生かして置かねばならん」(142)というのが、秘密の計画の一部である。

喩えイエスがそういった「外部からの助力」を拒否しようにも「拒否できなくなるように」するのも、また計画の一部である。

顧問官殿は「おれ」にヨゼフとマリアに働きかけることと、「おれ」かおれの部下かが「商人なり牧夫なり漁夫なりに化けて」イエスの説教を聞き、「弟子になりすま」すことを要請する。

「おれ」が自分たち二人とは別の組が同様の計画をめぐらせる可能性を示唆すると、顧問官殿は四肢をガタガタふるわせながら」この世の終わりを仮想する。「終末思想は」「ユダヤ族にまかせ」よとばかりに「おれはひき下がった」ものだ。

「小ぎれいな主婦」「美貌の女に成り代わったマリア」にイエスの動向を問いかけるが、マリアは「まるで貴族の奥様」のように毅然として「あのイエスは、神の子ではありませぬ」「あなた様の子でございます」と言って、「おれ」をうろたえさせる。ぞっとした「おれ」は女の口を押さえて「いいか、イエスは神様の子供なんだぞ」、「そういう段どりになって」いるのに「勝手なまねは許さん」と言い聞かせる。

ヨゼフは大工仕事で遠くに出稼ぎに行っているようである。「おれ」は急にそんなことを言いだしたマリアを不思議に思い、理由を問いただすが、彼女は口元に「嘲笑」とも「白痴笑い」ともつかぬ「奇妙な笑い」を浮かべて、神様が教えてくれたと言う。

マリアとヨゼフは終始すべてを見通しているようで、得体が知れない。意表をつくすべての発言も神の思し召しとこころえているようで、「おれ」には始末におえない。このマリアの不気味さが「おれ」には「あらゆる売笑婦よりずうずうしく」、「巫女」のようでもあり、「すべての女の威力と嫌らしさを、一身に」帯びているようにみえた。マリアは「あなたのなさろうとしていることは、神様もなさろうとしていなさる」と言い放つ。この洞察は観察から論理的に導き出した結論なのか、それとも神のお告げでもあるのか、この小説は結末も含め、肝心のところは黙して語らない。ところどころにみられる三文小説のみえすいた明解さが、このような神秘を浮き立たせている。これは創作における「冒険」なのか「計算」なのか。

「おれ」はマリアを黙らせようと、銀貨三枚、さらに二枚を握らせる。もう少し、あの「性わる女と向かいあっていたら」ユダがイエスを「売りわたしたときもらった、あの銀貨の数だけ」「くれてやったかもしれない」とおれは思う。

（これも「みえすいた創りすぎ」。場合によって「創りすぎ」は許せるが、「みえすいた」ものは避けたい。いや、これは「銀貨三十枚」にいいかげん食傷した者の言い分かもしれぬが）。

「おれたち」はイエスとその「弟子と信者どもの動向を、たえず監視し」、「仲間にまぎれこ」んで、イエスの「説教のなかみ」を、こちらの都合のよいようにつくりかえる」。

「愛」や「無抵抗」は為政者側にきわめて都合がよろしい。「あいつは、顔を殴られたら、だまって殴った相手から離れ去れと、教えているんですがね」と「おれ」が顧問官殿に申し上げると、顧問官殿は、それでは手ぬるいと「敵が左の頬を打ったならば、我らは右の頬を差しだそう」と変える。これは我々の知る「だれかがあなたの右の頬を打つなら、左の頬をも向けなさい」（マタイ5：39）とは左右逆であるが、顧問官の理屈は筋がとおっている。「殴る方の手が、左ききか右ききかで、当然、順序はちがってくるであろうが、要するにユダヤ語で口調のよい文句にすればよろしいのじゃ」。ここで初めて言語に言及されるが、せめて「ヘブライ語」と言ってほしい。顧問官殿はそう言って、「おれ」の頬を殴って実演してみせ、「おれ」にも連中のまんなかで実演することを命じる(一発目が逆手打ちということはままあるので、左右にこだわるのもいかがなものか)。

顧問官の頭にはローマ帝国への忠誠しかない。イエスの教えの中の危険思想を気にする。イエスが言う「神の国が近づいている」が不穏である。

「神の国の王は誰なんじゃ」「…たぶん『神』でございましょう」「では、天国が近づいて成就されれば、皇帝は要らなくなるではないか」(147)

もっともな認識である。さらにはっきりした情報を求める顧問官に「おれ」はユダヤの学者どもが皇帝の浮き彫りのあるローマ貨幣を持ち出して地上の権威をどうするかとイエスに迫った話をする。デナリ銀貨を用いた有名な納税論議である(マタイ22:15–21)。皇帝に税を納めることを認めても、拒否しても、非難できる罠(trap logic)である。納めよと言えば、ユダヤ人にとって売国奴となり、納めるなと言えばローマ政府への謀反人になる。しかし、この罠には、すでに偽善が潜んでいる。この学者はユダヤ人が持つことを禁じられている偶像(が刻まれた貨幣)を手にしているからである。泰淳はその点には触れず、「おれ」に「神のものは神へかえせ」と言ったイエスの言葉を伝えさせる。この言葉に危険を感じた顧問官はこれに「カイザーのものはカイザーへかえせ」を付け加えることを命じる。

イエスの答弁のなかでも白眉とされる「カイザルのものはカイザルに、神のものは神に返しなさい」

が、このような事情で創られたという設定は確かに興味深い。しかし、どのような事情と思惑とがこの言葉に潜んでいようとも、この言葉自体はもはや発案者の手を離れて解釈の領域に放たれている。この世の中でおよそ神のものでないものなど存在しようか。言葉をどういじっても、そこに神が登場すれば、結論は目にみえている。このイエスの言葉には、聖と俗とを区別する表の優れた論理の裏に地上の権威への痛烈な批判がこめられている。しかし、知るや知らずや、この点にも泰淳は触れない。「神のものは神にかえせの方はそのままで?」「そうじゃよ。かえしたがっているなら、神の取り分は神へかえさせてやれ。割引や割りもどしは取引につきものだ」(148)。

ここでは話が、神殿税と国税にすりかえられ、おまけに商取引のレベルに還元されている。この言葉に対するこの程度の理解は更なるdramatic ironyである。

前線での激戦に慣れた「おれ」の神経は、「後方安全地帯」でくりひろげられる、このような「ひそやかな心理作戦」に疲れ、ローマ帝国にも神の国にもいささか嫌気がさしていた。そんなとき、顧問官殿は別途用いていた密偵から、イエスと「おれ」とが「親子のように瓜二つ」であるという情報を伝え、「おれ」をおおいにうろたえさせる。顧問官は「おれ」がなぜそのような「重要きわまる報告をしなかったのか」訝る。「おれ」は秘密を発見された「おそれ」よりも、そのような報告で「おれを中傷し、点数をかせごうとする」密偵への「怒り」で「ふるえ」た。この情報を顧問官が以前からつかんでおり、そのための「おれ」の抜擢であったなら顧問官おそるべしであるが、泰淳は黙してこれを読者の想像にゆだねている。顧問官にとって、この事実はなにより好都合で、すでにこの時点で、イエス亡き後の「身がわり」として「おれ」に期待する。

「神様の子供の父親になれれば、『神様』にだってなれるんだからな」(149)顧問官は、親子関係を否定する「おれ」に圧力をかける。「わしがそうだと決めれば、そう決まるのだ」、マリアにしても「自白をさせることと」もできると。この重圧に憂鬱になった「おれ」はひとりで酔いたくなって、場末のひっそりと侘しい酒場に入る。その薄暗がりで(三人の父親がいる)イエスのことを考えるうちに、闇の中にマリアの首筋にみたあの紫色のアザが浮かんでくる。アザは消え、そのあとに「影みたいな男の、すすり泣き」が耳に鋭く聞こえてくる。そこに見たのは「大工ヨゼフ」であった。

「おれには、おどかすつもりも、いじめるつもりもありはしなかった。このまま地上から消えてしまいたくなっている哀れな男の感情が、そのときのおれにはよくよくわかっていたからだ」(151)「おれ」は通じるはずのない「親愛の情」をヨセフに抱いており、「お互いにあの男の父親」として、飲みたい気分だが、口からは「泣くなよ。うるせえぞ。酒がまずくなる」と心とはうらはらの言葉が吐かれる。

イエスの父親が神のみである以上、ヨセフは「いてもらっちゃ困る」人間、「無かった」人間でなくてはならない。イエスは「有った男」でなくてはならず、マリアは「おれ」にはその真の姿が「見えない」者ではあるが、聖母としての役割上、有った母であるのに対し、「おれ」もヨセフ同様、「無かった人間」でなくてはならない。この事情を泰淳が二頁以上にわたってしつっこく繰り返すのは、ひとつには、(イエスの弟子がイエスの「神秘性を保護するために」ヨセフを「抹殺しようとしたなどと」いう「ひねくれた考えは、おれに持ちあわせがない」とは言うものの)「新約聖書におけるヨセフの実質上の不在と、それに重ねて、もう一人の父である「おれ」の不在事情を解説する意図があり、ひとつには、歴史から抹殺された者同士の共感を伝える意図がある。あるいは、聖書からもっとも抹殺されてしかるべき「おれ」から、聖書での地位を主張できる権利がありながら、自ら自身を抹殺したもう一人の父への敬意がここにこめられている。他方、通俗面では、一九四九年の大映映画『母三人』で、生母の三戸光子、養母の三益愛子、義母の入江たか子がそれぞれ一人息子を争い、ついに息子のために手を結ぶ姿の「宗教的父もの版」が泰淳の頭の片隅に浮かばなかったとはいえまい。

「おれ」はヨセフを「このおれよりはお前の父親としてふさわしい」「偉い奴」と認める。「無かった男」であることを「一生の目的」にし、イエスを「有った男として確立するため」だけに「自分自身を無かった男として勇敢にも消滅させ蒸発してしまった」ヨセフを「天国の門に駆け入る第一走者としてみとめてやってくれてもよかったのではないか」と「おれ」は「お前」に訴える。この語り手の述懐には福音書成立時点から過去を振り返るような妙なアナクロニズムがひそんでいる。

次に「おれ」の視線はユダへ移る。ユダの紹介が、彼の縊死未遂から始まるのも意表をついている。「おれ」はユダに頼まれ、ユダの首を絞めてやることで、彼との間にヨセフよりも深いつながりを得る。暗い酒場でのヨセフとの邂逅の後、「おれ」はその隅にユダがいて、二人の会話を聴いていたことに気づく。「おれ」はイエスの弟子の中で知力、行動力ともに最高顧問官殿に匹敵するのはユダを措いてないことを見ぬく。

「精神面の指導、経済面の指導を同時に完全になしとげることが、すなわち政治面の指導をとどこおりなくすること」だと信じる顧問官の時代認識は誤ってはいまい。サンヘドリン(宗議会)の構成員であるサドカイ派、パリサイ派の両派に加え「熱心党、その他あらゆるユダヤ族の階層や党派を」

「この三方面から手なずけ」ようとする顧問官は、「ユダヤ経済を支えている農場主や商人連中にも」はたらきかける必要があった。

ユダヤの根幹生産物が麦、葡萄、羊毛であること、ユダヤ民族の再建が貿易にあることも、泰淳は福音書に頻出する商人から推し量りえたかもしれない。泰淳が経済界の実力者としてユダを設定したのは、ユダがイエス教団の会計係であるところから演繹した結果であろうか。イエス教団における、このような経済的側面の推測は、それまでのイエス研究の穴であった。筆者はここにユダをからませず、フェニキア商人に着目したのであるが、方向性は泰淳と共通していよう。筆者はフェニキアの宗教的商人ギルドにイエスの異邦人伝道の下支えを推測したのであるが、泰淳は、いや顧問官殿は、イエスに精神面の指導を、ユダに経済面の指導を期待した。顧問官殿の誤算はイエスの弟子であるユダがあまりに精神(宗教)的に過ぎた点であったろう。

これまでのユダ解釈は武力革命をも辞さない政治的側面を強調した人物像によるものが圧倒的に多かったが、これは同時に民衆がメシアに期待する人物像とされていた。ユダがイエスの弟子の中で一番のインテリで、かつ実務派であったことを疑う研究者は少ない。通常は、ユダのイエス教団内での地位を見こんでサンヘドリンのほうから接触したという筋書きを考えるのであるが、この小説では、過激さを増す熱心党と、伝統を守るのに汲々とするパリサイ派やサドカイ派とは異なる「進歩的再建計画」をローマ側が大商人ユダに期待している。この図式は斬新である。

エルサレムでの顧問官とユダとの会談には「おれ」も出席した。ユダはローマの「支配者に媚びへつらい、私利私欲をはかるような卑怯者ではなかった」

なかなか口をひらかなかったユダが突如「ヘロデ政府は、まもなくつぶれるでしょう」と言った。彼は、ヘロデ王家が国民からみはなされていることを指摘し、ヘロデ大王の「建立したニセの神殿は、やがて空しく崩壊する」と予言する。商人でありながら、ヘロデ王家の経済的貢献を目にとめないユダを、顧問官は「イエスと同様、精神的な男」と見て取る。

顧問官は「精神派と経済派との団結」によるユダの救国の努力を評価しながらも、両派だけでは「分裂症の患者」であるユダヤ人を救うことはできず、真の団結には自分の力が必要であることを訴える。「おれ」には、熱心党を煽って一網打尽に討ちとることも可能な顧問官殿が「イエスもユダも生きながらえさせておいて百年の計をめぐらす」慮りを「神の愛にも劣らぬ仁慈」に思える。

しかし、いっこうに二人を信用しようとはしないユダは、情報提供を拒み、逆に「ローマの政治力、経済力」の伸び代を知る情報、銀五十枚をかせげる情報なら「銀三十枚」で買おうと言う。これを以て、「たかが銀貨三十枚で」ユダがイエスを売り渡したうわさを「おれ」は否定する。そんな金などに興味が無い顧問官殿も「おれ」にとって、「ばかばかしいくらい精神的な大人物」なのである。イエスとユダに対していつでも「受け入れ口をすっかりあけて」待っていると言う顧問官は、同時に二人の意志がどうあろうが、ふたりを「平和派として結びつけ」る決意を明らかにする。

「おれがほれこんだぐらい」「骨の太い男」ユダはイエスが「殺されでもしたら自分も死のうと、心中だての悲壮な決心をしていたにちがいない」と「おれ」は見ぬく。「イエスにユダを裏切者として棄てさせる」か「ユダが本物の裏切者になってイエスを売ってくれるか」を切に望み、企んでいたのは、ユダを憎む多くのユダヤ人であり、それが連中がひろめようとした「醜悪な伝説」であったと

「おれ」は真相を語る。連中ばかりではない、イエスの弟子たちが、「自分たちの裏切りの弁明のために」、「仲間の中から犠牲の小羊を一匹、裏切者として祭壇にささげ」たと「おれ」は明かす。「ユダは一回も、裏切りはしなかった。」

「人はパンのみにて生きるものにあらず」(マタイ4：4／「申命記」8：3)と言うイエスに、ユダなら「されど、人はパンを求むるなり」と付け加えたろうが、それで二人が「断絶するほど」、ユダは「精神バカでなかったし」、イエスも「経済バカ」ではなかったと「おれ」は述懐する(ここでの「バカ」の意味合いが先の「バカ」の意味合いとは異なっていることに泰淳は気がついていようか)。

五千人給食の奇蹟も、一回は顧問官殿の命により「おれ」と部下とが、隠れて「パンと魚と葡萄酒をたっぷり持ちこん」だおかげで、あとの二、三回は「ユダのはたらきのせい」だった。心のなかでイエスに語りかける「おれ」のユダ賛美は続く。イエスの復活を信じ、ある意味、イエスの復活を生じさせたのはユダ一人のみであったと。

お前はついにあの男を救ってやりはしなかったが、あの男はお前をこそ救いたかったのだ。よみがえり。復活。イエス・キリストのよみがえりと復活。それをお前さんの十一人の弟子、お前さんの生みの父親、育ての父親、いや天にましますの聖なる「父」でさえ、それが成就される寸前まで信じてはいなかったのだぞ。(158)

八

泰淳の創作活動の母胎である雑誌『近代文学』(一九四五—六四)同人からは、泰淳との相互影響が様々に推しはかられる。埴谷雄高、花田清輝、野間宏、椎名麟三、藤枝静夫、大西巨人、(総合芸術研究会「夜の会」のほうに熱心だった)安部公房と、名前を並べるだけで刺激的な面々である。これらの人々の大半は一時は左翼運動にいれあげたことで名高い作家であり、「転向文学」に入れられる者もいる。「わが子キリスト」における泰淳の到達点を彼らの高揚し挫折した運動を背景にしてみると、ユダという人物を通して、マルクス主義的唯物論から、その反証としてのマックス・ウェーバーの「カリスマ支配」の原理への転向の軌跡を想像したくなる。

ユダのメシア復活の夢はどこからくるのであろうか。命の書に名を記されたる者の復活であれば、終末時の復活として、旧約聖書(ユダヤ教)にいくつかの証言は求められる(「イザヤ書」26:19／「ダニエル書」12:2／「マカバイ記」後12:43—44)。また、「ゼカリヤ書」の終末のメシア待望、「マラキ書」の終末のメシアとそれに先んじるエリヤの再来のような思想なら、主として黙示文学の形でユダヤ教にみられよう。しかしながら、メシア自身の復活はキリスト教の専売特許であり、異教はともかく、ユダヤ教では聖書解釈を介しても、あいまいな証言しか得られないとすれば、ユダをはじめ、イエス・キリストの復活にこだわる人々に、その信仰の意味なり根拠なりを明らかにしたうえで、熱っぽく語らせる必要があったろう。

ひょっとすると、泰淳は新約聖書にある、イエスの甦りについてのサンヘドリンの証言(マタイ27:62—64)等から、メシア復活をユダヤ教でも周知の事実と思いこんだのではあるまいか。この問題に関しては、新約聖書の証言をユダヤ教における常識の根拠とすることはできない。

たとえば、メシアの死と甦りは旧約思想(ユダヤ教)にもあるのだと主張しようとするならば、復活後のイエスが解き明かした(ルカ24:46)ように「ホセア書」六章二節「主は、二日の後、わたしたちを生かし、三日目にわたしたちを立ち上がらせてくださる」をあげるほかない。ただし、ここは「彼」ではなく「わたしたち」であるので、同時に、キリスト即ユダヤの民という等式を主張しなくてはならず、これをメシアの復活と読ませる強引さが必要である。または、「あなたはわたしを陰府に捨ておかれず、あなたの聖者に墓を見させられない」(「詩編」16:10)、「主はわたしを滅びの穴から、泥の沼から引き上げて、わたしの足を岩の上におき。わたしの歩みをたしかにされた」(「詩編」40:2)も同様に神へのメシア復活の祈願と読ませ、更に、「イザヤ書」五十三章の「苦難の僕」と、かの有名な十字架上のイエスの最後の言葉「わが神、わが神、なにゆえわたしを捨てられるのですか」で始まる「詩編」二十二篇全体とを結びつけ、キリストの受難と神への救いの祈願、それに対する神の答えとしての「復活」を期待し、「主はシオンからほえたけり、エルサレムから声をとどろかされる。天も地も震える。しかし、主はその民の避け所。イスラエルの人々の砦である」(「ヨエル書」4:16)、「エジプトは荒廃しエドムは滅びの荒れ野となる。ユダの人々を虐げ、その国で、罪無き者の血を流したからだ。しかし、ユダはとこしえに、エルサレムは代々にわたって民の住むところとなる」(「ヨエル書」4:19–20)に、再臨の主とユダヤ・イスラエルの民との一体感、救い、永遠の命を読みとらせ、多少強引でも一応の納得を期待するしかない。

しかしながら、第二次ユダヤ戦争(一三二—一三五)でラビ・アキバ(Rabbi Akiva)により「バル・コクバ」(「星の子」)(「民数記」24:17)なる称号を与えられメシアと認められたシモン・バル・コクバ(Simon bar Kokhba)がエルサレムの南西、ベタル(Betar)の砦にたて籠り、ローマ軍に二年半のあいだ抵抗した後、戦死したとき、誰も彼の復活を当然視しなかったということは、一般にはユダヤ教ではメシアの復活思想は薄弱であることを認めざるを得ない。であるならば、フィクションにおいては特別の情熱でメシアの復活を唱える他ない。

フィクションに求められるのは学問的に厳密な聖書解釈ではなく、登場人物の狂おしいほどの情熱であろうが、その情熱の最低限の根拠は示さざるをえないであろう。

たとえば、地上的な王としてのメシア観と霊的メシア観とを対峙させたうえで、民衆信仰、ないし異教的俗信として庶民または下層民の間に広まっていた神の死と復活とか、エッセネ派の思想のある種の解釈としてユダヤ教徒の一部に奉じられていた不死のメシア待望、あるいは、「罪の支払うべき報酬は死である」(「ローマ人への手紙」6:23)であるとするならば、人類の罪の贖いを托され復活する(罪と死に対する)勝利者キリスト、更には今は失われた聖なる文書に記された復活のメシアに関する神の約束とか、真偽はともかく、そこはフィクションの世界ならばこそ、様々な小説的設定がありえよう。小説ならば、そこは聖書学者も大目に見るのではなかろうか。

要するに、泰淳が当時のユダヤ民衆の間にメシア待望があったということを前提にするのは許されるとしても、いきなりメシアの死と復活とを前提に話を進めるのは前提を福音書から逆算するようなアナクロニズムに陥ってると言うほかない。この前提を支えるのはひとえにイエスの不死にユダヤ民族の不死を托したユダの執念ということなのであろうか。

イエスに「どうあってても、よみがえっていただく」と決意するユダの信念の背後に史的イエスを支える思想はみえてこない。しかし、ユダほどユダヤを愛している者はいない。「ローマ帝国は亡びる。亡びたら、二度とよみがえりはしない。だが、わたしたちユダヤ族はかならずよみがえるのだ」(160)。ユダにとっては、すくなくとも個人的には、ユダヤの不死がイエスの死と甦りとに運命の等式でつながれているように自明の理なのである。

イエスの教えが「ユダヤの貧民どものあいだにひろまって行けば行くほど」イエスは「危険な運命におちいる」。それはローマ人がイエスを危険視して、抹殺しようとするからではない(ローマ人はイエスを「むしろ歓迎し、飼育したがっている」)。

あいつを恐れるのは、パリサイ人の学者神官やサドカイ人の政治家たちだ。それに血の気の多い熱心党の暴力主義者だ。おれたちが守ってやればやるほど、あいつはこれらの連中から、獅子身中の毒虫として敵視されるのだ。(159)

この小説にピラトは登場しないが、この力学は、ピラトがイエス処刑をしぶった理由の説明にもなっている。「サドカイ人の政治家たち」の「政治家」は比喩的表現としても、「パリサイ人の学者神官」は「パリサイ派の中の学者神官」の意であろう。史的には、パリサイ派には商人も多く、その中のイエスへの共鳴者が重要であったはずだが、ここでは筆者の自説に立ち入ることは控えたい。対ローマ、対ヘロデの敵意、好意を問題にするとき、サドカイ派やパリサイ派の間でも可能な変数の組み合わせがすべて存在するとするならば、（この小説で触れられぬ）対イエスのそれを問題にしてもよかったはずだ。「熱心党の党員が、イエスの精神派、ユダの経済派のどちらにもまぎれこんでいた」という認識があるのなら、サンヘドリンの中の変数を問題にすべきであろうが、これは「おれ」の語りの内容なので、口出し無用かもしれない。

何度か出てくる「精神的な大人物」としての顧問官殿、またユダヤ人たちが言う「神の愛」にも劣らぬ顧問官殿の「慈愛」は「おれ」のなかで、どれほど相対化されているのであろうか。読者に皮肉を読みとらせるための泰淳の仕掛けとまでは言えぬにせよ、顧問官殿の計画が「おれ」のなかで、ある種の殉教を強いるほどの理念として培養されているとは思えぬ。「おれ」を最後の決断に駆り立てたのは、まさに神の摂理であろうし、「おれ」の貧しい判断力からしても、父性愛に駆り立てられた神意への諦念であったろう。しかし、これを誘発させたのがユダの暗示だとつけ加えねばなるまい。

泰淳はユダをすべてを見抜いて寡黙な男にしたてることにより、この小説の舌足らずの部分を読者に想像させようとしているようにもとれる。ユダは「おれ」の首筋に手を触れて、「あなたがあの御方の父親であることを知っている」と言う。

「あなたこそ、あの御方のよみがえりに力を貸すことのできる選ばれた人なのだ。あなたと、この私。この二人が処刑されたあの御方をよみがえらせなければ、あの御方の死は『死』となって、『不死』とはならぬのだ」(161)

ユダは「おれ」に「事がおわれば」、「重苦しい迷いから」「永久に解き放たれる」と言い残し、「おれ」の抗議も聞かずに「影のようなつかみにくい存在と化して消え去った」。

ゴルゴダの丘までよろめき歩くお前を道の両側から罵る人々の声を聞きながら、「ついうっかり反感をそそられたおれ」は「この男が神の子キリストであったってかまわないじゃないか」と「叫び出したく」なるような気持ちになる。

イエスを十字架に架ける任務を負った百卒長は「おとなしい説教者」、「おとなしいことかぎりなしの気ちがい」を十字架にかける憂鬱な仕事を「おれ」に代ってくれないかと頼む。「おれ」は断るが、百卒長は「ほんとうに神の子だったら、どうなるのか」とおびえる。「おれ」は「神の子だったら、殺しても死にゃせん」「人間の子だったら、殺せば死ぬ」と言い放つ。

しかし「おれ」の胸の内にも不安がよぎる。お前を救うべきか、殺すべきか。お前さんなら平気で任務をこなせるのかと聞く百卒長に、「おれ」も同じ人間で平気なはずはないと答える。百卒長は「おれにはお前さんが、何だか特別の人間のように思われるから」と言うのだが、「おれ」はこの言葉の意味を誤解したかのように、「特別の人間になれればなりたいと思ったことはある」と思わせぶりな反応をする。読み返してみれば、この小説には、方々に隠し味的暗示がまき散らされている。これが小説家の「匠の業」であろう。「いい仕事してますねえ」と言いたくなる細やかな気遣いである。

百卒長のいわんとしたのは、顧問官殿のお気に入りで特別の情報をにぎっている「おれ」が今日は「とりわけ特別な人間であるように見えるということ」だったのだ。

百卒長の仕事は、いくらつらくとも今日で終わる。「おれ」にとって、今日という日は「永久に過ぎ去」らず、イエスが死んでも、自分の任務が続くことを「おれ」は十分認識している。「おれ」はそのとき、顧問官殿の伝令が駆けつけて、熱心党による顧問官暗殺の報せを届けなかったなら、十字架上の「お前」の恐ろしい苦悶を見届けられたであろうかと自問する。「お前」の苦痛を思いやる気持ちが強すぎて、「おれ」には暗殺の「しびれるような痛みが案外にかるく、うすぼんやりとしか感じられなかった」(164)

死の床の長官はさして普段と変わらず、「執念に燃え上がった両眼は、むしろ一段とかがやいて見えた。」自分が死しても、イエスに対する支配力を疑わぬこの顧問官もまたイエスとひとつに「結び」つけられていた。イエスの弟子はイエスを愛するだけで、無力であるが、イエスを神の子にできるのは自分だけだと信じる顧問官は「おれ」にユダと力をあわせてイエスを復活させるよう命じる。顧問官の身を案じる「おれ」に、彼は「奴が復活すれば、わしも復活できる」のだと喝破する。長官はユダヤ人の中でユダが一番好きだったことを伝えるよう命じる。「イエスではなく、ユダが好きだったと？」「ええッ、バカ者のおろか者め。イエスはユダヤ人ではない。神の子なんだぞ…」顧問官のこの告白には、すでに民族宗教を突き抜けた世界宗教としての救世主願望がこめられている。

顧問官の骸を前にして、「おれ」はこれから自分がどのように変身していくのか自分でも予想がつかず、「おどろきまどうのみ」である。「おれ」はジレンマに戸惑う。お前の復活を可能にするには、お前に死んでもらわねばならぬ。だからと言って、この「おれ」が「お前の決定的な死をねがっていただろうか」百人隊長たる権限で「お前を十字架から降ろしたのは、おれだ」

この「結びつき」と「つながり」の小説の中心にあるのはイエス・キリストである、登場人物のほとんどがイエスをつうじてつながり、かたく結びつき、一体化する。イエスを復活させるために皆が意識的無意識的に役割をはたし、あたかもイエスの復活が自分の復活であるかのように肉と霊とが同調、共振、一体化する。イエスにつながり、そこから放射する八本の輻《や》がひとつになり、まさにイクシス(ΙΧΘΥΣ)の車輪となって回る。イエスの復活はイエスだけのものではない、われわれの復活であるというのは正しい信仰である。まさにイエスを信じる者は「主は、二日の後、わたしたちを生かし、三日目にわたしたちを立たせられる」(「ホセア書」6:2)ことを知り、「生きているのは、もはやわたしではなく、キリストこそわたしのうちに生きておられる」(「ガラテヤ人への手紙」2:20)ことを実感する。

イエスの処刑の場には弟子ひとりとていぬことはいうまでもなく、福音書とは異なり、マグダラのマリアも、ヤコブとヨセフの母マリアも、イエスの母マリアもいない。「もう苦痛を感じるはずのないお前に苦痛を感じさせせないように」「おれ」は「できるだけゆっくりと」お前を十字架から降ろす。この場にはピラトもいなければ、イエスの遺体をもらい受けるアリマタヤのヨセフもいない。死ぬ役目をはたした子と、それを迎える父のみがいる。

死体と化してやっと叶ったわが子との肌のふれあいからは脂肪のぬめりと肉の冷たいこわばりと骨のきしみが伝わるのみだが、イエスの死体そして死の現実、わが子の死に関与した自分、まだ自分をつかんで放さない復活の使命がからみあう悲しみと自責ととまどいと矛盾の渦巻く感情、つづいて遺体を納める洞窟で号泣し、復活の夢をあきらめぬマリアへの愛の迫真はこの小説の白眉である。これまで僧侶として、兵士として、個人として幾つもの死に向かいあってきた泰淳の死への感情がここに凝縮されている。

「おれ」がイエスの遺体を洞窟まで運んだのは、死んでなお、イエスを「もう一度はずかしめるかも知れ」ぬ敵から彼を護るためであった。

九

洞窟の入り口を大岩でふさごうというときになって、夢遊病者のようになったマリアがやってきた。「とり乱しすぎて白痴のように」なったマリアは「聖母」とはほど遠い姿であった。「おれ」のわが子をめぐる無念は常に、もう一人の父、天上の父に向けられる。「お前の天上の父」は「お前の死にさいして涙一つぶ落としはしなかった」が「マリアは始末に困るほど、泣きに泣きおったよ。」「おれ」ははじめて「お前のために泣くユダヤ人の声、お前のために流すユダヤ人の涙を知」り「彼女が好きになったのだ」

「おれ」は「お前を殺したのは、ユダヤ人の名を借りたおれたちだった」とイエスの死の核心に触れる。「わが子を殺された女と、わが子を殺した男」とが、逃れえぬ「肉の結びつき」によって、こうして「憎みあうことも愛しあうこともできないままうずくまって」いた。「おれ」はマリアに「泣くよりほかに、やることはない」のだから「泣けよ」と言う。これに続く泰淳の「死」、「死体」を見つめる目は透徹して正直である。死体は死体であり、生きていた本体と似てはいても別物である。「神の子であろうと、」「死体は死体にすぎ」ず、「すぐイヤな匂いをまきちらす、」「人間じゃなくなった人間」なのだと。だから「生きているお前のように抱きしめて泣き叫」ぶマリアに「おれ」はとまどう。「「おれ」は長時間、死体にとりすがっていると死者の毒がのりうつって」危ないというローマの医師の言葉を思い出し、マリアに死骸をはなすように言う。

マリアはこれに抗い、「ますます固く抱きしめようとする。」マリアは「おれ」を邪魔者扱いするように、「気ちがいじみた」「ほんとうに発狂していたかも知れ」ぬ「激しい目つきでおれをにらんだ」。このようにして迎える朝の気配に泰淳の映画的にして象徴的な「鳩の羽音と走る蛇」の猫写が交えられる。「おとなしいはずの鳩」、「かしこい、ずるい生物といわれる蛇」と念のいった形容詞が加えられている。これと同様の猫写が後のユダの自殺への「おれ」の幇助の場面で繰り返される。「蛇のように賢く、鳩のように素直に」(マタイ10：16)は弟子を送り出すときのイエスの勧めである。この「素直」には柔和と無邪気の意がこめられていよう。しかしながら、「おれ」が見聞きするのは「そうぞうしい」、「たけだけしい」鳩の羽音と、「のろのろした捕えやすい綱」のような蛇である。ここには、イエスの死による動顛と、その「死骸を奪いとりにやってくる」ユダヤ人への懸念で乱された平穏、鈍らされた判断力が表現されている。イエスの洗礼にさいしてイエスの上に降ってきた鳩のような聖霊(マタイ3：16)やイヴあるいは女の誘惑者としての蛇(「創世記」3：1―5)の退く姿はここには希薄である。綱にみたてられる蛇は後のユダが試みる縊死を連想させる具象であろう。

イエスの死骸とそれに狂ったようにとりすがるマリアを前に「おれ」が展開する復活観は奇妙に異教的な常識が入り混じっている。これをすでにキリストにとりこまれた異教からの接近と解釈すべきか、徹底的に人間的な復活観と解釈すべきか。

もしもイエスが生きかえるとしてだ。その生きかえったイエスと、この死体のイエスと二つあったとしたら、おかしなものじゃないのかね。[…]もしもお前さんが本当にお前さんの子供の復活をねがうならば、お前さんがかかえこんではなさない死体のイエスではなくて、復活した別のイエス、それこそ本物のイエスをだきしめてやらなくちゃならんのじゃないかね。(170)

「おれ」はそうやって自分の「おそわった論理学のぜんぶ」を、また「すじみちたてて話している」「舌と心」を恥ずかしく思う。この恥ずかしさは、泰淳自身の恥ずかしさであり、彼お得意の、司馬遷に重ねた、生き恥をさらす実態を示していよう。

もしも復活できるものなら、埋めたってできるはずじゃないか。泥の下と泥の上、それで復活できにくいとか復活しやすいとか、そんなことはありそうもないじゃないか。(171)

二人の部下にイエスの遺体を埋めさせるあいだ「おれ」はマリアを抱きかかえているが、必死にしがみつくマリアを抱きしめているうちに、「生まれてからこのかたおれの感じたことのない種類の、人間と人間との深いつながり」を感じる。衣服は汚れ、異臭を放ち、白痴か狂人のようで、おまけに気が動転して言葉を失ってしまったマリアが、だからこそ、「とても心の正しい女」「ほんとうに美しい女」に思える。マリアの聖化がこのような人間臭い、必死の感情を通じてはたされるのが泰淳の文学である。

おれが抱きしめているのは、おれと肉のつながりがあった女マリアなんかじゃない。お前そのものなんだ。そして、おれたち二人してその死を悲しんでいるイエスは、おれたち二人の生んだ子なんかではなくて、イエスそのものなんだ。だから現在このとき、イエスは神の子であると、誰よりも早くさとったのはおれたち二人なんだ(172)

そして、イエスは復活すると「おれ」は言い放つ。しかし、マリアはそれを否定するように、はげしく首を振る。マリアは「恍惚状態におちいって」いた。彼女の恍惚は、「おれ」をイエスと錯覚した狂喜から生じたものである。「ことによったら尊いものであるかも知れぬ」彼女の錯覚に「このおれがつきあうことは、おれ自身がキリストの徒を演じることになる」と、結末につながる戸惑いを「おれ」は漏らすが、厳密には、ここでは「キリストの徒」と言っているのである。しかしながら、「おれ」を結末へと駆り立てる大きな力がマリア、あるいは「おれ」のマリアへの愛であることには変わりない。すがりつくマリアの執拗さは一瞬「男を求める女の欲望」と誤解されるほどであった。「オシになったはずのマリア」が「イエス、イエス」と呼びかける。マリアの「口臭」すらもちだして描く「おれ」とのからみは、嗅覚というものが人間臭さを表現するのにもってこいである事実をよく心得た泰淳の手法である。

＋

過剰なる人間臭さははたして霊を醸成しうるか。これがこの小説のテーゼであり、それはこうもいいかえられよう。生臭い肉体と精神と愛との過剰は神を動かしうるか。いや、そもそも神は在《あ》るのか、成るのか。

ユダは強靭なる人間の精神であって、その強さが究極的には信仰からくるものであれ、能動的なその精神はむしろ顧問官のそれに共通する。ユダは神に従う愛国の殉教者であり、その愛は禁欲的に苛烈である。

常にうたがい迷う、もっとも人間臭い「おれ」は強靭な精神ではなく、強靭な欲望であり、情熱と愛に感染しやすい空の器である。ひょっとすると、この空の器こそが霊を盛るに最適の器かもしれない。幼子の汚れなき肉体とは正反対の欲望の汗の匂いがする肉体のこの男は、しかし、空であることにおいて幼子に通じる。

この小説ではじめから霊を感じさせ、神を発露するのは、徹底して受け身のマリアとヨセフの信仰にみる不思議な確信である。小説は盲の老人と足なえの幼児の奇跡で終わる。幼と老の奇跡にみる霊の生成で終わる。肉体の復活は重要ではあるが、触媒である。信仰と霊と奇跡とは飽くまで受け手の問題であり、これに感染しやすい空の器、幼子の心の問題である。

泰淳は遠藤周作との対談において、奇跡の問題にふれ、「奇跡はあってもらわなくちゃ困るという立場」を表明し、遠藤の「復活はそのまま信じるのが信仰だと思っている」という、「わが子キリスト」への批判ともとれる発言に対し、「そうなんです」と肯定し、「それがなかったら、いかに合理的解釈をそこに加えても、もう信仰じゃない」という遠藤の追い討ちにも、「ぼくがあそこで合理的解釈をやろうとしたと思われては困る」と断言する。[46] このあと、奇跡、復活、神秘を書くことの困難を強調する遠藤に対し、泰淳は、それを描こうとする「作家の欲」を語る。作家はいやがられながら好かれたいという点で宗教者のやり方をまねるとか、宗教について書く、そのうしろめたさも商売道具になるというような、居直りの泰淳節が炸裂する。このような泰淳の韜晦にもかかわらず、神秘についての泰淳の真剣さがきわだって伝わってくる。

イエスの復活に関するクリスチャンの信仰も、文字通りのイエスの肉体の甦りへの信仰からイエスの弟子たちが霊的に経験したイエスの甦りまで、両者のあわせ技も含め種々雑多である。パウロの復活の信仰についての解釈も、たとえば碩学マルティン・ヘンゲルはイエスの気絶による仮死状態説、いわゆるswoon theoryも完全に否定し、掛け値なしの肉体の復活を主張し[47]、カトリック司教のスポングは、イースターでの経験がキリスト教信仰の始まりであると断言するが、パウロはどこにもイエスの肉体の復活とは言っていないと確信する。スポングはユダヤ教聖典の解釈法からイエスの復活をイエスの弟子たちの霊的体験として語る[48]。

他の弟子たちの罪を自らがかぶり、裏切者として死ぬユダの殉教は、『ひかりごけ』等にみる泰淳流の罪の相対化であるならば、ひょっとして泰淳が仄めかす彼の戦地での罪は幻想かもしれない。いや幻想であったところで、心の罪という次元で、泰淳が実行者と変わらぬ罪の責を自らに負っていたからこそ、繰り返しこの心情を作品化せぬことには収まらなかったのであろう。泰淳の世界では個人と集団とがつながっている。泰淳は左翼組織においても、軍隊においても、あれは誰それがやったことですといって逃げたりはしない。罪の共同意識、これこそが宗教家泰淳の真骨頂である。

遠藤との対談においても、『沈黙』が個人の転び、転向を問題にしているのに対し、泰淳は常に個人と組織との関係を念頭に置く。この複眼があってこそ、泰淳はユダを描くことができるのである。

個人の純粋さと組織の計算、しかし組織なしには運動は成立しないという矛盾についての学習には、泰淳の左翼運動の経験は確かに役立っている（遠藤との対談は次に偶像の問題に飛び火し、泰淳はカトリックのイエスやマリア像は偶像だと詰め寄るのだが、遠藤は別にそのものを神聖視してはないので、偶像という呼び方は理解できないと、空っとぼけるのだが、泰淳のほうが分がいいように思える）。

この小説では、自分の死の帮助を「おれ」に託するユダの遺言あるいは命令と、その行為による弟子たちの（精神的）無罪放免とがやや冗長に語られる。ユダは自分のこころみが絶望による自死ととられることを強く否定する。むしろ自分の胸は「誰よりもでっかい希望で」「ふくらんでいる」と言う。

ユダの計画は用意周到である。裏切りのローマ銀貨すらユダ自身が演出として革袋に詰めたものである。ユダの死がとりおこなわれる「魔の四つ辻」が「何かしら天国じみた光線と音楽に包まれたよう」にみえる反語的感覚と、二回の首つり失敗をやらかしたユダの首に「おれ」がとびかかり殺めるときの、おびただしい「鳩の羽音」と「一刻でも早く脱け出したいとあせっている」「おどろくほどの数の蛇」とが印象的である。鳩と蛇は先の洞窟の場面のそれよりも生々しく活かされ、昇天する魂とか悪霊の敗走などという象徴的解釈を不要としている。

評論家はローマ兵のイエス磔刑再現について、泰淳が頭で書いてはいないということを立証しようとしてか、必ずといってよいほど、彼が椎名麟三との対談で話したエピソードに触れる。「キリストのまねをした人がいますよ、僕の知っている人のおとうさん。キリストと同じこと、つまりはりつけね。畳の上に自分が寝そべって、イエスとおなじように釘を打ったわけですよ。まずこっち（左）の手へ打って、両足を打って、そこまでやった。しかし右手は打てないわけだ。そこで失神した」(49)しかし、このやりとりで泰淳はそのような行為の傲慢を指摘し、そこに情熱を認めつつも、真似をしたってイエスにはなりえないということを強調しているのである。

フィリッピンのマニラから北西に位置するパンパンガ州のサンファン、サンタルチア、サン・ペドロ・クトゥドの三つの町で「マレルド」(聖週間)という祭りの行事として、毎年イースター前の聖金曜日にイエス磔刑の実演が五〇年以上の間なされてきた。男(たち)にとってキリスト役に選ばれることは大変名誉なことであり、彼らは誇らしげでもある。釘を打つ箇所等について、長年の経験からくる配慮がなされてはいようが、激痛をともなう試練であることは間違いない。ただし、そこに勿論、信仰心が働いてはいるにせよ、同時に祭り男の肝試しとご利益祈願のような不純な要素が混入していないとはいいきれない。現在ではこの行事は観光の目玉にもなっているのだ。

我々は神秘にあずかる可能性、神に近づく可能性は平等に与えられているのかもしれない。しかし、人間の意志を越えたところで生起するのが神秘である。受難が神秘をもたらすのではなく、受難は神秘によりもたらされたるものの一部なのである。この小説におけるような特殊な人間関係ですら、それだけでは奇跡、神秘は成立しえないのではなかろうか。筆者はそれを憑依と呼ぶことに慣れているが、それこそがイエスの死によってもたらされた聖霊の充満である。イエスですら自分の意志に従ったのではなく、神の意志に身をゆだねたのである。

「おれ」の復活の演出は偶然がひきがねになっている。マリアの小屋に近づいたとき、「土の下に埋もれている木材の釘が、おれの左の足の裏から足の甲へ突き刺さ」ったのだ。(当時、釘は貴重であったので、よくある偶然ではなく、稀なる偶然というべきであろう。それにしても、甲まで突きぬけるとは)。この偶然はあくまでひきがねにすぎず、その後の「おれ」の行為は、それまでの幾つかの暗示が後押しにはなっているが、直接的にはイエスあるいはイエスの信仰の憑依といえなくはない。「おれ」はこの釘を抜いて右足の甲、さらに両手のひらと、四つの傷跡をつくる。(この小説でのイエスの傷は釘三本と槍二本によると泰淳は理解しているが、歴史的には、釘三本と槍一本の傷であろう。)ただし、「おれ」自身は自分にそのような行為をさせたのが、顧問官、ユダ、マリア、イエスの誰の意志によるものか自分でもわからず、またその解明を無意味と見定めている。マリアと、イエスの最も年の若い弟子(ヨハネ?)とがほとんど裸同然の「おれ」を「よみがえったイエス」と認め、「すすり泣」き、「恍惚状態」の二人は「おれ」を干し草にうずくまる二人、盲目の老人と足なえの幼児へと導く。この小説は両目を開き、よちよちと歩きだす、この二人の不具者におこった奇跡とともに、次の言葉で終わる。「イエスよ。かくしてお前は復活した。そして神の子イエス・キリストとなられた。誰がそれを疑うことができようか」(181)

関伊佐雄は『武田泰淳の世界　諸行無常の系譜』[50]の第七章「『わが子キリスト』の成立をめぐって―平等論への試み―」で、副題にある「平等論」の視点からこの小説を読み解く。関は、すべての人間が善悪において平等であるということを『ひかりごけ』の主題とし、その延長として「わが子キリスト」の主題が、すべての人間はまたキリストとの関係において平等であることを泰淳自身の言葉を引いて示す。

「宗教というものは、本来は、平等論に立たなければならないものなのです。これはあらゆる進歩主義者・無政府主義者、あるいは唯物論者よりも、すぐれた平等論者にならなければならない。それがキリストの教えであり、釈尊の教えであります」(51)

「だれでもイエスになれて、だれでもが復活できるということを、諸人皆が復活の権利を与えられていることをイエスは知っていたと思うんですよ」(52)

諸行無常や無の思想を消極的な諦念として受容するのではなく、「滅亡の持っている大きなはたらき、大きな契機」(53)を知る泰淳がイエスの死と復活に向かうのは極めて自然であるととらえる関は正しい。しかし、それは全体の「空間的に構成された」史記的世界の持続を保証するような、ちっぽけな内部の自壊作用ではないはずである。それは、この小説の主人公が覚醒した、測りがたく大きな世界をこの空間世界に招来する契機ではなかろうか。

「わが子キリスト」に泰淳の見果てぬ中国の夢がこめられていることを知ろうとも、筆者にとってこの小説がイエス(伝)小説であることは変わらず、これを(処刑された中国革命の女侠、秋瑾の辞世の句に由来する書名)『秋風秋雨人を愁殺す』の続編として同レベルで読む気はない。いわんや、すでに高い地平に止揚されている作品をわざわざ現実に還元してローマ兵は泰淳でマリアは中国であるという図式(54)、あるいは、渡邊のように、この小説に文化大革命を読み、ユダのなかに、あくまでも革命中国を信じながらあらゆる非難を一身に浴びた劉少奇を、顧問官のなかに、あらゆる術策を弄しつつ将来を予見する毛沢東をみること、そして、中国を虚の存在そのものとみること(55)は理解の妨げにはならずとも、本質的な理解の助けにはなるまい。即ち、筆者にとってこの小説は肯定的であるにせよ否定的であるにせよイエス・キリスト及びその世界の理解につながる小説であるべきで、武田泰淳を理解するための小説ではない。むしろ泰淳がイエスやユダの夢の主題を、舞台を『富士』(56)の精神病院の世界に移して、その新たな「魔の山」(57)で追求したことを指摘するほうが生産的であろう。

ローマ兵が自らにつける四つの傷を「生、老、病、死」に対応させる図式(58)も無用であり、それはこの小説を、イエスを車軸として、ローマ兵、マリア、ヨセフ、ユダ、顧問官、年若き弟子、盲の老人、足なえの幼児の八人を八本の輻にもつイクススの車輪とみなすことと同じくらい観念的な図式である。

「わが子キリスト」では、外から見る男が、すでに存在していた結びつきの熟成と新しく生じた結びつきの醸成とによって、中心で行動する男へと変わってゆく物語が語られる、傍観者から行動者への変身はまた聞く者から語る者への変身の物語でもある。しかし、これは人間の意志の物語にとどまらない。その先の神秘へと向かう変身の物語である。

この物語においてイエス・キリストは人を動かす力である。ユダの動に対して、イエスは登場人物とも呼べないほどの静であるが、底知れぬ動力として描かれる。動かす力である顧問官を理解する主人公をしても、賢明なユダに夢を抱かせ、身を捨てさせるほどのイエスの動力は謎なのである。

主人公とマリアの汗臭さ埃臭さとは対照的にイエスとユダとは透けた観念のように映る。泰淳にとって両者は現象であったのか記号であったのか。泰淳は聖霊を語らずに、とりわけ肉の両親の人間臭さでイエスを復活させようとした。この小説において聖霊は降臨したと解釈すべきか否か。しかし、これだけはいえる。イエスを通せば、俗が聖の輝きを放つ。泰淳はそれをみごとに証明した。

第二章　註

（1）Mikhail Bulgakov, tr. by Michael Parpelson, *Master and Margarita*, Wordsworth Editions Ltd., 2011 (originally published in Russian in 1967)

（2）Roger Caillois, *Ponce Pilate*, Editions Gallimard, 1961(tr. by Charles Lam Markman, *Pontius Polate: A Novel*, University of Virginia Press, 2006)

（3）葉山嘉樹短編小説選集刊行委員会『葉山嘉樹　短編小説選集』郷土出版社、１９９７年、pp. 71-76

（4）『武田泰淳全集』第八巻 筑摩書房、昭和47年、pp.121-181
「わが子キリスト」は雑誌『群像』昭和四十三年八月号に発表され、同年、講談社より発行の創作集『わが子キリスト』に収録される。本作品からの引用は必要に応じて、頁のみを記す。

（5）『武田泰淳全集』別巻『武田泰淳研究』、昭和48年、pp.396-400

（6）S. Baring-Gould ed., *The Lost and Hostile Gospels*, London; Williams and Norgate, 1874 “The First Toledoth Jeschu” pp.76-102/“The Second Toledoth Jeschu” pp.102-115

（7）Von Emanuel Hirsch, *Das Wesen des Christentums*, Unbekannter Einband, 1939

（8）Terry Jones dir., *Monty Python's Life of Brian* (1979)

（9）William Wrede, tr. by J. C. G. Greig, *The Messianic Secret*, James Clarke & Co., 1971 (original German edition 1902)

（10）F. Gerald Downing, *Christ and the Cynics*, JSOT Press, Sheffield, UK, 1988

（11）Keith Askers, *The Lost Religion of Jesus: Simple Living and Nonviolence in Early Christianity*, New York: Lantern Books, 2000

（12）BBC Documentary aired on 16 May, 2011, *Jesus Was a Buddhist Monk/* Hazrat Mizra Ghulam Ahmad, *Jesus in India: Being an Account of Jesus' Escape from Death on the Cross and His Journey to India*, London: London Mosque, 1978[1899]

（13）Gordon Strachan, *Jesus the Master Builder: Druid Mysteries and the Dawn of Christianity*, Floris Books, 2010

(14) Vernard Eller, *Christian Anarchy: Jesus' Primacy Over the Powers*, William B. Eerdmans, 1987

(15) Gerhard Haderer, *Das Leben des Jesus, Ueberreuter*, 2002 (Austrian cartoon charged with blasphemy in Greece)

(16) Terrence McNally, *Corpus Christi*, New York: Grove Press, 1998

(17) Elizabeth-Anne Stewart, *Jesus the Holy Fool*, Franklin, WI: Sheed & Ward, 1999

(18) Ralph Ellis, *Jesus: Last of the Pharaohs*, UK: Edfu Books, 1998

(19) Mark Dornford-May dir., *Son of Man*, 2005; Jean-Claude La Marre dir., *Color of the Cross*, 2006 (two movies depicting Jesus as a black man)

(20) Gore Vidal, *Messiah*, New York: E. P. Dutton & Co. Inc., 1954

(21) Michael Baigent, Richard Leigh, Henry Lincoln, *The Holy Blood and the Holy Grail*, London: Jonathan Cape, 1982 Gérard de Sède, *L'Or de Rennes, ou La Vie insolite de Bérenger Sauniere, curé de Rennes-le-Château*, Paris: René Jillard, 1967(tr. by Bill Kersey, *The Accursed Treasure of Rennes-le-Chateau*, DEK Publishing, 2001)

(22) Dan Brown, *The Da Vinci Code*, Doubleday, 2003

(23) Barbara Thiering, *Jesus and the Riddles of the Dead Sea Scrolls: Unlocking the Secrets of His Life Story*, HarperCollins Publishers Inc., 1992

(24) Michael Moorcock, *Behold the Man*, Allison and Busby Ltd., 1969 (copyright 1966 by New Worlds S.F.)

(25) Christopher Moore, *Lamb The Gospel According to Biff, Christ's Childhood Pal*, New York, N.Y.: Harper Collins Publishers Inc., 2002

(26) Florizel von Reuter, *The Master From Afar*, Psychic Press Ltd., 1973

(27) Nicolas Notovitch, *The Unknown Life of Jesus Christ—The Original Text of Notovitch's 1887 Discovery*, FQ Books, 2010 (*La vie inconnue de Jesus Christ*, Paris: Paul Ollendorff, 1894)

(28) Elizabeth Clare Prophet, *The Lost Years of Jesus, Documentary Evidence of Jesus' 17-Year Journey to the East*, Summit University Press, 1984

(29) William Comyns Beaumont, *Britain, Key to World History*, London: Rider & Co., 1947

(30) Lucile Taylor Hansen, *He Walked the Americas*, Amherst Press, 1963

(31) Judas Iscarioth, Billy Eduard Albert Meier ed., tr. by Julie H. Ziegler and B. L. Greene, *Talmud Jmmanuel The Clear Translation in English and German*, Tigard, OR: Wild Flower Press, 1992

(32) Donovan Joyce, *The Jesus Scroll*, New American Library, 1972

(33) Ethan Bronner, "Ancient Tablet Ignites Debate on Messiah and Resurrection," *The New York Times* (Middle East), July 6, 2008

Israel Knohl, *Messiahs and Resurrection in the 'Gabriel Revelation*,' London: Continuum, 2009

(34) David Van Biema, "Was Jesus' Resurrection a Sequel?" *Time*, July 7. 2008

(35) Robert Graves, *King Jesus*, New York: Creative Age Press, 1946

(36) Robert Graves & Joshua Podro, *The Nazarene Gospel Restored*, London: Cassell,1953

(37) George Moore, *The Brook Kerith A Syrian Story*, Macmillan Co., 1916

(38) Sholem Asch, tr. by Maurice Samuel, *The Nazarene*, New York: G. P. Putnam's Sons, 1939

(39) Upton Sinclair, *A Personal Jesus*, The Evans Publishing Company, 1952

(40) D. H. Lawrence, "The Grand Inquisitor" in *The Plumed Serpent*, Martin Secker, 1926

(41) 渡邊一民『武田泰淳と竹内好　近代日本にとっての中国』みすず書房、二〇一〇年、pp.262-263

(42) Hugh J. Schonfield, *The Passover Plot*, Bernard Geis Associates, 1965

(43) Damiano Damiani dir., *The Inquiry (L'Inchiesta)*, 1986 (remake: Giulio Base dir., *The Inquiry*, 2006)

(44)『武田泰淳全集』第八巻　森川達也「解説」pp.367-374

(45) 同書、p.368

(46)『武田泰淳全集』別巻一「混沌と救済」pp.421-422

(47) Martin Hengel tr. by John Bowden, *Crucifixion*, Philadelphia: Fortress Press, 1977 pp.22-23 (original German paper 1976)

(48) Jhon Selby Spong, *Resurrection: Myth or Reality? A Bishop's Search for the Origins of Christianity*, HarperCollins

Publishers, 1995 pp.23-32; 233-260)

（49）『武田泰淳全集』別巻一、p.243

（50）関伊佐雄『武田泰淳の世界　諸行無常の系譜』武蔵野書房、１９９６年

（51）同書、p.142　『武田泰淳全集』第十三巻「人間をささえるもの」p.296

（52）同書、p.143『わが思索のあと』（出帆社）

（53）同書、p.142『武田泰淳全集』第十二巻「滅亡について」p.97

（54）埴谷雄高編『武田泰淳研究』（全集別巻）磯田光一「非革命者のキリスト」p.172

（55）渡邊、前掲書 p.264

（56）『武田泰淳全集』第十巻 pp.3-375『富士』（初版、中央公論社、昭和四十六年）

（57）cf. Thomas Mann, *Der Zauberberg*, (1924)（『魔の山』）

（58）関、前掲書 p.159

参考文献

本文の註で扱った書との重複を極力避け、（共感の有無にかかわらず）筆者が読んでいる書、本書で直接触れなかった問題で、更にその議論を深化させるのに重要と思われる書もこれに含めたが、全体として簡潔な参考文献を志した。また、ハーヴァード大学出版局のロウブ（Loeb Classics）文庫のすべて、Carl Jung, Joseph Campbell, Mircea Eliade の全著作は筆者にとって必須という意味で省かせていただく。

Armour, Robert A. *Gods and Myths of Ancient Egypt*, Cairo/ New York: The American University in Caro Press, 2001 (first published, 1986)

Aslan, Reza. *Zealot The Life and Times of Jesus of Nazareth*, New York: Random House, 2013

'Ata ur-Rahim, Muhammad. *Jesu A Prophet of Islam*, London, England: MWH London Publishers, 1983 (first published in 1977)

Avi-Yonah, Michael & Stern, Ephraim eds. *Encyclopedia of Archaeological Excavations in the Holy Land* vols. I-IV, Oxford University Press, 1975-1978

Bailey, Kenneth E. *Jesus Through Middle Eastern Eyes Cultural Studies in the Gospels*, Downer Grove, Illinois: InterVarsity Press, 2008

Baret-Lennard, R. J. S. *Christian Healing after The New Testament Some Approaches to Illness in the Second, Third and Fourth Centuries*, Lenham, New York, London: University Press of America, Inc., 1994

Batey, Richard A. *Jesus & the Forgotten City New Light on Sephoris and the Urban World of Jesus*, Grand Rapids, Michigan: Baker Book House, 1991

Becker, Adam H. and Reed, Annete Yoshiko eds. *The Ways That Never Parted Jews and Christians in Late Antiquity and the Early Middle Ages*, Minneapolis: Fortress Press, 2007

Bermant, Chaim. & Weitzman, Michael. *Ebla An Archaeological Enigma*, London: Weidenfield & Nicolson, 1979

Bibby, Geoffrey. *Looking for Dilmun*, Alfred A. Knopf, Inc., 1969
Birney, Alice L. *The Literary Lives of Jesus: An International Bibliography of Poetry, Drama, Fiction, and Criticism*, New York & London: Garland Publishing, Inc., 1989
Bock, Darrell L. *Studying the Historical Jesus A Guide to Sources and Methods*, Grand Rapids, MI: Baker Book House Company & Apollos, 2002
Bockmuehl, Markus. ed. *The Cambridge Companion to Jesus*, Cambridge University Press, 2001
Browning, Iain. *Petra*, London: Chatto & Windus, 1980 (first published, 1973)
Burkert, Walter tr. by Pinder, Margaret E. & Burkert, Walter. *The Orientalizing Revolution Near Eastern Influence on Greek Culture in the Early Archaic Age*, Cambridge, Massachusetts/ London, England: Harvard University Press, 1995 (the original Swiss edition published in 1984)
Buxbaum, Yitzhak. *The Life and Teachings of Hillel*, Northvale, NJ/ London: Jason Aronson Inc., 1994
Casson, Lionel. *Travel in the Ancient World*, Baltimore and London: The Johns Hopkins University Press, 1994 (George Allen & Unwin Ltd., 1974)
Castel, Francois. tr. by O'Connell, Matthew J. *The History of Israel and Judah in Old Testament Times*, New York/Mahwah: Paulist Press, 1985 (the original French edition 1983)
Charlesworth, James H. *The Historical Jesus An Essential Guide*, Nashville, TN: Abingdon Press, 2008
Compton, Todd M. *Victim of the Muses Poet as Scapegoat, Warrior and Hero in Greco-Roman and Indo-European Myth and History*, Center for Hellenic Studies, Harvard University Press, 2006
Culican, William. *The First Merchant Venturers The Ancient Levant in History and Commerce*, New York: McGrow-Hill Book Company, 1966
Cumont, Franz. tr. from the second revised French edition by McCormack, Thomas J. *The Mysteries of Mithra*, New York, N.Y.: Dover Publications, Inc.,1956 (the original French edition, 1902)
Davis, Nathan. *Carthage and Her Remains: Being an Account of the Excavations and Researches of the Site of the Phoenician*

Metropolis in Africa, and Other Adjacent Places, London: Darf Publishers Limited, 1985 (first edition 1861)

Doane, T. W. *Bible Myths and Their Parallels in Other Religions*, New York: University Books, 1971

Evans, Craig A. *Jesus and His Contemporaries Comparative Studies*, Boston, Leiden: Brill Academic Publishers, Inc., 2001

———, *Life of Jesus Research: An Annotated Bibliography*, revised edition, Leiden, NewYork, Koln: E. J. Brill, 1996

Fawcett, Thomas. *Hebrew Myth & Christian Gospel*, London: SCM Press, 1973

Feather, Robert. *The Copper Scroll Decoded One Man's Search For the Fabulous Treasures of Ancient Egypt*, Hammersmith, London: Thorsons, 1999

Feldman, Louis H. *Jew & Gentile in the Ancient World*, Princeton, NJ: Princeton University Press, 1993

Foltz, Richard C. *Religions of the Silk Road Overland Trade and Cultural Exchange from Antiquity to the Fifteenth Century*, Macmillan Press Ltd., 1999

Godwin, Joscelyn. *Mystery Religions in the Ancient World*, London: Thames & Hudson, 1981

Grant, Robert M. *Jesus After the Gospels The Christ of the Second Century*, Louisville, Kentucky: Westminster/John Knox Press, 1990

Harden, Donald. *The Phoenicians*, Middlesex, England: Penguin Books Ltd., 1971 (first published by Thames & Hudson 1962)

Hall, G. Stanley. *Jesus, the Christ, in the Light of Psychology*, New York: D. Appleton & Company, 1924 (copyright, 1917, by Doubleday Page & Company)

Hall, H. R. *The Ancient History of the Near East from the Earliest Times to the Battle of Salamis*, London: Methuen & Co. Ltd.,1913

Hannah, Jack W. *You Will Not Taste Death Jesus and Epicureanism*, Mansfield, Ohio: Frank Publishing 1997

Hanson, K. C. and Oakman, Douglas E. *Palestine in the Time of Jesus social structures and social conflicts*, Minneapolis: Fortress Press, 1998

Harpur, Tom. *The Pagan Christ*, Toront, Canada: Thomas Allen Publishers, 2004

Harris, R. Baine. ed. *Neoplatonism and Indian Thought*, Norfork, Virginia: International Society For Neoplatonic Studies, 1982

Hays, Peter L.. *The Limping Hero: Grotesques in Literature*, New York: New York University Press, 1971

Helyer, Larry R. *Exploring Jewish Literature of the Second Temple Period A Guide for New Testament Students*, Downers Grove, Ill: InterVarsity Press, 2002

Heras, H. *Studies in Proto-Indo-Mediterranean Culture* vols. I, II, Bombay: Indian Historical Research Institute, 1953

Herm, Gerhard. *Die Phönizier Das Purpurreich der Antike*, Econ Verlag GmbH, 1973

Hitti, Ohilip K. *A Short History of Lebanon*, London · Melbourne · Tront: Macmillan, 1965

Hopkins, Keith. *A World Full Of Gods*, London: Weidenfield & Nicolson, 1999

Horsley, G. H. R. *New Documents Illustrating Early Christianity*,Vols. 1-5, N. S. W., Australia: The Ancient History Documentary Research Center Macquarie University, 1981, 1982, 1983, 1987,1989

Huxley, Julian. *From an Antique Land Ancient and Modern in the Middle East*, London: Max Parrish & Co. Ltd., 1954

Jidejian, Nina. *Sidon Through the Ages,* Beirut, Lebanon: Dar el-Machreq Publishers, 1971; *Byblos Through the Ages*, 1968; *Tyre Through the Age*s, 1969

Kasser, Rodolphe. Meyer, Marvin. and Wurst, Gregor. eds., *The Gospel of Judas from Codex Tchacos*, Washington, D.C.: National Geographic Society, 2006

Khouri, Rami G. *Petra A Guide to the Capital of the Nabataeans*, London & New York: Longman Group UK Ltd., 1986

Klengel, Horst. *Handel und Händler im alten Orient*, Leipzig DDR: Köehler und Amelang, 1983

Kosho, Francis K. ed. *Twin Rivers Bibliography Assyrian, Chaldians & Syrians Past & Present,* Springfield, Ill: Kosho, 1987

Kramer, Samuel Noah. *The Sacred Marriage Rite Aspects of Faith, Myth, and Ritual in the Ancient Sumer*, Indiana University Press, 1969

Legge, Francis. *Forerunners and Rivals of Christianity from 330 B.C. to 330 A.D*, New York: University Books, 1964

Levine, Amy-Jill. & Allison, Dale C. Jr. & Crossan, John Dominic. eds. *The Historical Jesus in Context*, Princeton, NJ:

Princeton University Press, 2006

Levy, Udi. tr. by Christian von Arnim. *Lost Civilization of Petra*, Floris Books, 1999 (original German edition 1996)

Llewelyn, S. R. with the collaboration of Kearsley, R. A. in vols. 6,7 N*ew Documents Illustrating Early Christianity* vols. 6-9, N.S.W., Australia: The Ancient History Documentary Research Center Macquarie University, 1992, 1994, 1998, 2002

Luck, George tr., annot., & intro. *Arcana Mundi Magic and Occult in the Greek and Roman Worlds A Collection of Ancient Texts*, Baltimore: The Johns HFopkins University Press, 2006 (first published in 1985)

Lupieri, Edmondo. tr. by Hindley, Charles. *The Mandaereans The Last Gnostics*, Grand Rapids, Michigan/ Cambridge, U.K.: William B. Eerdmans Publishing Company, 2002 (first Italian edition 1993)

MacDonald Dennis R. ed. *Mimesis and Intertextuality in Antiquity and Christianity*, Harrisburg, PA: Trinity Press International, 2001

MacDonald, Margaret Y. *Early Christian Women and Pagan Opinion*, Cambridge: Cambridge University Press, 1996

MacMullen, Ramsey. & Lane, Eugene N. eds. *Paganism and Christianity 100-425 C.E. A Sourcebook*, Minneapolis: Fortress Press, 1992

Majno, Guido. T*he Healing Hand Man and Wound in the Ancient World*, Cambridge, MA: Harvard University Press, 1975

Markoe, Glenn E. *Phoenicians*, London: The British Museum Press, 2002 (first published in 2000)

Martin, Francis. ed., *Narrative Parallels to the New Testament*, Atlanta, Georgia: Scholars Press, 1988

Meiggs, Russell. *Trees and Timber in the Ancient Mediterranean World*, Oxford: Oxford University Press, 1998

Meyer, Marvin. & Smith, Richard. eds. *Ancient Christian Magic Coptic Texts of Ritual Power*, San Francisco: HarperSanFrancisco,1994

Millar, Fergus. *The Roman Near East 31 BC- AD 337*, Cambridge, MA: Harvard University Press, 1993

Moon, Bevery. *An Encyclopedia of Archetypal Symbolism*, Boston & London: Shambhala, 1991

Moscati, Sabatino. tr. by Hamilton, Alastair. *The World of the Phoenicians*, London: Weidenfield & Nicolson, 1968 (the original Italian 1965)

Muhly, James David."Copper and Tin: The Distribution of Mineral Resources and the Nature of the Metals Trade in the Bronze Age," New Haven, Connecticut: The Connecticut Academy of Arts and Sciences *Transactions* 43, 1973, pp. 155-535

Murphy, Edwin. *The Antiquities of Asia A Translation with Notes of Book II of the Library of History of Diodorus Siculus*, New Brunswick (U.S.A.) & Oxford (U.K.): Transaction Publishers, 1989

Needham, Rodney. *Primordial Characters*, Charlottesville: University Press of Virginia, 1985 (first published in 1978)

Palmer, George. *The Migration from Shinar; or, the Earliest Links Between the Old and New Continents*, London: Hodder & Stoughton, 1879

Philpot, J. H. *The Sacred Tree or the Tree in Religion and Myth*, Llanerch Publishers, 1994 (first published in 1897)

Rank, Otto. Tr. by Robbins, F. and Jelliffe, Smith Ely. *The Myth of the Birth of the Hero A Psychological Interpretation of Mythology*, New York: Robert Brunner, 1957 (first printed in 1952)

Renfrew, Colin. *Archaeology & Language The Puzzle of Indo-European Origins*, New York: Cambridge University Press, 1987

Robertson, J. M. *Christianity and Mythology*, second edition, revised and expanded, London: Watts & co., 1910

Schafer, Peter. *Jesus in the Talmud*, Princeton and Oxford: Princeton University Press, 2007

Seymour, W. W. *The History of the Cross & the Mystery of the Crucifixion* vols. 2, The American Classical College Press, 1990

Stark, Rodney. *The Rise of Christianity*, Princeton University, 1996

Starner, Roger L., Jr. *The Narrative Sequence and Ideology in the Gospel of Mark and Chariton's "Chaereas and Callirhoe"* Michigan: UMI Dissertation Services, Bell & Howell Company, 1997 (Degree date 1993)

Sweet, Louis Matthews. *Roman Emperor Worship*, Boston: The Gorham Press, 1919

Tabor, James D. *The Jesus Dynasty Stunning New Evidence about the Hidden History of Jesus*, London: Harper Element, 2006

Theissen, Gerd. And Merz, Annette. tr. by Bowden, John. *The Historical Jesus A Comprehensive Guide*, Minneapolis: Fortress Press, 1998 (the original German edition 1996)

Thomson, R. Campbell. *Semitic Magic Its Origins and Development*, New York: KTAV Publishing House, Inc., 1971

Tibbs, Clint. *Religious experience of the Pneuma Communication with the Spirit World in I Corinthians 12 and 14*, Tübingen, Germany: Mohr Siebeck, 2007

Toynbee, Arnold. *A Study of History vol. VI Annex I to V. C*, Oxford University Press, 1963 (first edition 1939)

Tresmontant, Claude. *Le Christ hébreu, la langue et l'âge des Évangiles*, F.-X. de Guibert, 1983

Vermes, Geza. *Who's Who in the Age of Jesus*, New York, NY: Penguin Books, Ltd., 2005

Walker, Barbara G. *The Woman's Encyclopedia of Myths and Secrets*, San Fransisco: Harper & Row, Publishers, 1983

———, *The Woman's Dictionary of Symbols and Sacred Objects*, HarperSanFransisco, 1988

Wallace-Murphy, Tim. & Hopkins, Marilyn. *Custodians of Truth The Continuance of Rex Deus*, Red Wheel/Weiser Books, 2005

Waterfield, Robin E. *Christians in Persia*, London: George Allen & Unwin Ltd., 1973

Wilkinson, John. tr. *Egeria's Travels to the Holy Land*, newly translated with supporting documents and notes; revised edition, Jerusalem/Warminster: Aerial Publishing House together with Aris & Philips, 1981

Wills Lawrence M. *The Quest of the Historical Gospel Mark, John and the Origins of the Gospel Genre*, London and New York: Routledge, 1997

Wilson, David. *The New Archaeology How New and Revolutionary Scientific Techniques Are Transforming Our Study of the Past*, New York: Alfred A. Knopf, Inc., 1974

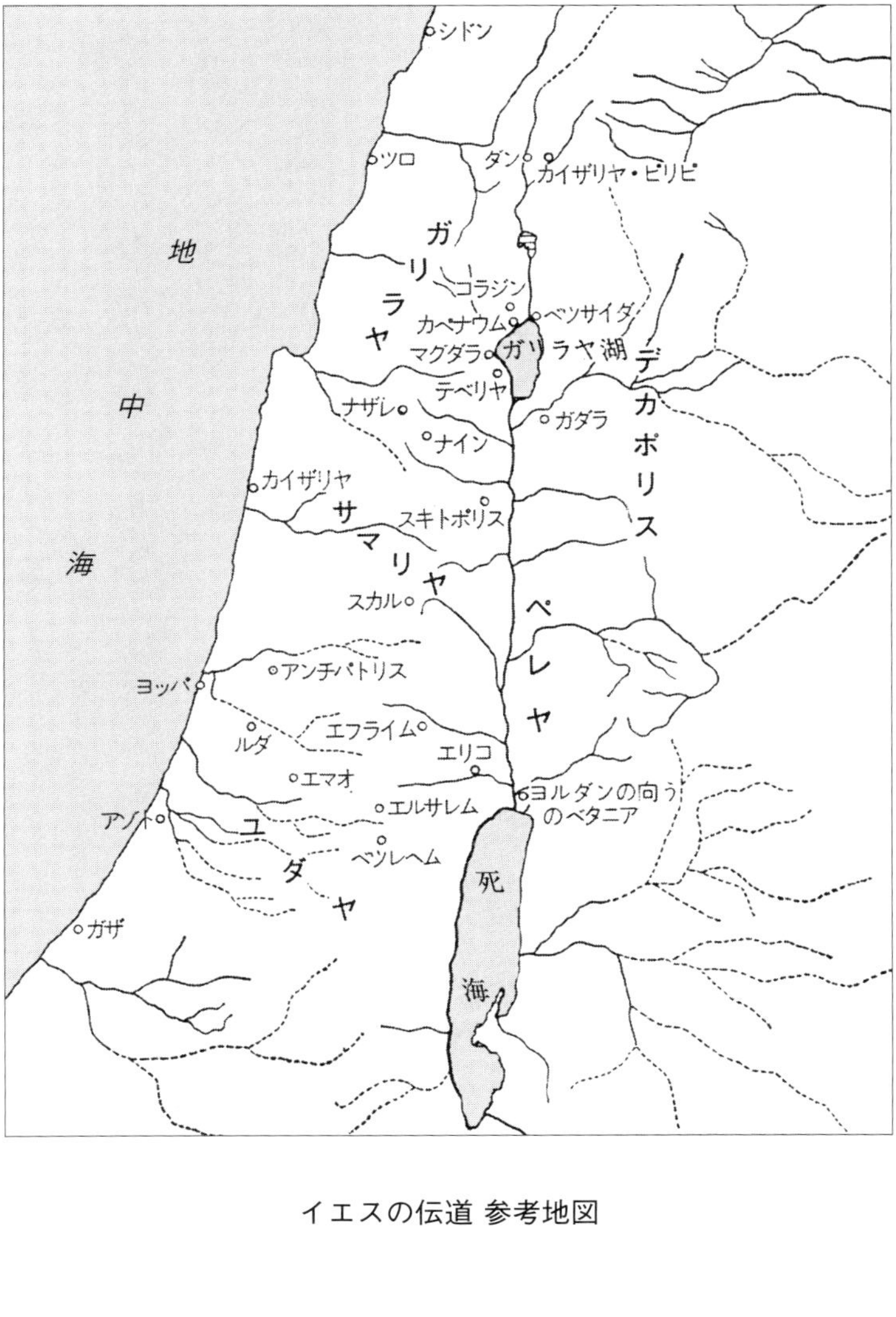
シドン
ツロ
ダン
カイザリヤ・ピリピ
地中海
ガリラヤ
コラジン
ベツサイダ
カペナウム
マグダラ
ガリラヤ湖
テベリヤ
デカポリス
ナザレ
ガダラ
ナイン
カイザリヤ
サマリヤ
スキトポリス
スカル
ペレヤ
アンチパトリス
ヨッパ
エフライム
ルダ
エリコ
エマオ
ヨルダンの向う
のベタニア
エルサレム
アゾト
ユダヤ
ベツレヘム
死海
ガザ

イエスの伝道 参考地図

あとがき

イエス伝研究会の座談と、武田泰淳「わが子イエス」の評論ともいえぬ、独盲象撫的妄評との二章から成るいびつな本を書いてしまった。活字になった座談を読みなおしてみて、われながら回答者の多弁をうっとうしく感じた。優れた評論家は腹八分ではないが、言いたいことは全部言ってしまわず、少し胸の内に残すのがよろしいらしい。これでも残したつもりと言えば、却って失笑を買いかねない。

第一章は、拙著『異教の完成者　史的イエスをめぐる謎』(春風社、二〇一三)をめぐる鼎談である。「イエス伝研究会」前幹事(会長)及びオブザーバーと筆者との間でなされたやりとりであるが、実際には司会者も話に加わっているので「鼎談」ではなくなっているが、初めに予定したとおりの章題にした。いつもなら質疑という名の「吊るし上げ合評会」を覚悟せねばならぬところ、討議者の寛容の精神で、文字通りの質疑応答になった。出版直後になされた座談が元になっているが、過去の研究会への言及が頻出したため、編集の都合上、出版前の討議内容も、またごく最近の雑談内容も加え、複数回の記録を一回の形でまとめることになった。

質問者がやさしい気持ちになったのは、これが「イエス伝研究会」の解散記念になってしまったことにある。研究会終焉の主因は会員の(死去による)減少と高齢化であるが、研究会発起人として自身の責任をあげれば、私事、雑事に追われ、定例研究会を何度か怠ったことである。慚愧に絶えない。

「イエス伝研究会」は国内外の数少ない会員がブリッジ方式で持ち回りの会合をリレーすることが多い伝言ゲームのような研究会であり、主導してきたはずの筆者自身が幽霊会長になりかかった時期もあったが、オレゴンの山ふところで同様の幽霊と集い、レーニエ山の雪見酒を酌み交わしたことが夢のようである。今、奥武蔵の雪景色のなか、思い出がよみがえり、こうして「あとがき」をしたためていると、これが自分の人生の「あとがき」になるような気がしてくる。

「イエス伝研究会」に集う人々の最終目標は、それぞれが自分の「イエス伝」を著すことである。互いに仮説を叩き合う真剣勝負に我々は陶酔した。過熱のなかで、各々にとってナザレのイエスが神を定義するうえでいかに重要な存在であるかをかみしめた。これはトートロジーではない。制約だらけで有限な地上の生と無に等しいほど自由で無限な天上とにどのような折り合いをつけるかということであろう。その一人が、イエス伝研究のために小説家になる道を捨てたと述懐したが、捨てたのではなく、さらに豊かなるものを恵まれたのである。

また、あるとき、討議内容の過激さをとり繕うように、誰かが、赤岩栄の書名に倣ってか、「いまもわたしはイエスを棄てない」とつぶやいたが、正しくは「いまもイエスはわたしを棄てない」と望むべきであろう。

我々は気恥ずかしくて共に祈りをあげることはしなかったけれど、議論と議論のはざまに無言の祈りを聞いたような気がする。

その最終目標を果たす余命がゆるされているか否かは我知らず、本書では、もったいぶるわけではないが、自身の「イエス伝」の中枢は秘することにした。ただし、イエスの「失われた十七年」を世界漫遊で埋めるような外連《けれん》は避けたい。幼年時代のエジプトは別にして、青年時代に仕事で旅をしたにせよ、東北はシリアのパルミュラ即ちタドモル、西南はアカバ湾入り口、エジオン・ゲベル、いや、その手前のペトラまで行っていれば上等であろう。そこまで行けば当時の主だった世界情勢は十分つかめたはずである。それよりもイエスが動かずとも、世界の情報が押し寄せるガリラヤの国際性を語りたい。バークレイではないが、少年イエスは山上からシルクロード支線にあたる道の人の行き交いを眺め、故郷につながるあちらの世界に思いを馳せていたであろう。青年イエスは仕事を通じガリラヤで様々な人間と思想にふれえたであろう。自分の母語アラム語がシルクロードの国際語であったことは幸いであった。

かつては筆者も国際人イエスを確信して、行動範囲の東限をパルティアまで考えたことがあるが、トマスのパルティア及びインド伝道にしても、タダイ(Thaddaeus)によるエデッサのアブガル五世(Abgar V)回心にしても、それ以前にイエスの名声がそこまで届いていたということではなかろうか。イエス死後ではあったが、ティベリウス帝はナポリに居て病を患い、イエスの名声を聞き知り、まだ存命だと思い、イエスを呼び寄せようとしたのである。我々は古代の情報のネットワークをあまりに過小評価している。いにしえは、現在のように大量に飛び交う玉石混淆の情報に触れる機会はなかったが、却ってそのために、特種にせよ、がせねたにせよ、ネットワークに乗って遠方より届く貴重と思われるわずかな情報に受け手も常に飛耳長目であり、子々孫々の記憶に永く留められたのである。

座談のなかで、原典史料・資料の話が出て、これは削らざるをえなかったのだが、大切なことなので、ここに少しだけ書かせていただく。イエス伝研究者にとって最も重要な文献のかなりが失われており、「失われた仔羊」の喩えではないが、それゆえに、それがなおさらに重要に思えてくる。そこに何が書かれてあったかを、背後にどういう事情があったかを、残された部分から推測することが必要になってくる。したがって、我々の間では、一次資料で直接示せるような内容は二次的研究なので他人に任せておけばよい、他の分野では優れた研究でもここでは会計報告みたいなものだというような屈折した感情もある。真に求められる研究はおおかた想像力によるものであるということを何の恥じらいもなく言えるのが本研究会の美徳である。

たとえば、たびたび話題になる、初のキリスト教批判書、ケルソスの『真理の言葉』(*Alethes Logos*, c178)は現存しないので、我々はオリゲネスの『ケルソス反駁』(*Contra Celsum*, 248)にある引用からその内容を知り、『タルムード』の幾つかの箇所を参照し、失われた部分を推測、妄想で埋めることは言うまでもない。また、フェニキア史、ユダヤ史として重要な文書がサンチョニアソン(Sanchoniation)なる人物により紀元前一二七四年頃(トロイ戦争前に)書かれ、その断片がビブロスのフィロによりフェニキア語からギリシア語に訳され要約されたというが、その内容を我々はエウセビオスの『福音の備え』(*Praeparatio Evangelica*, c314)のなかの引用で知るのであるが、こういう事情ならばこそ、ロベール・シャルー(Robert Charroux)の奇書『地球へ来た神人』(*Le Livre Des Maîtres Du Monde*, 1967)のようなしろものまでが生まれるのである。逸文の引用しか残されていない例が多々あるのは焚書によるのであろうか、あるいはアレクサンドリアの図書館焼失のせいだろうか。また、ヴァチカン所蔵文書で未公開のものは、同様の部分引用に頼るしかない。

イエス伝研究の直接の一次資料は聖書正典、外典、偽典、『七十人訳聖書』(*Septuaginta*)、教父文書、

『ナグ・ハマディ文書』、『死海文書』、『ヘルメス文書』、フラヴィウス・ヨセフス『ユダヤ戦記』、『ユダヤ古代史』、及び『アピオン駁論』、アレクサンドリアのフィロ著作全集、ユダヤ教の『タナハ』(*Tanach*)、『パレスチナ・タルムード』、『バビロニア・タルムード』、『ミドラシュ』で、一次資料を含む二次資料は『ロゥブ古典文庫』(*Loeb Classical Library*)のほとんど全てと言っておきたい。紀元前三世紀のマネト(Manetho)の『エジプト史』(*Aegyptiaca*)もおおかたは失われているが、方々で引用、略述紹介された記事がひとまとめにされ、原文と英訳との見開きで読めるのも、ロゥブ文庫のお陰である。

しかし、この中のどれか一冊をといわれれば、誰しもが『聖書』を選ぶのだから、結局、人は批判する母胎に戻ってゆくということなのか。

本書は鼎談が内容的に前著を扱っているので、全体の五分の一くらいは、その内容を反復することになった。前著の主張を修正したところも一、二ある。しかし、多くは、こちらの主旨が十分に伝わらなかったのが問題で、当然と思われるようなことをややくどく説明する必要が生じた。また、批判的な、あるいは軽い気持ちで書いたことと、本気で書いたこととの区別は、私という人間をよくご存知であるはずの方々にも、ときに難しいこともあるのだということを知った。

質問者が筆者のフェニキア論にふれるとき、読者諸賢はそこに何となく揶揄がこめられていることに気づかれたことであろう。筆者が無類の異端者であるにせよ、決して孤独ではないことを後に知り、おおいに慰められたことを記しておく。二〇一三年二月に筆者が自著を公にした八ヶ月後、レバノン即ちかつてはフェニキアのクーサ(Karim El Koussa)という作家が『フェニキア人イエス』(*Jesus The*

Phoenician, Sunbury Press, Inc., 2013)なる書を発表して英語圏でも大変な話題になった。この本は、当然ながら、「ナザレ」の地理を問題にして、これをフェニキアに見いだすわけであるから、カマール・サリービー『聖書アラビア起源説』のフェニキア版とまではいかないが、同様の過激さもあり、筆者の書がこれと同列に扱われるのは迷惑ではあるのだが、フェニキアとイエスとの関係を重視した者がほかにもいることは嬉しい限りである。クーサは筆者よりもふたまわほど若い意欲的な作家で、二〇〇一年に『数秘術師ピタゴラス』(*Pytagoras The Mathemagician*)で、レバノンの文学大賞、サイイド・アクル賞を受賞している。

また座談ではベスとキリスト教との関係にあまり踏みこまなかったが、古代キリスト教徒の墓からベスの像を描いたアミュレットが出土していることと、クロップ編纂のコプト文書の魔術パピルスではベスとキリストとが同一視されている(A. M. Kropp, *Ausgewahlte Koptische Zaubertexte*, 3 vols. (Brussels, 1930-1931) Ⅲ10, pl. 3)ことを記しておく。

第二章は実は第三章になるはずであった。前著の「あとがき」に引き続き、書かれざる章の内容を紹介すると、その一は、大学院神学部連合(Graduate Theological Union)とカリフォルニア大学バークレー校主宰の、英雄伝類型とイエス伝との比較考証をテーマにした、解釈学研究所コロキウム論文集(*Protocol of the Colloquy of the Center for Hermeneutical Studies in Hellenistic and Modern Culture*, colloquy 25,1977)のうち、特にアラン・ダンデス(Alan Dundes)の巻頭論文、"The Hero Pattern and the Life of Jesus"を軸に持論を展開しようとする試みであった。なかでも、アトリー(Francis Lee Utley)がラグラン卿(Lord Raglan)の二十二項目からなる英雄条件で測ってみたら、リンカーン大統領がほぼすべてに当てはまったという皮肉を込めた指摘(*Lincoln Wasn't There or Lord Raglan's Hero*, CEA Chap Book. Supplement to CEA Critic 22, No.9, College English Association, 1965)を扱ってみたかった。ここには本人の意識的、無意識的、二重の皮肉がこめられていよう。つまり、英雄条件照合にも解釈、ときに強引な解釈が入るということ、また、架空の英雄のみがそのような条件にあてはまるというのであれば、リンカーンは実在しなかったのか? というわけである。荒木博之編訳の『フォークロアの理論』(法政大学出版局、一九九四)で、荒木はアラン・ランデスを「フィンランド学派以後のフォークロア理論のリーダー的存在であり、ダンデスの理論を知らずしてフォークの理論は語れないとさえ言える世界のフォークロア界のピカ一の学者」(*ibid*.,p.2)とおおげさな紹介をしている。

その二は、「キリストの幕屋」の創始者である独立伝道者、手島郁郎(一九一〇—一九七三)の「異言」(霊にみたされてしゃべる、自分が知るはずのない古代の外国語あるいは不可解な言葉)の問題である。手島郁郎はかつて、原始キリスト教会でのみ可能と信じられていた異言を実践し、『無者キリスト』の著者、小池辰雄という強い味方を得て、無教会に賛否の嵐をまきおこし、その結果、無教会から絶縁された硬骨漢である。

手島の純粋な信仰には脱帽するが、すっきりせぬ複雑な感情が残ることを認めざるを得ない。自分のなかで評価は今も堂々巡りである。筆者とて聖書に記される霊の賜物をおろそかにするものではないが、結論はパウロと同じである。一万語の異言よりも、五語の理性である(「コリント人への手紙」前14:19)。要するに、異言は解釈と対になってはじめて意味をもつものであるから、解釈する者がいない場合には、教会ではなく、個人的にやればよい。啓示や預言もそれと同様である(同書、14:27—

29)。このような霊の恵みは多くの人に躓きになることも考えなくてはならない。本人には自己満足、他者には自己否定への陥穽が待ちうけている。手かざしによる癒しについては、相手の同意を得て、押し付けがましくない範囲でおこなうべきであり、効果がみられないときは控えるべきであろう。しかし、それも当事者次第。癒しがすべて即効性があるとは限るまい。また、健全な集会や教会ではありえまいが、このような行為が金銭と結びつくのは好ましくない。

以上は誰しもが同意する理性ある回答であろう。しかし、筆者としては、この問題をもう一度原点に立ち返って再検討してみたかった。結論が変わることはあるまい。しかし、異言を拒否することによって我々がパラクリート(霊の助け)から遠ざかるとすれば、我々は異言に代る霊の恵みを模索すべきではなかろうか。我々が異言を語る者たちに、信仰の純粋において劣るならば、これを何としよう。正しくはあるが、純粋ではないことを自認することになるのか。複雑な気分である。

これとは別に、純粋な信仰をもつ者が、信念のあまり、傍目からは独善的な頑さを募らせるように思えてしまうことが悲しい。手島も結局は最も信頼する弟子から去られてしまうのは何故か。弟子離れは内村以来、無教会のお家芸と思われるのも悲しい。指導者は自身の絶対化を危ぶんで、逆に弟子には独自の道を歩むことを勧めるくらいの度量があってもよいと思うが(イエスですら弟子に友の関係を求めている。「ヨハネによる福音書」15:12–17)。

その三は手島にも部分的に影響を与えている、初期日猶同祖論者におけるユダヤ・キリスト教の問題である。彼らの研究の洗い直しは、大量の土砂(ガセネタ)を篩にかけて砂金の一粒を得るような、労おおくして酬い少ない作業である。しかしながら、彼らの中には牧師も多く、その幾人かは単なるオカルティストに分類しえぬ魅力的な信念の人であり、同時に社会事業家でもある。それぞれに個性的で、ひとくくりに日猶同祖論者として扱いにくいが、なかでも小谷部全一郎(一八六八―一九四一)、佐伯好郎(一八七一―一九六五)、酒井勝軍(一八七四―一九四〇)、川守田英二(一八九一―一九六一)は好悪を抜きにして避けて通れない傑物である。筆者個人は日猶同祖論、とくに言語的同祖論には懐疑的である。

その四は、隠れキリシタンの殉教の問題である。江戸時代初期の殉教者、ペトロ・カスイ・岐部(一五八七―一六三九)を中心にこの問題に迫りたかった。岐部は豊後(大分県)国東の大友家家臣の家に生まれキリシタンとなり、司祭を志してローマをめざした。彼はマニラ、マカオ、ゴアを経由した後は陸路で旅し、途中、隊商に混じってシリア砂漠を渡りエルサレムに達した後、ローマに向かった。彼はローマで司祭の認定を受け、二年間学んだ後、リスボンでイエズス会士として誓願を立て、帰途はゴア、マニラを経て祖国出発から十六年後に日本に帰国する。岐部は人目を忍び、鹿児島から長崎を経て、東北に潜伏し、ひそかに教導するが捕まり、江戸に護送され穴吊りの拷問をうけて殉教した。途中、棄教して沢野忠庵となっていたポルトガル人修道士クリストファン・フェレイラに岐部は長崎で会い、彼を戒めた話はよく知られている。

迫害に屈せず、殉教を選んだ人々は全く驚嘆に値する。このように強靭な信仰を持ちうること自体奇跡である。筆者は熱いのや、寒いのや、痛いのや、苦しいのは嫌いなのだ(好きな人はいない)。しかし殉教の記録を読むと、恐ろしいと思いつつ、恐いもの見たさであろうか、次々に夢中になって読み、止まらなくなってしまう。特に幼い子らが犠牲になるのはたまらない。神がそのようなことを望まれるはずがないと思うのは、筆者の怯懦であろうか。

しかしまた、これを時代性と併せて考えれば、何とも言えない。特攻隊精神と同様に、その時代に生きていたら、自分も存外、進んで死んだかもしれないとも思う(幼子はまだ意味も分からず不憫であるが)。同時に、この時代のキリシタンは強固な信仰共同体で結ばれていたことがわかる。擬似家族というような軽さでは言い表せない真の家族である。「ともにパライソへ行こうぞ」と叫び合いながら皆、雄々しく殉教した。幼い子が紅葉のような手を合わせて祈る姿に、役人はなかなか刀を振りおろせなかったという。役人も可哀想である。取り調べ方の中には、形だけでよいから棄教に同意して、踏絵を踏んでくれとキリシタンに懇願した者もいたらしい。誰も他人の心の中まで入って行けないのだから、心の中で好きにしてくれないかというわけである。難しい問題である。一般的常識からすれば、この温情を断る方が分が悪い。一歩間違えば、だから宗教は怖いといわれそうだ。

一六一九年、鴨川、六条河原西岸で二十七人のキリシタンが十字架にかけられ火あぶりになったときには、三歳と八歳の男の子もいたという。皆、我らが国籍は天にありと言わんばかりに、「マリアよ、デウスよ」の声が響き、岸からは同情の賛美歌合唱が聞こえたらしい(賛美歌は当時一般にも知られていたのか、それとも棄教組の合唱か)。

為政者の側の弾圧もわからぬではない。一五九六年土佐沖で難破したサン・フェリペ号から助けられたスペイン人水夫から宣教師はスペイン領土化の第一歩であるという言葉が伝わったからである。信仰者には生臭い政治性など一切関係ないだけに、微妙な問題である。

日本人があまり知らないのは、殉教と正式に認定されて、記録に残る殉教者数が世界一多いのは日本らしい。迫害に少しでも抵抗すれば殉教とは認定されない。ローマのコロセウムで少しでも抵抗したクリスチャンも、天草の乱で討ち死にしたキリシタンも殉教者にあらず。殉教者は信者のエリートなのである。したがって、ヴァチカンでは昔の日本人キリシタンを列福、列聖するための調査、手続きで忙しいらしい。現在日本人福者は先のペトロ・カスイ・岐部を含め百八十八人で、これに近く高山右近が加えられる予定である。日本人聖人は長崎殉教の二十人である。殉教を狂気として扱えないことは確かであるが、誇るべき行為として胸をはるにはあまりに痛ましい。また、あまり偉い人は、そうでない人を卑屈な気持ちにさせるので酷である。並の信者が考えるのは、はたして自分は死ねるだろうかということばかりであろう。

以前、ある友人とこのことを話題にしたおり、彼は普段でも重苦しい顔を、眉根を寄せて、一層重苦しくし、(遠藤周作の『沈黙』の苦悩を以て)、「棄教も殉教も紙一重」と漏らした。筆者も、すくなくとも紙一重といえるところまでは自分を追いこまなくてはと思う。

とにかく、外国人神父には日本の殉教キリシタンは憧れの的らしく、日本派遣を希望する一番の理由らしい。筆者は幼いとき、大分県別府市のカトリック教会経営「海の星幼稚園」に通い、そこでイタリア人神父の園長さんの膝のうえで、かたことの日本語でダビデ物語の絵本を読んでもらうなどしてもらったのだが、この方はコンクラーベで投票権を持つほどの大物で、当時、彼がこの地にいることの不思議が新聞で大きく報道され、それが大変な謎であったらしい。(大分はキリシタン大名、大友宗麟が治めた地であった)。また、筆者が長じて尊敬するようになった某外国人神父は、長崎を訪れるというだけで気持ちが昂り、目が潤んだ。

いずれも筆者には重要な課題ではあるが、紙幅の制限によりあきらめざるをえなかったことを弁解しておく。

第三章になるはずで結局第二章になった武田泰淳「わが子キリスト」は、いつかは扱わなくてはと思いつつ先延ばしにしてきた作品である。個人的な好みでいうと、武田泰淳は好きな作家ではない。「わが子キリスト」を読んでも、えらくつまらない作家のようにも思えるし、深遠な作家のようにも思える。色々なことを知っていて、この小説を書いたのか、ほとんど思いつきで書いたのかもわからない。写真をみても、何を考えているのやらよくわからない顔をしている。その得体知れずのところが苦手なのかもしれない。しかし、吾が愛する後藤明生に作家になる決意をさせたのは泰淳の『司馬遷』であるし、泰淳愛用の椅子は死後、百合子未亡人の手で明生に贈られた。埴谷雄高が、生まれてきてよかったことはと訊かれ、「武田泰淳に会えたこと」と答えたのもよく知られる話である。

筆者のような熱のあがらぬ読者にも全集を買わせる程度には、泰淳は魅力がある。かつて、おくればせながら、彼の『冒険と計算』を読みふけった記憶があるが、随筆に夢中になったのは、辰野隆、夷斎先生(石川淳)、花田清輝、後藤明生の作品以来である。

「わが子キリスト」の内容の異端性にひるみ、これを弁護する評論があるが、これにたいし、イエス伝研究の水準からすれば、この程度は驚くに値しないということを謂わんがために、まえおきで、異説・奇説イエス伝、イエス(伝)小説の紹介に力が入りすぎてしまった。ご寛容いただき我慢してつきあってくださるか、その部分を飛ばしていただいて、さしつかえない。泰淳ファンには「我慢する」のが泰淳の人生であったことを思い起して耐えてほしいが。

またこれに関連して、イエス小説に史的イエス研究の視点を持ちこむ行為について、比喩として、新格闘技の創出を語ったが、これも明らかにやりすぎである。読み返して悲しくなった。恥じて、読者諸賢のご寛容を乞う。

「わが子キリスト」は決して凝った小説ではない。一筆書きのような粗い小説である。それだけに、何か読み落としているような気がして、何度も読み返しながら、「おれ」の胸の裡を、ついつい、なぞってしまう。「おれ」のイエスへの、ユダへの、ヨセフへの、マリアへの、神への泣きの入った感傷が、ときに、「くさく」まつわりつくのだが、その言葉をなぞるということは、筆者もすでに泰淳の魔術にかかっていたのかもしれない。なぞり、なでまわし、いじりすぎてしまったようだ。過剰な引用もそのためとご容赦あれ。

「おれ」のわが子へのつっぱなしたような、どろどろとあつい愛。「おれ」はいつのまにか神の愛と共振している。「おれ」の罰当たりな独白が最後の数行に収斂するダイナミズム。好きな作家ではない泰淳の究極の信仰を諾《うべな》うほかないのだろうか。

大学のゼミでこの作品をとりあげ、もう一度新鮮な気持ちで読み返したい気持ちに駆られた。まったく新しい何かが見えてくるかもしれない。学生たちの反応が楽しみである。

筆者が勤める大学では三年生の後期に、四年生になって書く卒論の準備として「卒論準備ゼミ」なる指導をするが、次の話はそのオリエンテーションで披露した話の繰り返しである。但し、そのときは時間の制限で端折らざるをえなかった内容を少し詳しく伝えたい。

私は時々、所沢の某寿司屋に立ち寄るのだが、はじめにビールを頼むと、店員がビールとともにお通しの小鉢をふたつ持ってきて、それぞれの中身を説明したうえで、そのいずれかを選ばせる。たとえば「お通しになります」というういつもの違和感をおぼえる出だしで、「こちら蟹のマヨネーズ和えで明太子入りになります。こちら秋刀魚の南蛮漬けになります。どちらになさいますか」という具合であり、店員によっては「胡麻油が入っております」とか「ピリ辛味です」などと更に詳しく解説をしてくれる。(だいたいにおいて、男性店員のほうがにこやかで、丁寧である)ところが、先日の若い女性店員は「サラダと煮付けです。どちらになさいますか」とまことに素っ気ない。「…になります」がないのだけは気に入った。黒っぽい煮付けの正体を怪しんだ私は「これ中身は何ですか? 鯨かな、いや、やっぱりマグロですよね」と同意を求めたが、くだんの店員は毅然として「煮付けです」を繰り返すばかりで、これを計五回も言ったので、もう一度言ったら、おしぼりを投げつけて帰ってやろうかと思ったくらいだ。

それが煮付けであるかどうかくらいは、現物を見れば一目瞭然で、ほとんど意味のない説明である。そこで、私はこの店員はアホなのか、それとも私が問いただしたことに気分を害し、あえてつっぱっているのかと勘ぐったのだが、(友人によると、その人は外国人ではないかというのだが、私は信じない)同時に、ひょっとして彼女にはこの「煮付け」という言葉がやけに新鮮で、彼女はまるで言葉の一大発見をしたように感動してしまったのではないかと思えてきた。だとすれば、彼女はそれまで実に薄ら寒い言語世界に甘んじてきたことになるのだが、そのような感動と誇り、つまり、彼女にとって「煮付け」という言葉が金科玉条、伝家の宝刀の如き響きを持ち、これさえ言えば、相手は反論の余地なく、一も二もなく平伏するに違いないという思いこみが彼女をしてこのようにあえて頑なにしたおそれがある。(この店員、私の帰り際に、実に好ましい笑顔と会釈で「有り難うございました。また、お待ちしております」と言うので、一体どういう人なのかわからなくなってしまった)。

これが笑えない話であるのは、論文にもこの手のものが結構多く見られるからである。一般概念を繰り返すばかりで、なかなか主題の本質へ入って行こうとしない論文がそれである。general が終われば、次は particular であって、そうやって徐々に主題の核心に迫ってゆくのが常道であろう。特にいけないのが、その一般概念が「煮付け」同様に説明の要がないほど自明の場合である。このような論文はタイトルがすでに総てを語っており、内容を読む必要はない。そこで私はこのような類の論文を「煮付け論文」と呼びたいのだが、それでもまだ手ぬるいような気がする。このようなしろものは煮ても焼いても食えないからである。

この経験とともに思い出したのが、テレビで放映されたあるボクシングの試合の解説である。アナウンサーと解説者は肝心の対戦者それぞれのボクシングの特徴や過去の対戦相手や戦績を詳しく紹介する代わりに、「この選手は幼くして父親を亡くし、母一人子一人で大変な苦労をしました。貧乏で学校の月謝も払えず、修学旅行にも行けなかったそうです」「その点では相手のニカラグアの選手も同じで、生まれたときから大変な苦労をしたそうですよ。両親が行方不明で、施設で育ったということで…」と肝心のボクシングを忘れて、互いの「悲惨」比べに熱中する。判官贔屓は日本人の好みであろうが、ボクシングそのものにおよそ関係がない。悲惨な人生を送るほど、より優れたボクサーになるという統計でもあれば話は別だが、そんなものはあるはずがない。

この手の論文もまた少なくない。論文の中心テーマの軸となる人物について背景として伝記的事実にある程度触れるのは当然としても、あくまでテーマにかかわりのある範囲に抑えなくてはならない。抑えを気にする必要があまりない希有な例は、たとえばファッション・デザイナーのココ・シャネルである。彼女の生い立ちに触れるなら、彼女の孤児院での体験は欠かせない。孤児院で支給される質素な衣類に彼女なりの工夫を凝らしておしゃれをしたことは、彼女のファッション感覚の原点である。シンプルさを重んじる彼女からすれば、当時の上流階級の女性がかぶる帽子はまるで移動動物園であった。ココ・シャネルは帽子のファッション・デザイナー(milliner)としてデザイン界での第一歩を踏み出したのである。

しかしながら、某映画監督の芸術性をテーマにする場合、そのテーマとその監督の離婚歴や女性遍歴とはほぼ無関係であろう。なかには兄弟姉妹の家庭まで紹介する論文があるが、ひょっとしてお見合いの釣書をヒントにしたのかなと疑いたくなる。筆者はこのような類の論文を「悲惨論文」と呼びたいのだが、論旨があらぬ方向に飛ぶことからすれば「飛散論文」のほうが適切な呼び名かもしれない。

筆者は学生に論文においてはそのような弊に注意し、いわゆる「質問力」を養うことが大切であることを説いた。テーマに肉薄するには、そのための適切な疑問を発する能力がいかに大切かということである。

えらそうなことを述べてきたが、以上の注意は自戒とすべきところである。自分はこのような弊に陥ってはいないか常に自らに問いかける。本書は多少の煮え切らなさは残るものの、「煮付け」ではなかろう。しかし、「飛散」のほうは全く心配がないわけではない。「悲惨」な結果でないことを祈りつつ、読者諸賢の判断を仰ぐしかない。

なお、本文中に一般に差別語とされる語を使用している箇所があるが、文脈上やむを得ないものであり、差別を是認・助長する意図は毛頭ないことをおことわりしておく。

最後に私事にわたるが、本書の献辞にある木曽信重氏は筆者の父、波多野(旧姓、伊藤)新《あらた》の旧制中学からの親友であり、若くして小説家を志した父の最も良き理解者かつ後援者であった。父は三十三歳で志半ばにして病に倒れたが、遺族への木曽氏の厚情は変わることはなかった。生前父の詩集を、当時は珍しい和紙にタイプ印刷の和綴じ私家版として纏めて下さったのも木曽氏である。御父上の代から大実業家であられた氏に恩返しなどおこがましいが、筆者としては万分の一でもご恩に報わねばと思い続けてきた。長のご無沙汰の末、最近、筆者は氏が二〇〇六年に亡くなられたことを知り、おおいに落胆、後悔した。

伊藤新の駄作による、この貧しき成果を、父の果たしえざる夢の残滓として、謹んで木曽信重氏の御霊前にお捧げする。

また、本書をまとめるにあたっては彩流社編集部の高梨治氏にひとかたならぬお世話になった。感謝する次第である。

平成二十七年春　　波多野直人

【著者紹介】
波多野直人（はたの・なおと）
一九四八年、若松市（現・北九州市）生まれ
上智大学文学部（英米文学専攻）卒業
東京大学大学院人文科学研究科（英語・英文学）博士課程修了
専門：アメリカ文学、比較文学、比較神話学、宗教学
趣味：国内外の古書店巡り、犬と猫

史的《してき》イエスをめぐる謎《なぞ》
豊《ゆた》かなる混沌《こんとん》

二〇一五年五月二十九日　初版第一刷

著者――波多野直人
発行者――竹内淳夫
発行所――株式会社 彩流社
〒102-0071
東京都千代田区富士見2-2-2
電話：03-3234-5931
ファックス：03-3234-5932
E-mail：sairyusha@sairyusha.co.jp
印刷――（株）厚徳社
製本――（株）難波製本
装丁――長澤 均＋建山 豊（papier collé）

Sairyusha

ISBN978-4-7791-2135-7 C0016
http://www.sairyusha.co.jp